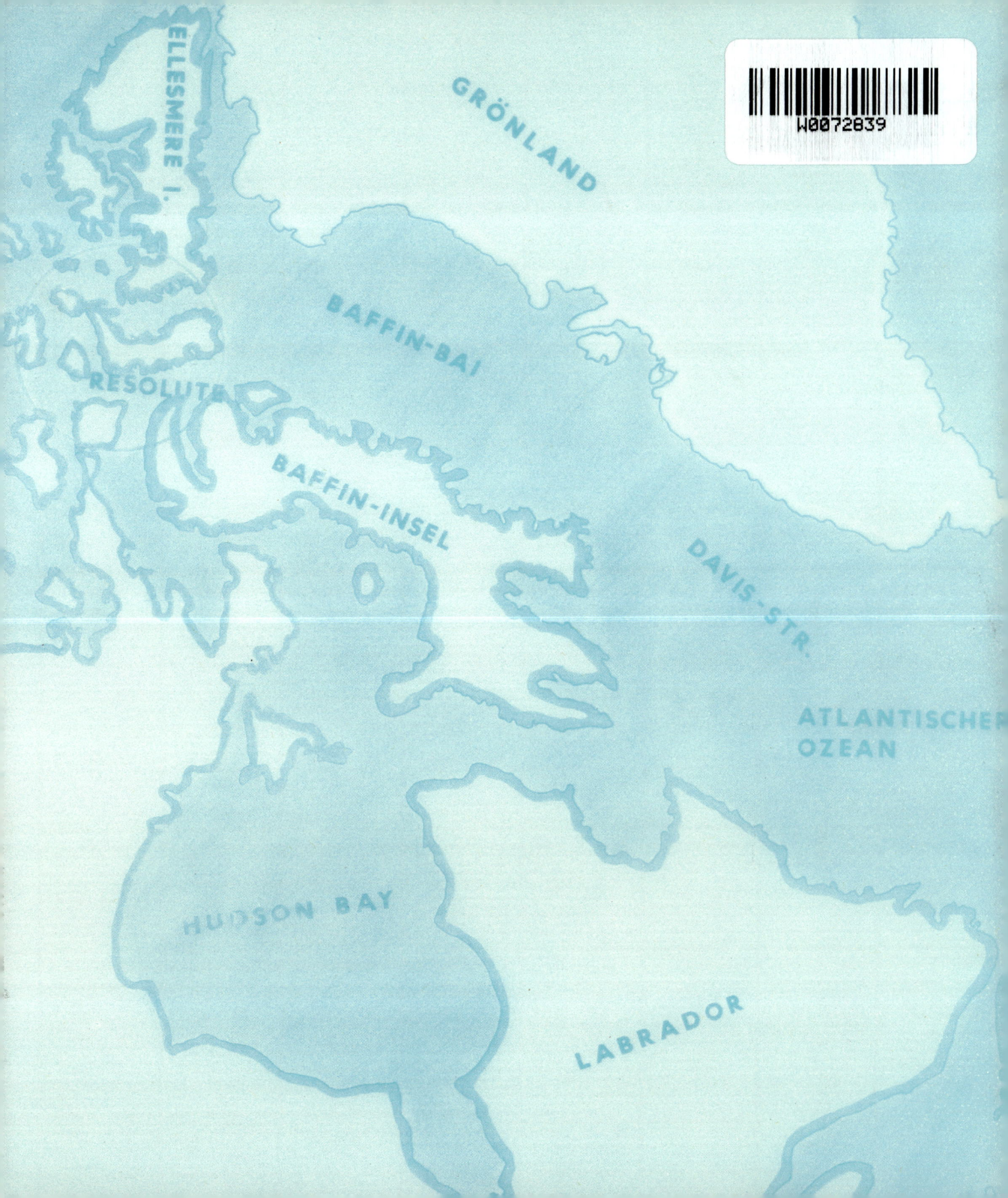

ELLESMERE I.

GRÖNLAND

BAFFIN-BAI

RESOLUTE

BAFFIN-INSEL

DAVIS-STR.

ATLANTISCHER
OZEAN

HUDSON BAY

LABRADOR

FUCHS · ABENTEUER ARKTIS

Arved Fuchs

Abenteuer Arktis

Polarexpeditionen
Vorbereitung · Training · Ausrüstung · Ernährung

ORAC_____PIETSCH

Einbandgestaltung und Layout: Wolfgang Oehl

ISBN 3-87943-901-X

1. Auflage 1982
Copyright © by Pietsch-Verlag, Postfach 1370, 7000 Stuttgart 1.
Eine Abteilung des Buch- und Verlagshauses Paul Pietsch GmbH & Co KG
Sämtliche Rechte der Verbreitung, in jeglicher Form und Technik, sind vorbehalten.
Reprotechnik: Gerold Schmid, 7000 Stuttgart
Satz, Druck und buchbinderische Verarbeitung: Wilhelm Röck, 7102 Weinsberg
Printed in Germany

Inhalt

Vorwort

Seit meiner Kindheit nutze ich jede sich bietende Gelegenheit, um zu reisen. Im Laufe der Zeit habe ich auf diese Weise einen Teil unseres Erdballs kennengelernt. Seit ungefähr drei Jahren bereise ich die Arktis; jenes Land also, das sich nördlich des Polarkreises erstreckt.

Auf jeder meiner Reisen traf ich auf Landschaften, die schön und faszinierend waren, doch keine Region hat mich so in ihren Bann gezogen wie der hohe Norden. Mit dem Wort »arktisbiten«, zu deutsch: von der Arktis gebissen, bezeichneten norwegische Fangsleute Menschen, die es nach einmaligem Besuch der Arktis immer wieder dorthin zurückzog. Der sogenannte Arktis-Bazillus ist geradezu sprichwörtlich geworden.

Viele meiner Freunde und Bekannten haben mich gedrängt, doch endlich ein Buch über meine Erlebnisse und Erfahrungen zu schreiben. Nach mehreren Anläufen habe ich dann schließlich den Einstieg gefunden und meinen Bericht zu Ende gebracht. Die Literatur über Reisen und Expeditionen in die Arktis ist sehr umfangreich, ich habe daher darauf verzichtet, eine rein chronologische Aneinanderreihung zu verfassen, sondern beispielhaft Momente und Erlebnisse geschildert, die dem Leser dieses rauhe Land ein wenig näher bringen mögen.

Reisen dieser Größenordnung lassen sich nicht von heut auf morgen planen und durchführen. Es ist vielmehr eine sorgfältige und gewissenhafte Vorbereitung erforderlich, die bei der Betrachtung solcher Expeditionen allzu leicht vergessen wird. Daher habe ich den zweiten Teil meines Buches dem Training und der Vorbereitung gewidmet, ohne die eine solche Unternehmung undenkbar ist.

Auch wenn ich diese Expeditionen letztlich allein durchgeführt habe, so darf dieser Umstand nicht darüber hinwegtäuschen, daß eine Reise dieser Kategorie immer das Produkt vieler Helfer und Freunde ist.

Allein läuft gar nichts!

Die Hilfsbereitschaft, die mir von allen Seiten zuteil wurde, hat bei weitem meine Erwartungen übertroffen. Alle diejenigen, die mir den Rücken stärkten, haben geholfen, dieses Buch zu schreiben.

Den weitaus größten Dank schulde ich jedoch meiner Mutter und Brigitte, denen dieses Buch gewidmet ist.

I. Teil
Reisebericht

Ganz er selbst sein, darf
jeder nur, solange er allein
ist;
wer also nicht die Einsamkeit liebt,
der liebt auch nicht die
Freiheit:
Denn nur wenn man allein ist,
ist man frei!

A. SCHOPENHAUER

Arktisbiten

»Der ist ja verrückt! Unmöglich!« Diese und noch andere, drastischere Äußerungen waren die Reaktionen, als ich zum ersten Mal von der geplanten Expedition erzählte. Aber auch euphorische, überschwängliche Stimmen wurden laut, wie z. B. die einer älteren Dame, die in dieser Reise die Wiedergeburt der deutschen Mannesehre sah und mir dies per Telefon ausdrücklich klarzumachen versuchte.

Grund zum Kopfschütteln mag es auf den ersten Blick vielleicht auch gegeben haben, wollte ich doch immerhin als erster Mensch allein, ohne Hunde und ohne Luftversorgung, den Nordpol erreichen.

Die 766 Kilometer lange Strecke, welche nach mehreren gescheiterten Versuchen schließlich zuerst von Robert Peary, einem Amerikaner, im Jahre 1909 bewältigt wurde, wollte ich in ca. 60 Tagesmärschen zurücklegen. Während Peary mit 24 Männern, 133 Hunden, 19 Schlitten und rund 3000 Kilogramm Vorräten zu der Expedition aufbrach, beabsichtigte ich, den Pol ganz allein zu erreichen. Ein vermessener Gedanke? Zugegeben, ein kühnes Vorhaben, aber dennoch realisierbar, wie es die Expedition des Japaners Naomi Uemura im Jahre 1978 gezeigt hat. Uemura war von Cape Columbia aus aufgebrochen und erreichte den Pol nach 57 Tagen. Wie Peary wählte er Schlitten-hunde, die ihn und seine Ausrüstung auf dem Weg nach Norden zogen. Den erforderlichen Proviant für die Hunde sowie weitere Ausrüstungsgegenstände ließ Uemura durch Flugzeuge einfliegen. Einen anfänglich zu groß geratenen Schlitten ließ er auf diese Weise durch einen kleineren ersetzen. Er stand in ständigem Funkkontakt und trug zudem einen Sender um den Hals, der von einem Satelliten aus angepeilt wurde und der die Daten an das Smithstonia Institute in Washington weiterleitete. Auf diese Weise war zu jedem Zeitpunkt gewährleistet, die Position des Japaners zu bestimmen und innerhalb kurzer Zeit Versorgungsflüge oder Hilfsaktionen einbringen zu können. Nach Erreichen des Pols ließ er sich von einem Flugzeug abholen, welches er über Funk angefordert hatte.

Also alles in allem gar nicht so schlimm mit soviel technischer Unterstützung? So zu urteilen wäre gewiß vermessen und falsch! Auch wenn dem Japaner jede denkbare technische Hilfe zur Verfügung stand, so bleibt seine Tat doch eine ungeheuerliche Leistung. Nur wer die arktischen Verhältnisse kennt, kann ungefähr ermessen, was es bedeutet, zwei Monate in brutaler Kälte, aufbrechendem Eis und zwischen hungrigen Eisbären zu verbringen.

Und doch war es der technische Aufwand des Japaners, der mich störte. Er wurde auf seiner

Expedition unterwegs von Reportern besucht, er erhielt Post von zu Hause, und er brauchte im Grunde genommen keine aufwendige Navigation zu betreiben, da man ihm ständig seinen Standort über Funk mitteilte. Flugzeuge wiesen ihm den Weg durch das Packeis und Ausrüstungsgegenstände wurden ausgewechselt.

Ganz anders verliefen die Expeditionen des Dr. Hannes Lindemann, der in den Jahren 1955 und 1956 gleich zweimal den Atlantik überquerte. Das erste Mal im Einbaum, das zweite Mal in einem Faltboot. Allein – ohne fremde Hilfe, ohne Funkgerät, welches im Notfall hätte Hilfe bringen können, nur mit den einfachsten Ausrüstungsgegenständen versehen, bewältigte er den Atlantik.

Diese meiner Meinung nach ungeheuerliche Leistung Lindemanns, das Phänomen des Alleinseins, übertragen auf arktische Verhältnisse, ließ mich schließlich den Plan fassen, eine Expedition zum Nordpol zu versuchen, und zwar nur unter der Verwendung einfachster Mittel.

Es konnte nur ein Versuch sein, denn eine Gewähr für das Gelingen gibt es bei derart extremen Unternehmungen nicht. Der Gedanke an dieses Vorhaben ließ mich fortan nicht mehr los.

Im Sommer 1978 – ich kam gerade von einer Expedition von Borneo zurück – begann ich mit der Planung. Obwohl ich schon über Expeditionserfahrung verfügte, stellten sich hier doch ganz andere für mich neue Probleme in den Weg.

Die Unternehmung mußte finanziert werden, Ausrüstungsgegenstände wollten auf ihre Tauglichkeit hin geprüft werden, ein Trainingsprogramm wurde erstellt, doch allem voran stand die Frage nach der Durchführbarkeit einer solchen Unternehmung. Ich las Unmengen an Expeditionsberichten, unterhielt mich mit Fachleuten, die schon ähnliche Reisen durchgeführt hatten, und kam schließlich zu der Überzeugung, daß zumindest eine relativ gute Chance bestand, dieses Vorhaben

erfolgreich abzuschließen. Ich räumte mir im stillen keine bessere Chance als 50:50 ein, was aber nicht bedeutete, daß ich im Falle eines Scheiterns der Unternehmung für alle Ewigkeiten auf dem Eis bleiben wollte. Für den Notfall sollte ein Rettungsflug organisiert werden, der mich vom Eis abholen sollte. So spektakulär diese Fliegerei für den Laien wirken muß, so selbstverständlich sind diese Flüge für die ortskundigen Piloten, deren tägliches Brot es ist, Versorgungsflüge für diese Region zu unternehmen. Über einen weiteren Punkt mußte ich mir unbedingt Klarheit verschaffen: Entsprang diese Idee nun einem echten Bedürfnis meinerseits oder handelte es sich vielmehr nur um einen verrückten Einfall?

Bevor ich andere in meine Pläne einweihte, ging ich zunächst für einige Wochen mit mir selbst in Klausur, um mir eine ehrliche Antwort auf diese Frage zu geben.

Insgesamt spielte die psychologische Seite bei diesem Vorhaben eine ganz erhebliche Rolle. Isolation, die sich über einen relativ langen Zeitraum erstreckt, verbunden mit extrem schwierigen Lebensbedingungen, birgt eine unverhältnismäßig große psychische Belastung, die zusätzlich, zu der körperlichen Anstrengung, zum Tragen kommt. Ich mußte mich daher nicht nur körperlich optimal vorbereiten, sondern eben auch herausfinden, wieweit ich meine Psyche belasten kann. Alles in allem ein langwieriger Prozeß, der mir vom persönlichen Engagement her sehr viel abverlangte. Zu diesem Zeitpunkt war es auch, daß ich anfing, eine Art Tagebuch zu schreiben. Darin trug ich meine Gedanken, die sich innerhalb eines gewissen Zeitraumes ansammelten, zusammen. Ich schrieb diese Eindrücke meistens spontan auf irgendein Stück Papier, einen Bierdeckel oder was immer ich gerade zur Hand hatte. Diese schriftlich fixierten Gedanken geben am besten meine Stimmung, in der ich mich während der Vorbereitungsperiode befand, wieder. Sie zeigen, daß ich mich keineswegs, wie vielfach angenommen wird, ständig in fröhlicher Ferienstimmung befand, sondern daß mich die Entwicklung sehr stark in Anspruch nahm. Am 1. April 1979 schrieb ich:

»Es hat noch keine meiner Reisen ein derartiges Engagement sowohl in geistiger als auch in körperlicher und materieller Hinsicht gefordert, wie es bei der geplanten Nordpol-Fahrt der Fall ist. Gerade in den letzten Tagen spüre ich, wie mich dieses Unterfangen mehr und mehr in Beschlag nimmt. Das Ungewisse der Machbarkeit, die Verantwortung anderen gegenüber sowie die eigene Definition meiner Bedürfnisse sind Fragen, die ehrlich zu beantworten schwierig sind. Ich habe jetzt einen Punkt erreicht, wo ich nur noch sehr schwer meine Gefühle anderen Menschen erklären bzw. vermitteln kann.«

Eine intensive, innere Auseinandersetzung mit der Materie ist ein unbedingter Bestandteil dieser oder ähnlicher Reisen. Findet sie nicht statt, fehlt einem in bedrohlichen Situationen, die fast immer im Verlauf solcher Extremtouren auftreten, der geistige Background, um solche Krisen meistern zu können. Ich hatte diese Erfahrung sowohl auf Borneo als auch auf Labrador gemacht und spielte jetzt in meiner Phantasie alle Eventualitäten durch. Das Zusammenwachsen, die völlige Identifikation mit der Expedition ist daher unerläßlich und erfordert die Bereitschaft des Betreffenden, sich bedingungslos in die Gedankenwelt der geplanten Unternehmung hineinzufinden. Gerade bei einem Alleingang ist dieses Verhalten von größter Wichtigkeit.

Die Entscheidung über die geeignete Route zum Pol war die einfachste und somit sehr schnell getroffen. Grönland, das dem Pol am nächsten gelegene Land, fiel wegen der ungünstigen Eisdrift und der schlechten Eisverhältnisse außer Betracht. Es war daher das Nächstliegende, dieselbe Route zu gehen, die einst Peary eingeschlagen hatte, und die ich, weil auch spätere Expeditionen diesen Weg

gingen, als die klassische Route bezeichnen möchte. Der Ausgangspunkt war das Cape Columbia auf der Ellesmere-Insel, die den nördlichsten kanadischen Landzipfel darstellt.

Wie Naomi Uemura zwei Jahre zuvor wollte auch ich mich, nach Erreichen des Pols, von einem Flugzeug abholen lassen. Um den Charakter der totalen Isolation nicht zu stören, wollte ich auf Versorgungsflüge gänzlich verzichten. Dies bedeutete wiederum für mich eine Fülle von Proviant und Brennstoff, die zusätzlich von mir mitgeführt werden mußten.

Die gesamte Ausrüstung wollte ich auf einem eigens für diese Expedition gebauten Schlitten selbst ziehen. Um das Gesamtgewicht so gering wie möglich zu halten, wählte ich Aluminium als Baumaterial des Schlittens. Auf diese Weise erhielt ich einen sehr stabilen, aber trotzdem relativ leichten Schlitten, der mit Bespannung nur ca. 17 Kilogramm wog.

Ein Problem, das sich mir im Verlauf der Expedition sicher stellen würde, waren die offenen Wasserrinnen, die sich, bedingt durch Pressungen und Meeresströmungen, im Eis bilden. Sie können dabei so lang werden, daß es nahezu unmöglich ist, sie zu umgehen. Um Zeitverluste zu vermeiden, beschloß ich, ein kleines Schlauchboot mitzuführen, mit dessen Hilfe ich die gesamte Ausrüstung über eine solche Rinne übersetzen könnte.

Trotz aller Mühe, das Gesamtgewicht so gering wie möglich zu halten, zeigte die Waage bei beladenem Schlitten ca. 150 kg an, wobei der größte Teil des Gewichtes durch den Proviant verursacht wurde.

Diese Last über zerrissenes und aufgetürmtes Eis zu ziehen, würde sicherlich die letzten Reserven fordern. Allerdings, und das war eine sehr wichtige Überlegung, würde sich das Gewicht auch ständig verringern, da ja der Proviant tatsächlich weniger werden würde.

Eine weitere Schwierigkeit war gerade in diesem Gebiet die Orientierung bzw. die Navigation. Da der geographische und der magnetische Nordpol nicht identisch sind, sondern weit voneinander entfernt liegen, ist der Gebrauch des Kompasses nur bedingt möglich. Feste Orientierungspunkte fehlen gänzlich. Um den Weg finden zu können, muß sich ein Polreisender daher genau des gleichen Instrumentes bedienen, das in der Seefahrt Verwendung findet. Im Zeitalter der Elektrotechnik und der Raumfahrt gibt es natürlich auch andere technische Hilfsmittel. So geschehen bei Naomi Uemura, der ständig über Satelliten angepeilt wurde und dann später am Tag seinen genauen Standort über Funk mitgeteilt bekam. Von dieser Möglichkeit wollte ich nicht Gebrauch machen, da das Grundkonzept dieser Expedition gestört worden wäre.

Ich besorgte mir also einen Sextanten und brachte mir mühsam die erforderlichen Kenntnisse bei, um dieser Aufgabe in jeder Beziehung gewachsen zu sein. Kenner der Astronomischen Navigation werden wahrscheinlich in etwa ermessen können, was es bedeutet, einen Sextanten unter dortigen Verhältnissen zu bedienen. Nicht nur, daß verschiedene Phänomene, wie z. B. die Refraktion, die Beobachtungen zusätzlich erschweren, sondern daß der gesamte Vorgang zusätzlich durch die extreme Kälte zu einer der unangenehmsten täglichen Aufgaben wird. Mindestens einmal pro Tag muß der Standort auf diese Weise bestimmt werden, da ich mich sonst sehr schnell woanders befinden würde, als ursprünglich geplant. Allein durch die ständige Drift der Eiskalotte verändert sich dauernd die Position. Ob man nun gerade schläft oder läuft, das Packeis treibt ständig, wobei sich zusätzlich auch noch die Richtung der Drift verändern kann. So kann es theoretisch also geschehen, daß man sich abends nach einem langen Marsch müde in seinen Schlafsack legt und am nächsten Morgen wieder am Ausgangspunkt des vorangegangenen Tages aufwacht. Allein dieser Umstand also erfordert eine sehr genaue Navigation.

Der Pol selbst ist durch keinerlei Markierung gekennzeichnet. Er ist im Grunde genommen nur ein rechnerisch bestimmter Punkt, der sich durch nichts von der übrigen trostlosen Umgegend abhebt. Bevor der Pol das erste Mal erreicht wurde, rankten sich die abenteuerlichsten Geschichten um diesen öden Ort. Die Eskimos glaubten z. B., daß an der Stelle, wo genau der Pol liegt, ein großer eiserner Nagel steckt, der vor langer Zeit von irgend jemandem dort hinverpflanzt wurde. Daher nennen die Eskimos den Pol »Tigieha«, was soviel wie großer Nagel bedeutet. Cook beschreibt in seinem Buch »Where North ist South«, daß die Eskimos, die ihn auf seiner Expedition zum Pol begleiteten, enttäuscht waren, als sie am Pol statt des erwarteten Nagels nur eine froststarrende Einöde vorfanden.

An diesem Punkt, an dem es nur noch eine Himmelsrichtung, nämlich Süden, gibt, an dem die Sonne, sofern sie sichtbar ist, 24 Stunden lang am Tag denselben Höhenwinkel hält, wo es außer Meeresbewohnern keine weiteren Lebewesen gibt, dorthin also sollte mich diese Expedition bringen.

Es ist in der Tat wohl der trostloseste Fleck Erde, den man sich vorstellen kann. Selbst wissenschaftlich ist er inzwischen ausgewertet, so daß er im Grunde völlig an Bedeutung verloren hat. Und dennoch – er ist eben da – ein magischer Punkt, der schon so viele Menschen, Forscher wie Abenteurer gleichermaßen, angezogen hat. Er ist für viele Menschen zum Schicksal geworden. Selbst Männer, die anfänglich sehr viel voneinander hielten, verfeindeten sich, als es um die Frage ging, wer von ihnen zuerst am Pol gewesen ist. Ich spreche hier die Cook–Peary-Kontroverse an, die bis zum heutigen Tag nicht geklärt werden konnte. Nach einer gemeinsamen Expedition nach Grönland, zu der sich Dr. Cook als Expeditionsarzt gemeldet hatte, äußerte sich Peary nur positiv über den elf Jahre jüngeren Arzt. Besonders bewunderte er seine »unerschütterliche Geduld und Kaltblütigkeit in Notlagen«. Peary fand in ihm einen hilfsbereiten und unermüdlichen Mitarbeiter. Aber auch Cook war von der Person Pearys tief beeindruckt. Dies war im Jahr 1891. Nur wenige Jahre später entbrannte zwischen den beiden ein heftiger Streit, wer von ihnen zuerst am Pol gewesen sei. Nachdem Cook an verschiedenen Expeditionen teilgenommen hatte, darunter auch an der belgischen Antarktisexpedition, der auch Roald Amundsen, der spätere Eroberer des Südpols, angehörte, entschloß er sich im Jahr 1901 an Pearys 2. Nordpolexpedition teilzunehmen. Nachdem er verschiedene andere Expeditionen unternommen hatte, darunter auch den umstrittenen Versuch, den höchsten Berg Nordamerikas, den Mount Mackinley, zu besteigen, den er im zweiten Anlauf als erster erobert haben will, bereitete er 1907 in aller Stille eine Expedition zum Pol vor. Peary war gerade dabei, seinen siebenten Versuch, den Pol zu erreichen, mit unglaublichem Aufwand vorzubereiten, als die Kunde von dem Vorhaben Cooks bekannt wurde. Am 19. Februar 1908 verließ Cook die kleine Eskimosiedlung Annoatok an der Westküste Grönlands. Vierzehn Monate später – man hatte Cook längst für verschollen gehalten – kehrte er zusammen mit zwei Eskimos am 18. April 1909, kurz vor dem Hungertod stehend, nach Annoatok zurück.

Auf seinem Rückweg nach Kopenhagen sandte er von den Shetland-Inseln ein Telegramm an den »New York Herald«, in dem er mitteilte, daß er den Pol am 21. April 1908 erreicht habe. Von Pearys Expedition hatte er noch nichts erfahren können, da zu dem Zeitpunkt noch keine Nachricht vorlag. Doch erst wenige Tage, nachdem Cook sein Telegramm abgeschickt hatte, traf das Expeditionsschiff Pearys, die Roosevelt, in Indian Harbour in Labrador ein. Peary, in dem Glauben, der erste Mensch am Pol gewesen zu sein und inzwischen 53 Jahre alt, telegrafierte: »Ich habe den Pol am 6. April 1909 erreicht.« Zwei Tage später telegrafierte er ein zweites Mal und setzte damit den Grundstein für den Streit, der nie beigelegt werden sollte. In seinem Telegramm behauptete er, daß »Cook der Öffentlichkeit einen Bären aufgebunden hat«. Im Gegensatz zu Peary reagierte Cook sehr ruhig und stellte die Behauptung Pearys, den Pol erreicht zu haben, auch nicht in Frage, unterstrich aber nochmals, daß er bereits ein Jahr zuvor diesen Punkt erreicht habe.

Man kann diesen vor allem von Peary verbissen geführten Disput nur dann verstehen, wenn man berücksichtigt, daß Peary immerhin sieben Versuche brauchte, um den Punkt zu erreichen, dem er »sein Leben gewidmet hatte«. Acht Zehen hatte ihn dieses Vorhaben im Laufe der Jahre gekostet, und nun sollte ein anderer ihm zuvorgekommen sein? Für ihn ging es daher um mehr als nur um den erfolgreichen Abschluß einer Expedition, ihm ging es um sein Lebenswerk. Unter diesem Gesichtspunkt muß der Streit gesehen werden. Über den genauen Verlauf der Diskussion – über beide Charaktere ist viel geschrieben worden – wobei die jeweiligen Vertreter der einen oder anderen Seite stets versuchten, sich ins schlechte Licht zu rücken. Ich möchte an dieser Stelle nicht auch noch in eine der Kerben schlagen.

Es ist im Grunde genommen auch völlig unwichtig, ob nun Cook oder Peary zuerst am Pol war – oder ob überhaupt einer der beiden dem Pol nahe gewesen ist. Wer die Berichte der beiden Forscher gelesen hat, muß von den enormen Leistungen, die sie vollbracht haben, tief beeindruckt sein, und zwar völlig unabhänig vom Erfolg. Allein die Tatsache, daß Cook 14 Monate in der Arktis überlebt hat, muß einem Kenner der arktischen Verhältnisse Bewunderung abnötigen. Aber auch Peary, in seinem stetigen Bemühen, sein Lebensziel zu erreichen, wofür er bereit war, alle Opfer zu bringen, muß man denselben Tribut zollen. Eine Expedition darf nicht allein mit einer »Erfolg oder Mißerfolg«-Wertung bedacht werden, dafür ist sie viel zu komplex. Der Gehalt einer Expedition wird nicht nur am erreichten Endpunkt gemessen, sondern alle damit verbundenen Aspekte müssen mit in die Abrechnung einbezogen werden. Erst dann wird man ihr gerecht.

Jede Reise will vorbereitet sein. Je extremer das Ziel, um so intensiver und gründlicher muß die Auseinandersetzung mit den zu erwartenden Belastungen, den Klima- und Landschaftsverhältnissen einerseits und den eigenen Fähigkeiten, der Ausrüstung und Durchführungsplanung andererseits sein. Das Ziel dieser Reise, den Nordpol in einem Alleingang unter Verwendung einfachster Mittel zu erreichen, ist den Pionierleistungen früherer Expeditionen ebenbürtig. Die folgenden Bilder von Peter Lechhart zeigen den Autor im Trainingsgelände von Chamonix.

Bergsteigen, Klettern, Abseilen; ein notwendiges und kraftspendendes Training der Vorbereitungszeit. Hier in Chamonix trifft man auf winterliche Wetterverhältnisse, und der Umgang mit Eis und Schnee wird zur neuen Lebensweise.

Das Gerät muß auf seine Tauglichkeit geprüft werden. Ist der Schlitten aus Holz oder Aluminium vorteilhafter, mit dem man allein in 60 Tagesmärschen die 760 km lange Strecke zum Pol über Packeis und Schneewehen zurücklegen will? Nicht nur das Gewicht entscheidet, sondern auch das Materialverhalten bei arktischen Temperaturen.

20

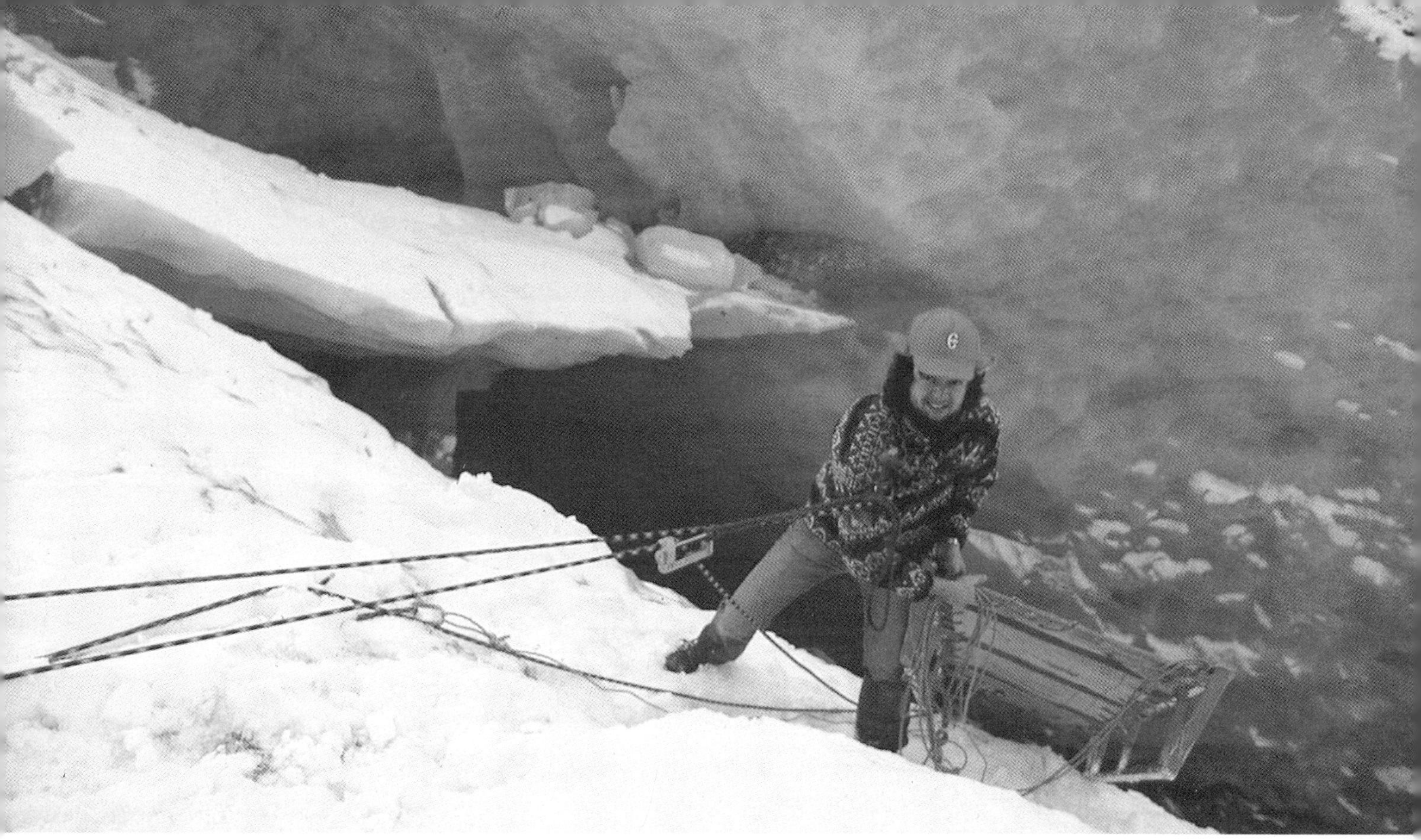

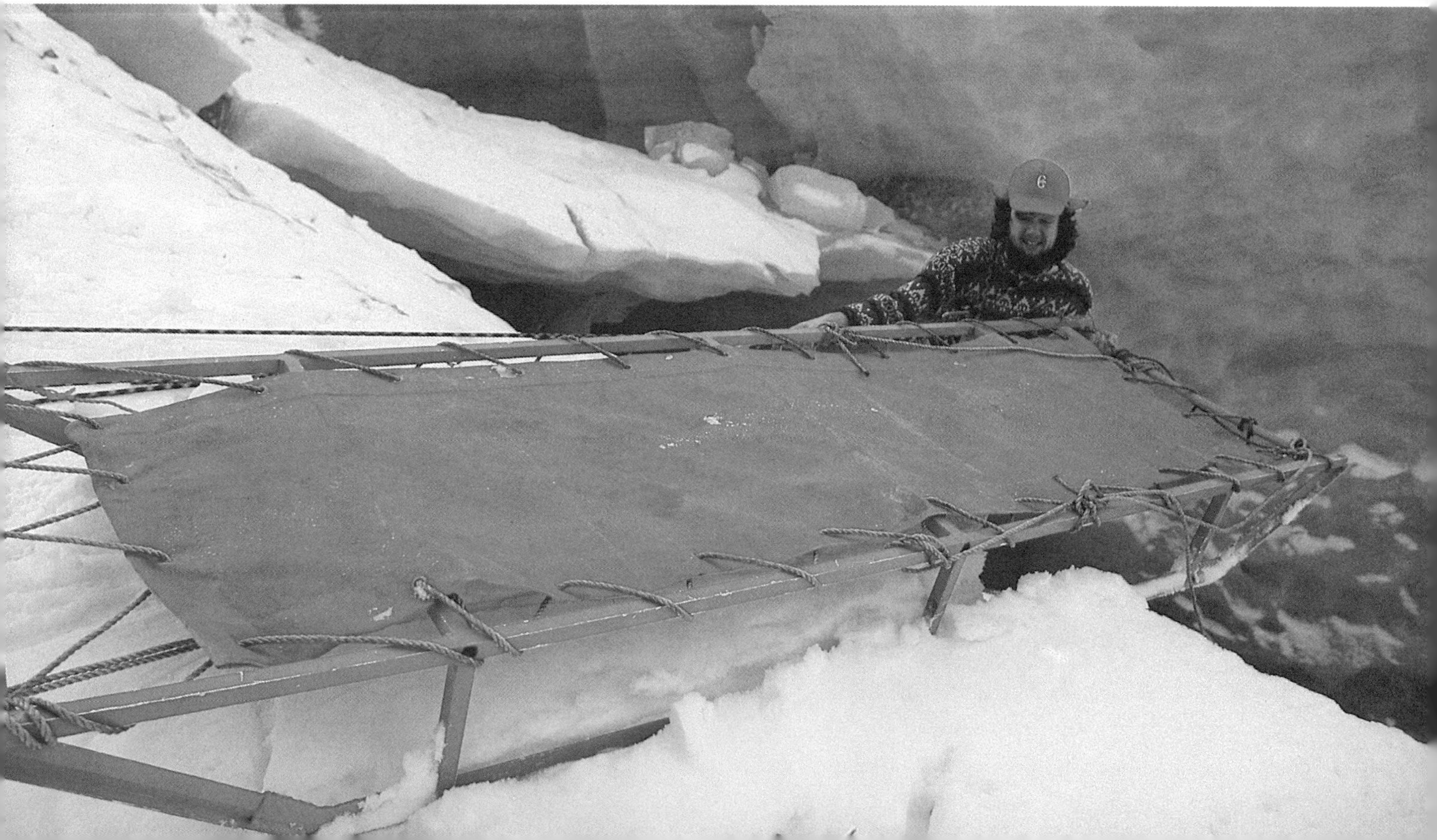

Abflug Frankfurt 13.10 Uhr
mit Lufthansa LH 444

»Die beiden Passagiere des Lufthansa-Fluges LH 444 nach Montreal, Herr Roy Black und Herr Arved Fuchs, werden gebeten, sich zum Gate 38 zu begeben.« Ich sehe meinen Freund Baptista an, er sieht mich an, dann müssen wir beide lachen. In einem Atemzug mit dem Schlagersänger Roy Black über die Lautsprecheranlage ausgerufen zu werden, erscheint uns dann doch etwas kurios. Gut gelaunt nippen wir an unseren Cognacs und beobachten das rege Treiben auf dem Flughafen. Obwohl ich nun wahrlich schon oft geflogen bin, geht trotzdem jedesmal wieder eine neue Faszination von der Flughafenatmosphäre auf mich aus. Ich mag diese Art von Hektik und das Gefühl, irgendwie in Kürze an einer ganz anderen Stelle zu sein. Wir waren gestern morgen von meiner Heimatstadt Bad Bramstedt mit dem gesamten Expeditionsgepäck aufgebrochen und hatten bei Verwandten von mir den letzten Abend verbracht. Zuvor waren wir bereits am Flughafen gewesen, um das Gepäck – immerhin 207 Kilogramm – als Luftfracht aufzugeben. Man war mir von seiten der Lufthansa sehr entgegengekommen, so daß diese letzte Aufgabe vor Ort auch gelöst war. Die vergangenen Tage waren von einer übergroßen Geschäftigkeit und Hektik gekennzeichnet. Für Schlaf waren nur wenige Stunden Zeit gewesen. Es mußten letzte Absprachen getroffen werden, Papiere geprüft, das

Gepäck wollte geordnet und verstaut sein und immer wieder stand die Frage im Raum »habe ich etwas vergessen?«

Und schließlich der 25. Februar, der letzte Abend zu Hause. Die bedrückte Stimmung ließ sich nur schwer überspielen. Die Sorge all derer, die mir nahestehen, trat an diesem letzten Abend besonders deutlich hervor. Ich bin froh, daß diese Phase jetzt abgeschlossen ist und finde in diesen letzten Minuten vor dem Abflug wieder zu mir. Die Turbulenzen der vergangenen Tage fallen von mir ab und ich freue mich darauf, jetzt endlich das anfangen zu können, worauf ich nun solange hingearbeitet habe. Mit Baptista hatte ich zusammen vor einigen Jahren eine Tour durch die USA und Mexiko unternommen, auch ihn hat in diesem Moment das Fernweh gepackt, und am liebsten würde er mich zumindest ein Stück begleiten. Langsam schlendern wir zum Bundesgrenzschutz, das Handgepäck wird nach versteckten Waffen untersucht, ein letzter Händedruck, die Leute drängeln, ich verschwinde im Gewühl und sehe nur noch von weitem Baptista mit hochgehobenem Arm.

Am Gate empfängt mich ein Bediensteter der Lufthansa, der mir im Auftrag der Geschäftsleitung nochmals die besten Wünsche übermitteln soll. Das war auch der Grund, weshalb man mich ausgerufen hatte. Neben der organisatorischen Hilfe, die ich durch die Lufthansa erfahren habe, nun auch noch diese Geste, über die ich mich sehr freue.

Im Flugzeug komme ich sehr schnell mit meinem Nachbarn in ein Gespräch. Er ist Kanadier und froh, daß er sich mit mir auf Englisch unterhalten kann. Die Flugzeit soll so ungefähr acht Stunden betragen, also mache ich es mir gemütlich, schlafe, esse und genehmige mir zum Abendbrot eine Flasche Wein. Im Geiste gehe ich noch einmal mein Programm durch, welches ich in Montreal zu bewältigen habe. Es sind noch verschiedene Gespräche mit offiziellen Stellen zu führen, ein Gewehr zum Schutz gegen Eisbären muß ich mir noch kaufen und zuerst natürlich meine Freunde aufsuchen, die ich 1977 auf der Labrador-Expedition kennengelernt habe.

Am späten Nachmittag schließlich taucht das Flugzeug durch eine dichte Wolkendecke und unter uns liegt Montreal. Die Stimme des Piloten verkündet eine Bodentemperatur von −16° C bei leichtem Schneetreiben. Ein kleiner Vorgeschmack auf das, was mich weiter oben im Norden erwartet, denke ich. Die Abfertigung geht schnell und reibungslos vonstatten und schon kurze Zeit später sitze ich im warmen Bus, der mich vom Flughafen Mirabel direkt in die City Montreals bringt. Ein günstiges Hotel ist auch nach kurzer Suche gefunden, es folgt eine heiße Dusche sowie ein kräftiges Essen; der erste Schritt wäre getan!

Das Klingeln des Telefons reißt mich aus einem Tiefschlaf; es ist der Portier, der mich auftragsgemäß wecken soll. Eine kurze Dusche, einige Tassen schwarzen Kaffee sowie ein kräftiges Frühstück lassen mich endgültig aufwachen. Ich hatte mir auf dem Flug einen Laufzettel angefertigt, auf dem all die Punkte verzeichnet sind, die ich noch in Montreal und Ottawa zu erledigen habe.

Die Stadt Montreal ist mir nicht ganz fremd. Vor drei Jahren hatte ich bereits im Anschluß an die Labrador-Expedition zehn Tage hier verbracht. Damals waren noch zwei meiner Freunde mit von der Partie.

Die Franco-Kanadier, stets darauf bedacht, sich von ihren englisch-sprachigen Mitbürgern zu distanzieren, lassen einen bei jeder Gelegenheit wissen, daß sie im Grunde genommen Franzosen sind und daß sie es gar nicht lieben, mit den übrigen Kanadiern über einen Kamm geschoren zu werden. Der Disput zwischen diesen beiden Gruppierungen zieht sich wie ein roter Faden durch die kanadische Geschichte. Zwistigkeiten gab es von jeher, nun aber war das Maß endgültig voll – so zumindest die Meinung der Quebecer. Gravierende soziale Ungerechtigkeiten, verbunden mit dem Gefühl, ständig und in jeder Beziehung benachteiligt zu werden, ließ den Wunsch nach Unabhängigkeit vom restlichen Kanada immer größer werden und endete schließlich in einem Referendum, das zum Ziel hatte, eine autonome Provinz Quebec zu gründen. Die Volksabstimmung fiel allerdings zur großen Enttäuschung der Franzosen mit einer überwältigenden Mehrheit zu Gunsten des Status quo aus. Dennoch, das Problem ist damit nicht aus der Welt. War Quebec schon seit geraumer Zeit, beispielsweise auch in Deutschland, durch eine eigene Delegation vertreten, die bezeichnenderweise Quebec als »europäischte Provinz Kanadas« ausgibt, so wird man auch weiterhin auf Quebecer Seite bemüht sein, die Eigenständigkeit bei jeder sich bietenden Gelegenheit hervorzuheben. Der Quebecois ist ein Patriot. Er liebt sein Land über alles, und auch nur dort richtet sich sein Hauptaugenmerk hin. Wer einmal den glühenden Diskussionen beigewohnt hat, wie sie gerade auch unter Jugendlichen geführt werden und wo das Thema der Separation an erster Stelle steht, der wird sich eines gewissen Erstaunens kaum erwehren können. Weltpolitische Probleme hingegen werden meist nur in einem kleinen Rahmen und bedeutend weniger leidenschaftlich behandelt. Ein Umstand übrigens, der auch im restlichen Kanada anzutreffen ist.

Überlegungen zur Energieeinsparung gibt es erst seit relativ kurzer Zeit und werden von vielen auch nur belächelt. Warum auch sparen? Mit Strom aus Wasserkraftwerken hat man in Quebec Energie im Überfluß und das Öl strömt in Alberta aus der Erde. Warum also sich Gedanken machen? Überlegungen über langfristige Einsparungsmöglichkeiten gibt es sicherlich bei den entsprechenden Regierungsstellen. Für den Mann auf der Straße ist dieses Problem noch nicht so aktuell. Ihm, der sich unterdrückt fühlt und glaubt, daß ihn die Anglo-Kanadier ausbeuten, geht es zuerst einmal um die Sicherung der eigenen Situation, um den Erhalt seiner Kultur. Dieses Ziel genießt unbedingte Priorität vor allen anderen Dingen.

Es liegt mir fern, ein Urteil darüber zu fällen, ob die Vorwürfe der Quebecer gerechtfertigt sind oder nicht. Ich kann es auch gar nicht, dafür bin ich mit der Materie nun wahrlich nicht eng genug vertraut. Dennoch kann man sich eines gewissen Eindruckes nicht erwehren. Die Franco-Kanadier fühlen sich – was auch unbestritten sei – als eine in bestimmten Belangen des täglichen Lebens benachteiligte Minderheit. So weit, so gut – bleibt die Frage, wie die Quebecer mit Minderheiten verfahren, die in ihrer eigenen Provinz um viel elementarere Forderungen kämpfen müssen, und die man von offizieller Seite nur zu gern totschweigt. Ich spreche hier von den Indianern und Eskimos, die im Norden Quebecs ein zum Teil trostloses Leben führen und die Trost und Vergessen im Alkohol suchen. Denen man beispielsweise nicht das Recht einräumt, sich die Sprache auszusuchen, die sie neben ihrer eigenen, angestammten hinzulernen sollen. Die Eskimos des Nordens fühlen sich den Anglo-Kanadiern mehr verbunden als den Franco-Kanadiern, wen wundert es daher, daß sie – wenn schon eine zweite

Sprache – lieber Englisch lernen wollen als Französisch.

Ihnen wird es verübelt, wenn sie sich offen zum englischen Teil Kanadas bekennen, und eventuelle Unruhen, wie sie 1977 in Fort Chimo auftraten, werden notfalls auch mit einem großen Polizeiaufgebot erstickt. Gewaltige und ehrgeizige Energieprojekte, wie z. B. das James-Bay-Wasserkraftwerk, verändern in einem entscheidenden Maße die Umwelt und den Lebensraum der Indianer. Weitere Vorhaben liegen auf dem Reißbrett bereits vor. Hat man hier die Urbevölkerung nach ihrer Meinung gefragt? Vielleicht gab es Befragungen, aber hatten die Indianer zu irgendeinem Zeitpunkt auch nur die geringste Chance, sich gegen diese Vergewaltigung ihres Lebensraumes zu wehren? Wohl kaum! Sie sind eben eine kleine, unbedeutende Minderheit und werden, wie so oft, ins Abseits rangiert. Hier schließt sich nun der Kreis. Ungerechtigkeiten auch von der Seite derjenigen ausgehend, die sich selbst unterdrückt fühlen.

Mit meinen kanadischen Freunden, selbst Franco-Kanadier und leidenschaftliche Befürworter des Referendums, habe ich häufig über das Für und Wider der Separation diskutiert. Für sie muß der negative Volksentscheid eine schwere Niederlage bedeuten.

Das Wiedersehen mit Dominique, Robert und Louis findet in einem ausgelassenen und vergnügten Rahmen statt. Es wird viel Bier getrunken, das nach Meinung meiner Freunde das beste Bier auf der ganzen Welt ist, man redet über gemeinsame Erlebnisse, und natürlich muß ich erst einmal in allen Einzelheiten meine Pläne erläutern. Obwohl Kanadier, sind sie mit diesen nördlichsten Regionen ihres Landes kaum vertraut. Es muß erst eine Landkarte her, um eine genaue Vorstellung gewinnen zu können. Danach herrscht etwas betretenes Schweigen. Robert weiß zu berichten, daß er im Wetterbericht gehört hat, daß im Norden Labradors Temperaturen von unter minus 30° Grad C herrschen. Dort, wo ich hin will, wird es noch kälter werden. Es ist offensichtlich, daß ihnen bei diesem Gedanken nicht ganz wohl in ihrer Haut ist, aber sie sollen schließlich auch nicht dorthin. Organisatorische Probleme werden von den dreien jedenfalls im Handumdrehen gelöst! Hatte ich vorher noch Sorge gehabt, wie ich wohl meine Ausrüstung vom Flughafen Mirabel zum anderen Ende der Stadt, zum Flughafen Dorval, bekommen würde, so wird diese »Kleinigkeit« von Robert gelöst. Am nächsten Tag steht er mit einem Lastwagen, den er irgendeinem Bekannten abgeluchst hat, vor dem Hotel, um diesen Transfer zu übernehmen. Die Frage nach dem Waffenschein ist auch schnell geklärt. Dominique führt mich zu einer Polizeistation, übernimmt sofort die Verhandlungen und entbindet mich auf diese Weise von der schwierigen Aufgabe, mich auf Französisch ausdrücken zu müssen. Ein weiterer »guter Freund« von ihm ist ein passionierter Jäger, und ohne auch nur die Chance zu bekommen, etwa eigene Vorstellungen zu einer geeigneten Waffe zu äußern, finde ich mich, eingerahmt von den beiden, in einem Waffengeschäft wieder. Die Verhandlungen laufen natürlich auf Französisch und dazu in einer Geschwindigkeit, daß ich schon nach kurzer Zeit resigniert den Versuch aufgebe, etwas von dem Gespräch mitzubekommen. Von mir wird keinerlei Notiz mehr genommen, dafür finde ich mich nach ca. einer Stunde an einer Kasse wieder, wo mir die Kassiererin mit ihrem freundlichsten Lächeln unterbreitet, daß ich nun für Gewehr, Munition und einiges Zubehör 290 Dollar bezahlen müsse. In mein Schicksal ergeben, zücke ich mein Portemonnaie, zahle und halte dafür ein gewichtiges Gewehr in der Hand, das, wie man mir sofort beteuert, wie geschaffen für meine Zwecke sei. Beim Verlassen des Ladens erfahre ich sogar noch einige Einzelheiten von meinen beiden Begleitern:

Kaliber 30–06, englisches Fabrikat und fünf Schuß im Magazin. Wie man mir versichert, ein wahrer Bärentöter! Bei der Rückfahrt in der überfüllten Metro ruhen einige kritische Blicke auf meiner Neuerwerbung, die ich möglichst unauffällig zu transportieren trachte. Wer schon einmal mit einem Gewehr durch eine Stadt zur Rush-Hour gelaufen ist, wird die Sinnlosigkeit dieses Unterfangens ermessen können.

Unter dem entsetzten Blick des Portiers suche ich schleunigst mein Zimmer auf, lasse Gewehr Gewehr sein und suche im Fernsehen Trost.

Die nächsten Tage vergehen in hektischer, aber geselliger und lustiger Stimmung. Das Zeitgefühl hat bei mir inzwischen völlig ausgesetzt. War da nicht noch vor zwei, drei Tagen ein alles umfassendes Chaos? Die Stunden des Abschiednehmens, der letzte Abend zu Hause, liegt das nicht schon Wochen zurück? Es ist, als ob man in eine Zeitmaschine gestiegen sei und in einer anderen Zeitstufe wieder aussteigen würde. Die neuen Eindrücke sind so umfangreich und vielfältig, das keine Zeit für das Vergangene bleibt! Obwohl das eigentliche Abenteuer erst beginnen soll, hat mich der Flug von Europa unmittelbar in einen Abschnitt der Expedition katapultiert, der, wenngleich auch in keiner Weise dramatisch, eine erfrischende und belebende Wirkung auf mich hat. Dominique hatte bereits nach kurzer Zeit entschieden, daß ich für die Tage meines Aufenthaltes zu ihm ziehen würde. Einwände wurden vom Tisch gewischt. Kurzum, für einige Tage hat man mich quasi adoptiert und mir in freundschaftlicher Weise all die Annehmlichkeiten zukommen lassen, die Montreal zu bieten hat. Diese Gastfreundschaft ist mitunter direkt ein wenig beschämend. Heimlich versuche ich Vergleiche anzustellen, wie sich wohl meine Landsleute oder auch ich selbst in einer derartigen Situation verhalten würden. Nichts als Vermutungen, aber Skepsis sei erlaubt, daß einem Ausländer

26

in Deutschland eine vergleichbare Gastfreundschaft entgegengebracht wird, wie ich sie hier erfahre!

Es sind aber auch noch durchaus ernsthafte Dinge zu erledigen. In der Regierungshauptstadt Ottawa rede ich noch mit einigen offiziellen Stellen, was insgesamt aber nichts Neues ergibt. Man ist zwar sehr verbindlich, schickt mich aber von einer Stelle zu anderen, keiner will letztlich direkt mit der Expedition etwas zu tun haben. So gebe ich den Versuch, vielleicht noch zusätzliche Hilfe von Regierungsseite zu erhalten, am Nachmittag resigniert auf. Verwundert hat mich diese Entwicklung allerdings nicht. Man stelle sich nur einen Ausländer vor, der wegen eines ähnlichen Anliegens wie dem meinen nach Bonn reist, um dort Unterstützung für seine Pläne zu finden – er würde wohl ebenso hilflos in dem Behördendschungel umherirren, wie ich es erlebe. Nur bei der »Ice Forecasting* Central« habe ich Erfolg. Dank einer Empfehlung, die ich in Hamburg vom DHI (Deutsches Hydrographisches Institut) erhalten habe, läßt man mich vor und bietet mir sofort jede mögliche Unterstützung an. Man findet das Vorhaben sehr interessant, ich erhalte Einblick in Karten, die die neuesten Eisverhältnisse im Nordpolarmeer zeigen, es folgen weitere Tips und schließlich eine herzliche Verabschiedung. Ein Gespräch, das ich noch mit einer Fluggesellschaft führe, die mich später von Resolute Bay aus zu meinem Ausgangspunkt Cape Columbia bringen soll, verläuft ebenfalls zu meiner vollen Zufriedenheit. Man räumt zwar ein, daß man den genauen Preis dafür im Moment nicht angeben könne, gehe aber davon aus, daß er sich wohl bei ungefähr 3500,– bis 4000,– Dollar einpendeln müsse. Endgültiges würde man mir in Resolute Bay mitteilen können, auf jeden Fall würde ein solcher Flug nichts Außer-

---

* Eis-Vorhersage

gewöhnliches darstellen, da man ja schließlich Experte sei und schon unzählige ähnliche Unternehmungen durchgeführt habe. Ich bin zufrieden! Die Angaben stimmen mit meinen Informationen voll überein und das Selbstbewußtsein meiner Gesprächspartnerin strömt unmittelbar auf mich über. Es läuft alles wie am Schnürchen. Selbst die Zollabfertigung, die ich wegen meiner hochwertigen Ausrüstung noch insgeheim gefürchtet hatte, stellt sich als unproblematisch heraus.

Schließlich der letzte Tag in Montreal. Dominique fährt mich zum Flughafen, wo wir noch eine Tasse Kaffee trinken. Er ist heute auffallend still, anders jedenfalls als an den vorangegangenen Tagen. Die Freundschaft, die vor drei Jahren entstanden war, hat sich zweifelsohne vertieft. Wir haben viel diskutiert und philosophiert, was offensichtlich auf Dominique einen nachhaltigen Eindruck gemacht hat. Wie ich später, nach drei Monaten in der Arktis erfahren sollte, hat er sich für ein Jahr allein in den Kanadischen Busch zurückgezogen, um dort in der ursprünglichsten Form zu leben. Als einzigen Begleiter hat er einen Hund gewählt, den er zugleich auch für die Jagd einsetzen kann. Ein faszinierender Gedanke – ein Trapperdasein ohne störende Einflüsse von außen zu führen, ganz auf sich allein gestellt.

Um 10.55 Uhr ist Abflugzeit. Die Kleidung meiner Mitreisenden verrät schon, wohin dieser Flug gehen soll. Dicke Winterpelze, wattierte Jakken und ebenso unförmige wie warme Stiefel herrschen vor. Die Besitzer dieser Kleidungsstücke sehen teilweise aus, als sollten sie gerade in einem Jack-London-Film die Rolle der Bösewichte übernehmen. Eine Whiskeyflasche macht die Runde, der Alkohol scheint in der Arktis etwas knapp zu sein, jedenfalls saugen einige mit einer solchen Lust an der Flasche, als ob es das letzte Mal in ihrem Leben sein sollte. Die Flasche ist leer und wird – wie könnte es das Drehbuch eines Western anders vorschreiben – durch eine neue ersetzt! In der anderen Ecke der Wartehalle steht dichtgedrängt eine Gruppe von Eskimos, der dieser ganze Rummel etwas unheimlich zu sein scheint. Einer der Whiskeytrinker, er sieht aus wie der Seewolf persönlich, läßt einen erschütternden Rülpser hören, nimmt sein Ticket und geht auf die Ausgangstür zu, die gerade von einer Stewardeß aufgeschlossen wird. Das Wetter ist prächtig, nicht eine einzige Wolke verdeckt die Aussicht. Eine neue Etappe hat begonnen, Montreal gehört der Vergangenheit an.

Beim Überfliegen der Halbinsel Labrador überkommt mich ein etwas wehmütiges Gefühl. Es sind jetzt drei Jahre her, daß ich zusammen mit zwei Freunden eine dreimonatige Expedition dorthin unternommen habe. Es war damals die erste Reise, die echten Expeditionscharakter hatte. Es waren drei abenteuerliche und strapaziöse Monate gewesen und dennoch, vielleicht gerade weil es das erste Mal war, sehe ich noch heute alle Einzelheiten genau vor mir. Das Kentern in Stromschnellen bei einer Wassertemperatur von 4° Celsius, der unglaubliche Fischreichtum, die abendlichen Lagerfeuer und die Myriaden von Insekten, Moskitos und Black Flies, alles ist mir in diesem Moment gegenwärtig, als hätte ich es gerade eben erlebt. Beim Überfliegen der schneebedeckten Berge sieht man deutlich in den Tälern die überfrorenen Flußläufe. Der Bordlautsprecher verkündet, daß wir in wenigen Minuten das »James Bay Project« überfliegen werden, ein Vorhaben mit gewaltigen Dimensionen. Selbst aus der großen Höhe, in der wir fliegen, lassen sich deutliche Strukturen dieser Mammut-Baustelle erkennen. Labrador, das wilde und rauhe Land, wird mehr und mehr erschlossen, sozusagen als ein riesiges Kraftwerk, das Strom in alle Gegenden Nordamerikas liefern soll. Schon heute sind verschiedene Gebiete für Reisende gesperrt. Die Zivilisation fordert ihren Tribut.

Je weiter wir jetzt nach Norden gelangen, desto eisiger und unwirtlicher wird die Landschaft. Waren anfangs noch viele offene Wasserstellen im Eis zu erkennen, so weichen diese blauschwarzen Flecken mehr und mehr einer geschlossenen Eisdecke. In Frobisher Bay auf Baffin Island haben wir eine Zwischenlandung. Das Wetter ist immer noch sehr schön, aber es herrschen 30° C unter Null. Seewolf und seine Mannen verlassen das Flugzeug. Ich vertrete mir kurz die Beine, flüchte mich dann aber doch wieder rasch in das warme Flugzeug – man muß sich eben erst einmal an die Temperaturen gewöhnen.

Der Flugplatz selbst sieht öde und verlassen aus, die Zeit ist zu knapp bemessen, als daß ich einen Rundgang durch das Dorf unternehmen könnte. Nachdem das Flugzeug wieder aufgetankt ist, geht es weiter nach Norden. Die Bilder wiederholen sich: vereiste und verschneite Inseln, dazwischen das gefrorene Meer, das in seiner Eintönigkeit nur hin und wieder durch einen festgefrorenen Eisberg unterbrochen wird.

Um 17.00 Uhr schließlich verkündet der Lautsprecher, daß wir in wenigen Minuten in Resolute Bay landen werden. Unter uns einige Häuser, der Flughafen, schließlich erfolgt die Landung, die Turbinen ersterben, ich bin in Resolute-Bay!

Ankunft in Resolute-Bay am Nordrand Kanadas. Ein Ort, künstlich geschaffen aus militärischen und verwaltungstechnischen Gründen. Hier gibt's nicht viel mehr als eine Flugzeuglandebahn, eine Wetterstation und Baracken. Im Umkreis wurden Eskimos aus dem Süden angesiedelt. Resolute-Bay nimmt heute eine zentrale Stellung im Norden für die Versorgungsflüge der umliegenden Eskimosiedlungen ein und ist Ausgangspunkt für wissenschaftliche Exkursionen in die Arktis.

Städteneugründungen, auch in entlegenen Gebieten der Erde, tragen das Gesicht der Technik. Stromversorgung und Automobile sind daraus nicht wegzudenken – auch wenn die Stadt dem Fremden nur ein Hotel, das Airhotel, bietet. Dagegen besitzt Resolute-Bay mehrere Kontore kleinerer und internationaler Fluglinien.

31

Das Leben in der Arktis wird durch die Technik zwar erträglicher, nicht aber einfacher. Tage- und wochenlange Schneestürme können in dem Menschen das Gefühl der Isolation, des Abgeschnitten- seins von der Welt her- vorrufen. Immerwäh- rende Taghelle im Sommer und ständige Nacht im Winter lassen das Zeitgefühl nahezu abhanden kommen. Auch unter angesiedel- ten Eskimos ist das Le- ben hier nur etwas für wenige »Arktisbiten«.

33

Wenn nichts mehr geht, braucht man Freunde. Hier Terry und Basel, Ausrüster für Expeditionen. Wenn das große Ziel, den Pol im Alleingang zu erreichen, auch nicht mehr geschafft werden sollte, war es mit ihrer Hilfe möglich, nicht nur ausgedehnte Hundeschlittenfahrten und Jagdausflüge mit Eskimos zu unternehmen, sondern eine zweite Reise in die Arktis zu planen.

»Auf 74°43' nördlicher Breite«

Genauer gesagt auf 74°43' nördlicher Breite und 94°54' westlicher Länge befindet sich Resolute Bay. Die mathematische Nüchternheit, die von diesen Koordinaten ausgeht, spiegelt sich zugleich in dem Charakter dieser Ansiedlung wider. Wer ein verträumtes, kleines Eskimodorf erwartet hat, muß seine Vorstellungen schnell revidieren. Man hat spontan den Eindruck, daß dieser Ort nicht im Laufe der Zeit gewachsen ist, sondern irgendwann einmal aus dem Nichts herausgestampft wurde. Und so war es denn auch! Noch um die Jahrhundertwende, als die Erforschung der Arktis mehr und mehr voranschritt, befand sich an dieser Stelle nichts außer einigen Moschusochsen, Polarfüchsen, Eisbären und natürlich viel Eis und Schnee. Erst als das Zeitalter der Flugzeuge begann, fing man an, Interesse für diese Region zu hegen. Es war schließlich das Militär, welches den Anfang machte. Im Jahre 1947 wurde auf der Cornwallis-Insel von den Kanadiern in Zusammenarbeit mit den Amerikanern eine große Landebahn sowie eine Wetterstation errichtet. Noch heute liegen in der Umgebung von Resolute einige Flugzeugwracks herum, stumme Zeugen der anfänglichen Schwierigkeiten, die es seinerzeit gegeben hat. Diese Wracks zu bergen wäre viel zu kostspielig gewesen. Man baute daher alle verwertbaren Teile aus und ließ den Rest liegen. Tote hatte es damals nicht gegeben. Sechs Jahre später siedelte man Eskimos auf der Cornwallis-Insel an. In Port Harrison und in Pont Inlet hatte es in den dreißiger und vierziger Jahren immer wieder Versorgungsschwierigkeiten gegeben. Diese Region war einfach zu stark bejagt worden, so daß die Jagd nun immer schlechter ausfiel und schließlich Hungersnöte entstanden. Daher entschloß man sich auf Regierungsebene, einen Teil der Eskimos in die Hohe Arktis zu verlegen, in der es Wild in Hülle und Fülle gab. Die Verlegung der Eskimos in den hohen Norden brachte aber zugleich neue Schwierigkeiten mit sich. Zwar war das Problem der Ernährung vorerst gelöst, aber man hatte nicht berücksichtigt, daß die Umsiedler aus einer Gegend kamen, die bedeutend weiter südlich lag und sie sich nur sehr schwer an das ständige Tageslicht, das dort während des Sommers herrscht, gewöhnen konnten. Noch schlimmer muß es dann im Winter gewesen sein. 24 Stunden Nacht, und das über Monate hinweg, führte die Eskimos, die derartiges nicht gewohnt waren, zeitweise an den Rand der Verzweiflung. Eine andere Gruppe von Eskimos hatte man sogar noch weiter nach Norden verlegt. Mit dem gleichen Schiff, das die Cornwallis-Insel anlief, reisten Eskimos, die für die Ellesmere-Insel bestimmt waren. Obwohl auch dort reichlich Wild vorhanden war, fühlten sich die Umsiedler lange Zeit unglücklich. Hier dauert die Nachtphase noch länger als in Resolute. Dieses kleine Dorf mit Namen Grise Fjord – es ist am gleichnamigen Fjord gelegen – existiert heute ebenfalls noch. Allerdings hat man vor einigen Jahren den Ort um einige Meilen verlegt, die Reste des ersten Dorfes sind noch heute zu erkennen.

Die Schwierigkeiten, denen sich die Umsiedler sowohl in Resolute als auch in Grise Fjord ausgesetzt sahen, waren unterschiedlichster Art. Zum einen hatte man nur sehr wenig vorbereitet, so daß bei der Ankunft praktisch am Nullpunkt angefangen werden mußte. Es gab noch keine Hütten, man mußte vorerst mit Zelten vorlieb nehmen. Bis zum Winter sollten also sturmsichere Unterkünfte gebaut sein, es mußte ausreichend Fleisch gejagt werden, und tausend andere Dinge bewältigt werden, die zum Leben in der Arktis unerläßlich sind. Der erste Winter muß für diese Menschen sehr hart gewesen sein. Zusätzlich kam erschwerend hinzu, daß die Umsiedler sich in zwei Gruppen spalteten, die aus verschiedenen Dörfern stammten und die in vielen Dingen nicht immer einer Meinung waren. Eine direkte Verschmelzung fand nie richtig statt. Noch heute kann man diesen feinen Unterschied bemerken. Selbst in der Anordnung der einzelnen Häuser schlägt sich diese Diskrepanz nieder. So sind z. B. in Grise Fjord die Häuser der Pont-Inlet-Eskimos in einer Linie, die der Port-Harrison-Eskimos in einer anderen angeordnet, d. h., das Dorf ist nach Ursprungsdörfern aufgestellt worden, so daß auf diese Art selbst heute noch der Unterschied erkennbar wird. Mit neuen Generationen mögen sich diese Unterschiede verwischen, es bleibt jedenfalls zu hoffen. Allerdings herrscht, wie man mir sagte, in Grise Fjord ein gewisser Mangel an jungen, heiratswilligen Männern. In den letzten Jahren ist die Bevölkerungszahl daher auf 86 Personen zurückgegangen, im Gegensatz zu 99 in den vorhergegangenen Jahren.

Resolute Bay nimmt heute eine zentrale Stellung in der hohen Arktis ein. Die Landebahn ist so dimensioniert, daß selbst die größten Flugzeuge dort landen können. Auf diese Weise werden die Versorgungsgüter zu den Verbrauchern im hohen Norden gebracht. Nur im Sommer kommt ein Schiff bis nach Resolute durch, um weitere notwendige Waren abzuliefern. Seit der Erbauung im Jahre 1947 hat dieser kleine Ort einen beträchtlichen Boom erlebt. Er ist Ausgangspunkt für wissenschaftliche Expeditionen, ein großer Verwaltungsapparat hat dort seinen Sitz und außerdem wird ein beträchtlicher Teil der Versorgungsflüge in die umliegenden Eskimokommunen von dort aus durchgeführt. Es ist sogar wahrscheinlich, daß Resolute einen weiteren, beträchtlichen Schritt nach vorn tun wird. Neuerliche Untersuchungen haben ergeben, daß im Kanadischen Archipel gewaltige Erdgasvorkommen vorhanden sind. Ein großer Konzern plant jetzt, diese Rohstoffe zu fördern und mit Hilfe dreier speziell für arktische Verhältnisse konstruierter Tanker, die zugleich Eisbrecher sind, abzutransportieren. Die Probleme, die daraus resultieren, sind mannigfaltig. Durch die breiten Rinnen im Eis, die von den Schiffen gebrochen würden, wäre für die jagenden Eskimos ein schier unüberwindliches Hindernis geschaffen. Wie sollen die Eingeborenen eine solche Rinne überqueren? Da diese Wasserstraße das ganze Jahr hindurch in relativ kurzen Zyklen genutzt werden soll, wäre auch die Möglichkeit einer neuerlichen, soliden Eisbildung nicht gegeben. Aber noch andere, viel schwerwiegendere Aspekte sind mit diesem ehrgeizigen Vorhaben verbunden. An dieser offenen Wasserstraße würden sich unzählige Tiere aller Art einfinden, der Seehund, das Walroß, Wale und andere Meerestiere würden sich in großer Anzahl dorthin begeben Gerade die Meeressäuger würden eine solche Straße sicherlich begrüßen, ohne zu ahnen, daß ihnen dort das Verhängnis droht! Einmal davon abgesehen, daß sich die Jagd der Eskimos mit an Sicherheit grenzender Wahrscheinlichkeit auf dieses Gebiet konzentrieren würde und somit eine übermäßig starke Bejagung dieser Region das unweigerliche Resultat wäre, würde ein großer Teil der Tiere von den ständig pendelnden Tankern vernichtet. Nicht nur die gesellschaftliche und wirtschaftliche Situation wäre eine andere, auch das ökologische Gleichgewicht wäre aus der Balance geworfen. Die Schäden, die durch eine eventuelle Schiffshavarie ausgelöst würden, lassen sich in ihrer ganzen Konsequenz noch gar nicht abschätzen. Öl im Meer der Arktis, eine Eisbildung gäbe es dann, zumindest in den betroffenen Gebieten, kaum mehr! Zugegeben, die Schiffe sind noch nicht gebaut und es ist derzeit noch ungewiß, ob sie überhaupt jemals in Auftrag gegeben werden. Zur Zeit untersucht man sehr genau die möglichen Folgerscheinungen, die mit diesem Projekt verbunden sind. Man befragt auch die Eskimos, die schließlich dieses Land ihre Heimat nennen. Aber dennoch kann ich mich eines gewissen Unbehagens nicht erwehren! Liest man das umfassende Informationswerk, welches von dem Multi für die

Bevölkerung herausgegeben wurde, hat man spontan den Eindruck, daß hier an alles gedacht wurde. Bleibt zu hoffen, daß es tatsächlich an dem ist und es sich nicht nur um eine Werbebroschüre handelt, die das Ziel hat, zu beschwichtigen.

Resolute Bay wäre der erste Ort, der von dieser Entwicklung betroffen würde. Obwohl das Eskimodorf einige Meilen entfernt vom Flughafen- und Verwaltungskomplex gelegen ist, wäre es wohl vermessen zu glauben, daß diese Entwicklung die Erhaltung der Kultur der Eskimos unterstützen würde. Früher, in den Anfangsjahren von Resolute Bay, war es Weißen im allgemeinen untersagt, das Eskimodorf aufzusuchen, die Eskimos lebten abgeschirmt. Heut sind sie aus der einzigen Bar am Ort, der »arctic circle bar«, und dem Stadtbild nicht mehr fortzudenken.

Was wird aus dieser kleinen Gruppe, wenn plötzlich hartgesottene Ölarbeiter, wie sie damals bei dem Bau der Alaska-Pipeline beschäftigt waren, das Stadtbild bestimmen würden? Sie kommen, um viel Geld zu verdienen, und sie gehen, wenn sie genug haben. Was bleibt, ist ein kleines Häufchen von Menschen, das einer derart rasanten Entwicklung nicht gewachsen ist.

Ein Hotel im hohen Norden

Auf meine Frage nach dem Hotel – das einzige am Ort – weist man mir den Weg zu einer großen Baracke mit dem noblen Namen »Airhotel«. Wie nicht anders zu erwarten, sieht alles recht einfach aus. Im Vorraum klopfe ich mir den Schnee von den Stiefeln, gehe alsdann auf die Rezeption zu und frage nach einem Zimmer. Ohne den Blick von seinem Roman zu heben, fragt mich mein Gegenüber, ob ich denn wohl schon angemeldet sei. Als ich dies verneine, schiebt er mir – immer noch ohne aufzublicken – ein Anmeldeformular zu, das ich sofort mit immer noch kalten Fingern ausfülle und ihm dann neben seinen Roman lege. Seine Laune scheint dadurch aber jedenfalls nicht besser zu werden, sonder eher noch schlechter. Er mustert mich einige Sekunden und nennt mir dann den Preis für eine Übernachtung, der mich nun wiederum beinahe aus den Stiefeln hebt! Jetzt kann ich mir sein muffiges Verhalten erklären, offensichtlich ist er es gewöhnt, daß spätestens jetzt ein lautstarker Protest einsetzen muß. 61 Dollar für eine Nacht! Nachdem ich mir erst einmal den Schweiß von der Stirn gewischt habe, der entweder von der Hitze im Raum oder aber durch den Preis entstanden ist, zahle ich die verlangte Summe. Die Haltung des Portiers entspannt sich merklich, so einfach hat er sich das nicht vorgestellt. Er händigt mir den Schlüssel aus und ohne ein weiteres Wort zu

verlieren, wendet er sich wieder seinem Roman zu.

Von bösen Vorahnungen geplagt, gehe ich durch Gänge und stehe plötzlich vor einer Tür, die die gleiche Nummer trägt wie mein Schlüsselanhänger. Ich habe richtig vermutet! Nicht etwa, daß ich großen Wert auf überschwänglichen Luxus legen würde, aber für 61 Dollar, das waren immerhin ungefähr 95,– DM, habe ich doch mit ein bißchen mehr Komfort gerechnet. Der Raum ist winzig klein. Ein Bett, eine Kommode und ein Stuhl sind die einzigen Gegenstände, die zum Mobiliar zählen, wobei die schon so dicht gestellt sind, daß kaum noch Platz für mein Handgepäck bleibt. Der Besuch einer zweiten Person in dem gleichen Zimmer dürfte auf außerordentliche Schwierigkeiten stoßen. Einer der Beteiligten müßte sich dann wahrscheinlich auf das Bett legen und von dort aus die Unterhaltung führen. Anders lassen sich zwei Erwachsene kaum unterbringen. »Du bist hier schließlich nicht mehr in Montreal«, tröste ich mich und beginne, meine Stiefel auszuziehen. Platz für ein Waschbecken hatte der Architekt auch nicht eingeplant, daher mache ich mich zunächst einmal auf die Suche nach einer Waschmöglichkeit, und siehe da, mich lacht ein blitzsauberer Waschraum an, den ich für die nächste halbe Stunde ausgiebig in Beschlag nehme. Danach fühle ich mich wie neugeboren. Das Abendessen, das ich im Anschluß an die Dusche nehme, läßt jedenfalls keinen Ansatz zur Kritik zu. In einem Speisesaal, in dem sich alle Hotelgäste einfinden, wird ein sowohl von der Quantität als auch von der Qualität her hochwertiges Essen geboten. Es herrscht Disziplin! Ein Schild am Eingang zum Speisesaal gibt unmißverständlich zu verstehen, daß Stiefel, Mäntel und sonstige Straßenbekleidung hier unerwünscht sind. Da Stiefel für das hiesige Klima aber nun das einzige angemessene Schuhwerk sind und die wenigsten Zeit finden, sich noch vor dem Essen umzuziehen, läuft der größte Teil der hungrigen Schar in Strumpfsocken aller Schattierungen herum. Das Bild entbehrt nicht einer gewissen Komik, wenn sich alle ordentlich in einer Reihe zum Essenfassen anstellen. Von neuen, noch mit Preisschildern versehenen Socken über geflickte oder ungeflickte bis hin zu zwei verschiedenfarbigen Strümpfen ist alles vertreten.

Ohnehin handelt es sich hier nicht um Hotelgäste im üblichen Sinn, sondern um Vertreter der unterschiedlichsten Berufe. Reisende, wie ich es bin, kommen nur selten vor und werden fast wie Exoten behandelt. Während des Essens versuche ich, die ersten Kontakte zu knüpfen. Mein Nebenmann hatte mich schon die ganze Zeit über verstohlen gemustert, so daß ich keine Schwierigkeiten habe, ein Gespräch anzufangen. Was bietet sich da besser an, als der Preis des Hotels und das vortreffliche Essen. Dankbar für diese Stichworte ergeht sich Carlos, wie er sich mir vorstellt, über den Speiseplan der gesamten Woche und versäumt nicht, mich davor zu warnen, etwa zu wenig zu essen. Das Essen könne jeden Tag schlechter werden! Durch diese Drohung beängstigt, gehe ich nochmals zum kalten Buffet und lade mir noch eine Hähnchenkeule auf den Teller. Carlos ist zufrieden mit mir! Auf die Frage, was mich denn bloß um alles in der Welt in diese gottverdammte Gegend verschlagen habe, nehme ich allen Mut zusammen

und beginne, ihn langsam auf mein Vorhaben vorzubereiten. Stille! Carlos muß offensichtlich nicht nur sein reichhaltiges Abendessen verdauen, sondern auch den Gedanken an eine derartige Unternehmung. Die nächste halbe Stunde verbringe ich damit, ihm weitere Details zu erzählen, nicht ohne dabei gelegentlich die Feststellung einfließen zu lassen, daß ich Hilfe immer gebrauchen kann. Carlos verspricht, mich mit einflußreichen Leuten bekanntzumachen, ich solle nur in einer Stunde in die Bar kommen, dann würde ich schon sehen. »See you later« – bis nachher, und schon stapft er auf Socken aus dem Raum.

Ich sagte es bereits: es herrscht Disziplin! Am Eingang zur Kneipe, dem Arctic Circle Club, werde ich von einem älteren Herrn in Uniform zuerst einmal wieder hinausgeschickt. Richtig, ich trage ja wieder Stiefel und die sind selbstverständlich nicht nur im Speisesaal verboten. In Strümpfen betrete ich zum zweiten Mal den Vorraum, woraufhin man mich mit ernster Miene auf ein aufgeschlagenes Gästebuch aufmerksam macht, in das sich jeder Besucher einzutragen hat. Nachdem auch diese Formalität erledigt ist, erhalte ich nun doch den gewünschten Einlaß; allerdings nur, um abermals unangenehm aufzufallen. Ich hatte nämlich den unverzeihlichen Fehler begangen, mir an der Theke ein Bier zu kaufen und mich damit an einen Tisch zu setzen. Der Uniformierte tritt auf: Ob ich denn nicht wisse, daß es verboten sei, sein Bier vom Tresen mit an den Tisch zu nehmen, fragt er mich barsch. Zum Glück scheint er endlich in mir den Neuankömmling zu wittern. Jedenfalls erklärt er mir bereitwillig, daß man am Tresen gekaufte Getränke auch nur dort trinken darf, es sei denn, man bitte den Kellner, das Bier oder den Schnaps für einen an den gewünschten Tisch zu tragen. Nur das Personal sei berechtigt, mit einem Getränk durch den Raum zu gehen, anderen Personen ist dies generell untersagt! Also – auch nicht von einem Tisch zum anderen, nur zum Mund darf man das Glas führen. Dies darf man dafür nun aber so häufig und ausgiebig, wie es einem beliebt. Wie mir der Kopf schwirrt! Bürokratie in der Arktis – das letzte, was ich in dieser Form erwartet habe. Ich nehme die Zurechtweisung ruhigen Kopfnickens und schuldbewußten Blickes hin, der Gesetzeshüter schreitet würdevoll zurück zur Tür, um den nächsten Sünder in Empfang zu nehmen. Endlich der erste Schluck Bier. Jetzt erst habe ich Zeit, mir den Raum einmal in Ruhe anzusehen. Es herrscht dichtes Gedränge, fast jeder Tisch ist besetzt. Der Kellner schiebt unentwegt mit Tabletts voller Bierdosen herum. Betrachtet man den Durst der Leute, könnte man meinen, daß man sich in den Tropen, aber nicht etwa in der Arktis befindet.

Da natürlich die Öffnungszeiten dieses gastlichen Hotels auf die Minute festgelegt sind, ist man offensichtlich bemüht, die zur Verfügung stehende Zeit optimal auszunutzen. Von 20–24 Uhr täglich, mit Ausnahme des Sonntags, ist geöffnet, verrät ein Schild an der Eingangstür. Zusätzlich gibt es täglich die Happy Hour, während der die Bar von 17 Uhr bis 17.30 Uhr geöffnet hat. Diese Kneipe, die einzige Möglichkeit in Resolute Bay, um Alkohol zu erwerben, ist zugleich Treffpunkt und Kommunikationszentrum.

Die spärlichen Neuigkeiten und Gerüchte werden hier ausgetauscht, man braucht keine geschriebene Zeitung. Inzwischen habe ich Carlos ausfindig gemacht und will gerade mit dem Bier zu seinem Tisch überwechseln, als mir zum Glück eben noch rechtzeitig einfällt, daß dieser erneute Verstoß gegen die »guten Sitten« sicherlich einen Rausschmiß zur Folge hätte. Brav bitte ich also den Kellner, mir mein Bier an Carlos Tisch zu tragen, was mir nun wiederum endlich den ersten wohlwollenden Blick des Türstehers einträgt. Aus der Art, wie mich die Leute am Tisch mustern, schließe

ich, daß Carlos sie bereits über mein Vorhaben informiert haben muß. Insgesamt sitzen fünf Personen am Tisch, die mir Carlos der Reihe nach mit Vornamen vorstellt. Ein allgemein lauernder Blick lastet auf mir. Ich brauche wahrlich kein Hellseher zu sein, um zu erraten, was in den Köpfen vorgeht. Allerdings kommen mir sofort Zweifel, daß es sich um die versprochenen einflußreichen Leute handeln soll. Interesse bzw. Sensationshunger spiegelt sich in allen Gesichtern wider. Carlos beherrscht die Szenerie, schließlich hat er mich ja aufgetan. Brav beantworte ich Fragen, versichere meinem Auditorium, daß ich keineswegs gedenke, Selbstmord zu begehen, sondern noch viele andere Dinge in meinem Leben tun möchte. Mein Gegenüber pafft an einer alten Maiskolbenpfeife und blinzelt aufmerksam zwischen einigen gewaltigen Qualmwolken zu mir herüber. Der hat bestimmt was auf Lager, denke ich, und richtig! Sich in eine letzte große Qualmwolke hüllend, fängt er an, über seine Erlebnisse mit Eisbären zu erzählen. Da sind die sogenannten men-eater, Bären, die nur auf solch crazy guys wie mich warten, da war dann noch ein Meister Petz, der sich beim Anschleichen eine Tatze vor die schwarze Schnauze gehalten hat, damit ihn die auffällige Färbung nicht verriet. Dies alles erzählt er mit todernstem Gesicht, fast glaube ich ihm. Seine Erzählungen werden von den anderen mit beifälligem Kopfnicken unterstützt. Man aalt sich so richtig in den Horrorgeschichten, und ich muß zugeben, daß er bei mir doch eine Wirkung erzielt.

Unterbrochen werden die Erzählungen nur durch den regelmäßigen Auftritt von Vince, dem Kellner, der immer neue Runden von Dosenbier anschleppt. Nach der fünften Dose versuche ich, die mir zugeschanzten Biere an meine Nachbarn weiterzuleiten, doch vergebens! You are a german, heißt es beiläufig, und die sind nun einmal selbst in der Arktis als heftige Biertrinker verschrien.

Inzwischen hat sich ein Buschpilot zu unserer Runde gesellt. Von ihm erfahre ich erste brauchbare Informationen. Die bierselige Atmosphäre macht jedoch eine ernsthafte Unterhaltung mittlerweile unmöglich, und ich komme ergeben der Aufforderung meines bärtigen Gegenübers nach, doch nun endlich das siebente Bier zu trinken. Der Raum ist brechend voll. Der Türsteher wacht würdevoll an der Tür, an mir hat er offenbar jegliches Interesse verloren.

Ungefähr die Hälfte der Gäste besteht aus Eskimos männlichen wie weiblichen Geschlechts, die in einer Geschwindigkeit Bier trinken, als gebe es am kommenden Tag nur noch Ziegenmilch zu trinken. Ich lerne Levis kennen, einen älteren Eskimo, der ein wenig außergewöhnlich gekleidet ist. Offensichtlich bezieht er einen Teil seiner Kleidung aus Armeebeständen. Stolz präsentiert er mir seine auf dem Jackenärmel angenähten Abzeichen, die ihn als Teilnehmer von Expeditionen ausweisen. Er wird immer wieder von den Armed Forces engagiert, um Kurse im Iglubau zu leiten oder aber als Scout zu fungieren.

Die Zeit nähert sich der Mitternacht und somit dem Ende des Gelages. Um Punkt 24 Uhr wird hier nämlich geschlossen, das geschieht mit einer ähnlichen Konsequenz wie in einem englischen Pub. Besorgt blickt die Runde zur Uhr, um alsdann umgehend noch einmal den guten Vince an den Tisch zu zitieren, der schon gleich ein großes Tablett voller Bierdosen mitbringt. Mir gelingt es zum Glück, mich vor der neuerlichen Runde zu drücken. Ich verabschiede mich, der Bärtige droht mir mit der Bemerkung »see you tomorrow at happy hour«, ich rülpse erleichtert und schlurfe dann auf Strumpfsocken an dem Wächter vorbei nach draußen. Es sind zum Glück nur wenige Meter bis zu meinem Zimmer, mir ist vom vielen Bier ein bißchen schwindelig. Ich schlafe wie ein Stein.

Alles umsonst?

Das Leben hat keinen Sinn. Es gibt in der Natur nichts, was man »Sinn« nennen könnte. »Sinn« ist eine rein menschliche Vorstellung, die wir in die Existenz einführen.

FRIDTJOF NANSEN

Ich wache auf mit einem entsetzlich trockenen Hals, der sicherlich sowohl auf das vorangegangene Saufgelage als auch auf das hoffnungslos überheizte Zimmer zurückzuführen ist. Ich muß mich beeilen, denn Frühstück gibt es in meiner noblen Herberge nur von 7 bis 8 Uhr, wer später kommt, findet eine verschlossene Tür vor. Dafür ist das, was einem geboten wird, ausgesprochen gut und reichlich. Sofort nach dem Essen gehe ich zum Flughafen und treffe dort mit dem Agenten von Nordair, Bill Watts, zusammen. Er hat bereits von meinem Vorhaben gehört, wir trinken Kaffee, plaudern, und von ihm erfahre ich endlich, an wen ich mich zu wenden habe, um zu meinem Ausgangspunkt der Expedition geflogen zu werden.

Ich hatte bereits von Deutschland aus Kontakt mit Fluggesellschaften in Montreal aufgenommen, die derartige Charterflüge übernehmen. Die Preise für einen solchen Flug sind natürlich hoch, mit etwa 3000 Dollar müßte man schon rechnen. Bei einem weiteren Gespräch, welches ich in Montreal führte, war dann zwar schon die Rede von 3500 bis 4000 Dollar, aber auch diese Summe konnte mein Budget noch relativ gut verkraften. Von Bill per Telefon angemeldet, mache ich mich also auf den Weg zu Bradley Air, eine der beiden Fluggesellschaften. Ich erzähle von meinem Vorhaben, erstaunte Gesichter und dann der Hinweis: »Das wird aber teuer.« Man rechnet lange, ich werde ausgesprochen nervös, tröste mich dann aber mit dem Gedanken, daß ich sogar noch 5000 Dollar für die Flüge bezahlen könnte. Ich trinke also geduldig einen Kaffee nach dem andern und warte. Schließlich, mir kommt es wie nach einer Ewigkeit vor, offeriert mir einer der Angestellten, daß ich in etwa mit folgenden Preisen rechnen müsse: 11 000 Dollar für das Einfliegen und weitere 35 000 Dollar für das Abholen. Meinen Hinweis, ich wolle das Flugzeug schließlich nicht kaufen, sondern nur mieten, findet er offenbar gar nicht komisch, sondern verkündet mir, daß der Preis durchaus noch höher liegen könne! Die Nachricht trifft mich wie ein Keulenschlag! Über meine Information, die ich vom Hauptbüro erhalten habe, lacht er nur. Diese Preise beziehen sich nur auf Rundflüge zum Pol, die ein Reiseunternehmer mit seiner Gruppe hin und wieder durchführt. Da ich aber allein sei, hätte ich natürlich auch die gesamten Kosten zu tragen, und die belaufen sich nun einmal in dieser Größenordnung. Es sei nur typisch, daß man in Montreal von den hiesigen Preisentwicklungen keine Ahnung habe, die sitzen schließlich im sonnigen Süden – gemeint ist Montreal – und wir müssen die Hauptarbeit verrichten. Falsch unterrichtete Kunden gäbe es immer wieder, aber er könne daran auch nichts ändern. Ich bin wie betäubt, sitze auf meinem Stuhl und frage mich, ob dies nun Traum oder Wirklichkeit ist. Ich tue ihm jetzt offenbar leid, er schenkt mir jedenfalls noch einen Kaffee nach, klopft mir auf die Schulter und meint, daß es vielleicht ja doch noch eine Chance für mich gäbe. Ich blickte auf, neue Hoffnung schöpfend. Geh am besten einmal zu Fred Alt, dem Manager von Polar Shelf, einer Organisation, die im Staatsdienst die Betreuung von Expeditionen aller Art inne hat. Sie unternehmen ständig Flüge in diese Region, und vielleicht nehmen sie dich mit. Ich bin sofort hellwach. Es sind nur wenige Schritte bis zum Büro von Fred Alt. Ich klopfe an, trete mir den Schnee von den Stiefeln und stehe schließlich in einem kleinen Raum, der mit Funkgeräten und Landkarten vollgestopft ist. Ich stehe Fred Alt gegenüber und stelle mich vor. Es ist immer wieder schwierig, jemandem, den man zum ersten Mal trifft, mein Vorhaben zu erklären und dabei nicht den Anschein zu erwecken, von allen guten Geistern verlassen zu sein. Fred scheint dennoch an meinem Verstand zu zweifeln. Ich soll aber abends doch noch einmal wiederkommen, wir müßten in Ruhe darüber reden. Ich gehe mit gemischten Gefühlen nach draußen. Wohlwollend steht er der Sache jedenfalls nicht gegenüber, das war unmißverständlich seinen ersten Reaktionen zu entnehmen. Doch ein endgültiges Nein hat er auch nicht ausgesprochen, mir bleibt noch Hoffnung.

Ich beschließe, erst einmal zu Bill zu gehen und ihm mein Leid zu klagen. Zumindest er ist voller Mitgefühl und telefoniert sogar mit der zweiten Fluggesellschaft am Ort, mit »Kenn Borek Air«.

Auch dort gibt es Preisvorstellungen, die mein Budget um Längen schlagen. Deprimiert verziehe ich mich in mein Hotel. Die Ereignisse muß ich verkraften. Ich trinke Rum, hoffe auf einen Einfall, der alles wieder ins Lot bringt – vergebens. Vorwürfe quälen mich; warum bist du nicht schon vorher hierhergekommen und hast es vor Ort mit den Gesellschaften geklärt? Aber so eine kleine Vorwegreise kostet Geld, sehr viel Geld! Es muß zudem auf Aussagen des Centralbüros Verlaß sein – offenbar jedoch nicht. Die kanadische Presse, durchzuckt es mich! Vielleicht könntest du dort einen Artikel verkaufen. Exklusivrechte oder ähnliches. Dazu müßte ich aber wieder nach Montreal fliegen, es würde Zeit und Geld kosten, und eine Gewähr für das Gelingen einer solchen Maßnahme gäbe es selbstverständlich auch nicht. Ich hänge fest, hoffe auf das Wohlwollen von Fred Alt. Vor meinem geistigen Auge tauchen Gesichter von Menschen, Firmen auf, die mich bei dieser Reise irgendwie unterstützt haben, oder mit denen ich zwecks späterer Verwendung Verträge geschlossen habe. Was werden die zu dieser Entwicklung sagen? Tausend Fragen, keine Antwort.

Wie verabredet gehe ich abends wieder zu Fred Alt. Die frische, kalte Luft tut gut, ich schöpfe neuen Mut. In dem kleinen Büro ist es mollig warm. Ich lege meine Jacke ab, werde mit Leif, einem bärtigen Norweger, der hier schon einige Jahre zugebracht hat, bekanntgemacht und setze mich schließlich auf einen der Stühle.

Es folgt ein reguläres Verhör, kritische Zwischenbemerkungen und Horrorgeschichten über das Packeis lösen sich im steten Wechsel ab. Beide halten diese Unternehmung für verrückt. Ich erwarte gar nicht, daß man mir Verständnis entgegenbringt, und werde fast aggressiv. Ich bin bereit, eine schriftliche Aussage abzufassen, mit dem Ziel, jegliche Verantwortung von anderen Menschen abzuwälzen. Es ist meine Reise, ich bin bereit, ganz allein dafür geradezustehen. Auch meine Beteuerungen, nicht auf eine exklusive Art Selbstmord begehen zu wollen, helfen nicht. Die moralische Verantwortung liege dennoch bei ihnen und man würde mich, selbst wenn ein Flug dorthin möglich sei, auf gar keinen Fall in mein Verderben rennen lassen. Ich lege Zeugnis über bisherige Expeditionen ab, beschreibe mein Training und die Vorbereitung, zeige Empfehlungsschreiben – alles umsonst. Wütend gehe ich zurück ins Hotel. Die Nachricht über mein Vorhaben hat sich mittlerweile wie ein Lauffeuer herumgesprochen. Ständig werde ich angesprochen, meine Stimmung nähert sich dem Tiefpunkt. Ich beschließe, jetzt doch die Presse einzuschalten und führe am nächsten Morgen ein Telefonat nach Montreal. Ein Bekannter von mir will sein Möglichstes versuchen. Es vergehen Tage des Wartens. Ich unternehme ausgedehnte Wanderungen in die Umgebung, navigiere, hoffe auf baldige Antwort. Da mir die täglichen 61 Dollar des Hotel immer mehr weh tun, habe ich mein Zelt an einer ruhigen Ecke aufgebaut und nächtige dort. Tagsüber halte ich mich viel bei Bill auf. Ich rede wiederholt mit den Fluggesellschaften, merkwürdigerweise steigen die Preise von Tag zu Tag – nicht etwa um einige Dollar, auch nicht um Hunderte, sondern immer gleich um Tausende! Ich telefoniere mit Montreal, mit zu Hause, wo man natürlich meine Enttäuschung teilt. Die kanadische Presse scheint nicht interessiert zu sein,

zumindest nicht zu diesem Zeitpunkt. Hinterher, versichert man mir treuherzig, könnte dies natürlich eine tolle Story abgeben. Immer wieder das gleiche, man ist immer gut genug für eine kleine Sensation, Hilfestellung gibt es nur sehr selten. Die Fluggesellschaften sind merkwürdig reserviert, offenbar haben sie einen kleinen Tip von höherer Stelle bezüglich der moralischen Unverantwortlichkeit bekommen. Jedenfalls teilt mir eines Tages einer der Angestellten mit, daß selbst wenn ich das Geld besorgen könne, kein Flug für mich dorthin ginge, man habe nämlich Angst, daß dies als unseriöses Geschäftsgebaren gewertet werden könne, und so etwas wirkt sich nun einmal geschäftsschädigend aus! Ich bin aufgelaufen, wie ein Schiff auf eine Untiefe. Alles erscheint mir unwirklich, ist im Dunst der Vorstellungskraft verschwunden. Meine Stimmung befindet sich auf dem Nullpunkt. Das ganze Training, die Vorbereitungen, Gespräche, Aktivitäten – alles umsonst! Ich laufe ziellos im Dorf herum, bohrende Fragen nach dem Stand der Dinge von Leuten, die ich noch nie zuvor gesehen habe. Im Hotel angekommen ziehe ich mich sofort in mein Zimmer zurück und lege mich auf das Bett. Ich versuche, klare Gedanken zu fassen, aber die Entwicklung erscheint mir einfach zu ungeheuerlich. Der verbliebene Rum wandert in meine Zahnputzbecher, ich trinke ihn mit kleinen Schlucken, erhoffe wahrscheinlich irgendeinen glorreichen Einfall und werde dabei nur langsam betrunken.

Ein neuer Anfang

Die nächsten Tage vergehen mit quälender, schleppender Eintönigkeit. Hoffnung auf eine Wende des Schicksals habe ich inzwischen nicht mehr. Mittlerweile ist mir zudem die Zeit davongelaufen. Ich hätte die Expedition spätestens Mitte März beginnen müssen, da ich sonst gegen Ende der Unternehmung in schmelzendes und aufbrechendes Eis geraten wäre. Durch die ständige Sonnenstrahlung erfolgt eine relative Erwärmung des Eises und der Luft, die zur Folge hat, daß sich große Wasserlachen auf dem Eis bilden. Es entstehen unüberwindliche Cracks – Risse im Eis – und zusätzlich bildet sich auf Grund der hohen Luftfeuchtigkeit ein dichter Nebel. Wehe dem, der unter diesen Verhältnissen über die aufgeweichte Fläche ziehen muß. Inzwischen war es Mitte März geworden, und der Termin für den Aufbruch war verstrichen. Den Nordpol sollte ich dieses Jahr nicht angehen. Was mich persönlich am meisten traf, war nicht etwa der Umstand, daß ich nicht den mathematischen Punkt, den Pol, erreicht hatte, sondern vielmehr die Tatsache, daß ich gar keine Chance bekommen hatte, es zu versuchen. Die Charakteristik einer Expedition dieser Größenordnung beinhaltet, daß Erfolg wie Mißerfolg unmittelbar nebeneinander liegen. Es gab niemals eine Gewähr für das Gelingen der Unternehmung, bestenfalls die Chance 50 zu 50. Der Nordpol war im Grunde für mich nur ein Zielpunkt, der Ort, an dem man seine Anstrengung vorerst beendet. Nicht nur dieser Punkt aber birgt die gesamte Substanz der Reise, er stellt höchstens die Krönung, eine Abrundung des Ganzen dar. Der eigentliche Wert liegt in dem Zwischenraum von Start und Ziel verborgen. In der Zeitspanne, in der ich auf das Ziel hinarbeitete, in der ich mich selbst, die Natur und das Dasein als solches erfahre. Wäre es wirklich nur der Pol, der mich anzieht, hätte ich eine andere, leichtere Reiseart wählen können, etwa mit den Rundflügen des cleveren Touristikunternehmers, dessen Preise man mir irrtümlich für die Flugzeugcharter übermittelt hatte.

Nein, die Enttäuschung war tiefer verwurzelt. Selbst in einer Region, von der angenommen wird, daß der lange Arm der Bürokratie nicht ausreicht, um einen dort zu dirigieren, ist man vor seinem Zugriff nicht sicher, dies war der eine Grund. Der andere war die Unzufriedenheit über meine eigene Unzulänglichkeit. Ich hätte eben in punkto Reisekosten noch genauer recherchieren und alle Angaben mehrfach prüfen müssen. Der Lernprozeß ist aber eben nie abgeschlossen. So etwas würde mir sicher nicht ein zweites Mal passieren. Ich versuchte in den folgenden Tagen, die trüben Gedanken zu vertreiben und das beste aus der gegenwärtigen Situation zu machen. Ich fing wieder an, Pläne zu schmieden, wollte einfach nicht ganz umsonst hierhergekommen sein.

Eines Abends – ich hatte mich für einen Tag wieder ins Hotel einquartiert – übergab mir der Hotelportier einen Zettel mit der Telefonnummer eines Mannes, der nach mir gefragt hatte. Gleich nach dem Essen wählte ich die Nummer und sprach mit Basel Jesudason. Wir wechselten nur wenige Worte, er bot mir spontan an, zu ihm zu ziehen. Wenn es mir recht sei, würde er mich in einigen Minuten abholen. Und wie recht es mir war! Endlich heraus aus dem Hotel, weg von den Leuten, die mich ständig mit neugierigen Blicken durchbohrten und mit Fragen löcherten.

Zunächst fuhr ich mit Basel im Auto ungefähr 8 Kilometer weit ins nächste Eskimodorf, wo er zusammen mit seiner Frau Terry ein Haus besitzt. Aus dieser noch sehr jungen Bekanntschaft sollte sich in der darauffolgenden Zeit eine feste Freundschaft entwickeln, die sich bis heute noch intensiviert hat.

Zunächst saßen wir in der Wohnstube und unterhielten uns. Terry war gerade in Edmonten, so daß wir beide allein waren. Basel hatte erst in den letzten Tagen von mir gehört und daraufhin sofort versucht, mit mir Kontakt aufzunehmen. Nachdem ich mir meinen Kummer erst einmal von der Seele geredet hatte, ging es mir gleich viel besser. Basel war keineswegs überrascht über die Reaktion der Leute. »Die meisten kommen eben nur her, um in kurzer Zeit möglichst viel Geld zu verdienen, und es fehlt ihnen das Verständnis für Leute, die aus Freude an der Region hierherkommen.«

Basel hat bereits einen sehr interessanten Lebenslauf zu verbuchen. Sein Name ließ es schon vermuten, er ist kein gebürtiger Kanadier, sondern stammt aus Madras in Indien. Als junger Mann kam er dann nach Deutschland, wo er in Hamburg Maschinenbau studierte. Sein ausgezeichnetes

Deutsch trägt unverkennbar einen norddeutschen Akzent. Eigenartige Situation: Reist man schon in den äußersten kanadischen Norden, trifft dort einen Inder und unterhält sich mit ihm auf Deutsch. Basel scheint überhaupt ein Sprachengenie zu sein; wie er mir beiläufig mitteilt, spricht er insgesamt neun Sprachen fließend, einige davon schreibt er sogar. Nach dem Studium in Deutschland verschlug es ihn nach Kanada, wo er eine Zeitlang in seinem Beruf arbeitete. Später gelangte er dann in die Arktis, lernte dort seine spätere Frau Terry kennen und lebt jetzt schon seit über 10 Jahren dort. Die beiden haben sich im Laufe der Jahre eine Pension aufgebaut, und ich kann mir beim besten Willen keine gemütlichere Unterkunft vorstellen als das Heim von Terry und Basel.

Er ist zugleich »Outfitter«, also Ausrüster für Expeditionen sowie touristische Unternehmungen und verfügt über einschlägige Erfahrungen in allen Belangen arktischen Reisens. Überflüssig zu erwähnen, daß eine der neun Sprachen, die er beherrscht, das Inuktitut, die Eskimosprache, ist, die auch von Terry gesprochen wird. Wie ich mich später überzeugen konnte, genießt er unter den Eskimos ein hohes Ansehen und wird von ihnen, gibt es einmal Probleme, gern als Mittler oder Ratgeber aufgesucht.

Fehlinformationen, wie man sie mir von seiten der Fluggesellschaft in Montreal hatte zukommen lassen, kämen des öfteren vor, dies sei auch nicht weiter verwunderlich, da man sich dort für hiesige Angelegenheiten nur wenig interessiere. »Hauptsache, die Abrechnungen stimmen«, beruhigte er mich. Der Korrektheit halber muß ich erwähnen, daß auch Basel die Nordpol-Unternehmung für sehr schwierig und kaum durchführbar hielt. Zumindest wären einige Versorgungsflüge erforderlich. Doch endgültige Antwort auf die Frage nach dem Gelingen oder Scheitern erhält man nicht durch Diskutieren, sondern Probieren. Wie dem auch sei, eine Antwort darauf sollte mir zumindest in jenem Jahr verwehrt bleiben.

In den folgenden Tagen holte ich meine Ausrüstungsgegenstände zu Basel, lernte schließlich Terry kennen und wurde aufgenommen, als sei ich ein Familienmitglied. Die Hilfsbereitschaft und Gastfreundschaft sucht ihresgleichen.

Für mich begann ein neuer Anfang, der Frust der letzten Tage war vergessen, es gab wieder Pläne und Unternehmungslust. Ich wollte aus der Arktis mitnehmen, was immer ich erreichen konnte. Wollte die mir zur Verfügung stehende Zeit so gut wie möglich nutzen.

Auf meinem Programm standen Alleingänge sowohl von Resolute Bay aus als auch auf der nördlichsten kanadischen Insel, der Ellesmere-Insel. Zu letzterer bin ich mit Hilfe eines Versorgungsfluges gelangt, der Proviant nach Grise Fjord brachte.

Ausgedehnte Hundeschlittenfahrten mit Eskimos, Jagdausflüge und vieles andere mehr boten mir einen gleichwertigen Ersatz – so urteile ich heute – für die gescheiterte Pol-Expedition. Die Erkenntnisse, Erfahrungen und Erlebnisse waren so mannigfaltig, daß ich mit einer Fülle neuer Eindrücke zurückkam. Die Situationen, in die ich dabei geriet, waren manches Mal sehr kritisch, und nicht immer war es leicht, mit heiler Haut davonzukommen. Doch die intensive Vorbereitungszeit hatte ihre Früchte getragen, ich war den Anforderungen gewachsen und schon allein diese Erkenntnis war für mich ein Erfolgserlebnis.

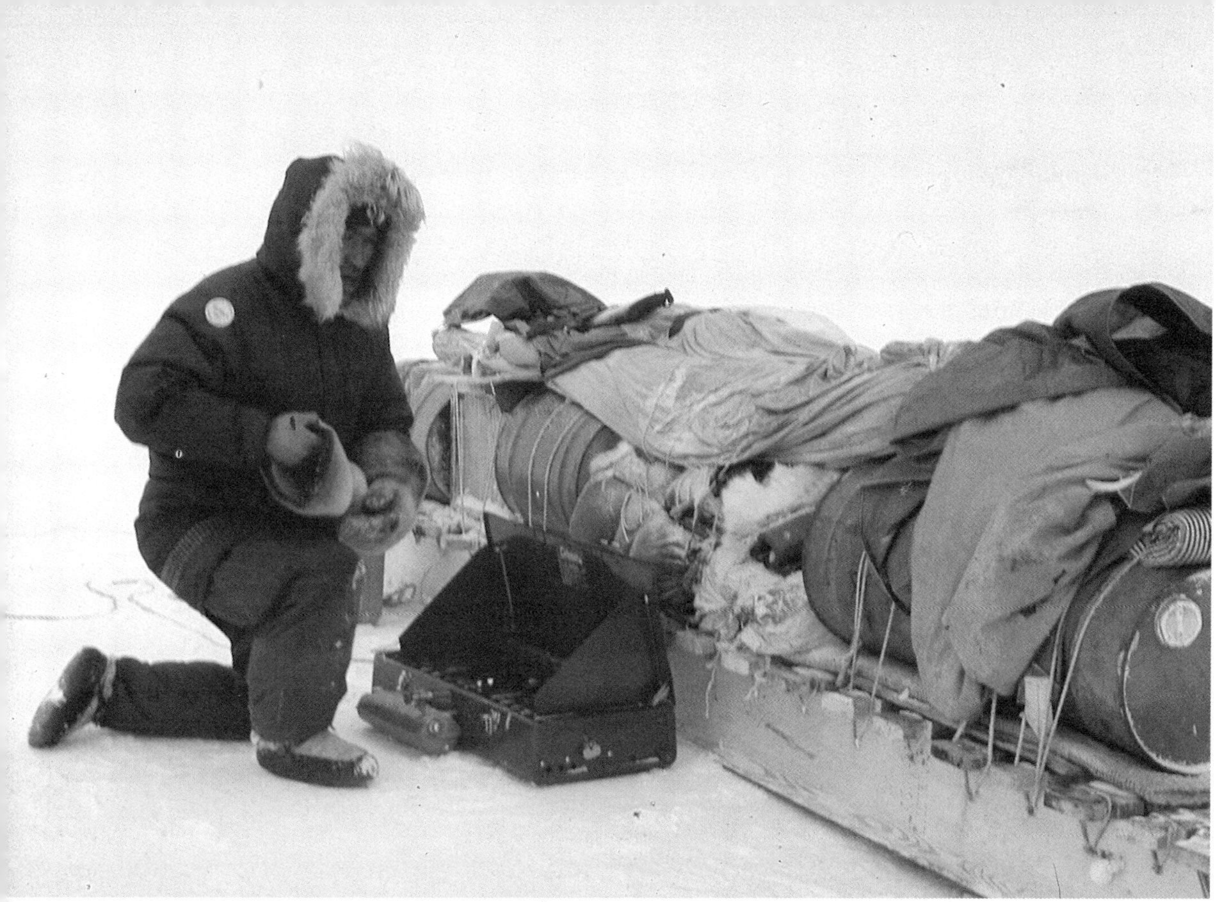

Aufbruch: Da das Gelände sehr weiträumig ist und für die Jagd riesige Strecken zurückgelegt werden müssen, gehört zu jedem Aufbruch eine umfassende Ausrüstung. Brennspiritus muß reichlich vorhanden sein, um den Tee und das Essen zu bereiten und sich im Biwak aufwärmen zu können.

49

Erstarrte Landschaft
und doch voller Bewe-
gung. Der Preßeisgür-
tel verändert sich stän-
dig durch die Drift der
Eiskalotte, wobei Was-
serrinnen entstehen
können, die Umwege
notwendig machen. Da
der geographische und
der magnetische Nord-
pol nicht identisch
sind, ist der Gebrauch
des Kompasses nur
bedingt möglich.

51

Bizarre Formen aus Sonne und Wind. Pulvriger Schnee erhält an sonnigen Tagen einen Eismantel wie Zuckerguß, der nach darauf folgenden Stürmen aufgebrochen und weggetragen wird. Zeitweilig bleibt jedoch ein Kern zurück, der, vom Winde angenagt, diese seltsamen Pilzformen schafft.

52

Ein ganz normaler Tag

Widerstrebend, noch im Schlafsack liegend, ziehe ich mir Handschuhe an und beginne damit, vorsichtig den Reißverschluß aufzuziehen. Vorsichtig deswegen, weil sich im Laufe der Nacht ein Eis- und Schneepanzer aus gefrorenem Atem um die Kapuze gelegt hat und jetzt bei jeder Bewegung in mein Gesicht rieselt. Unangenehm, so etwas! Im Halbschlaf habe ich bereits gemerkt, daß die Zeltwand durch Windböen immer wieder eingedrückt wird, das Wetter hat sich über Nacht verändert. Ich krieche endgültig aus dem Schlafsack und wische mir fluchend den Schnee aus dem Gesicht. Mein erster Griff gilt dem Kocher. Ich streiche einen kleinen Streifen Anzündpaste in die dafür vorgesehene Pfanne des Kochers, pumpe den Tank auf und lasse dann ein wenig Petroleum durch die Verbindungsleitung laufen. Es dauert immer seine Zeit, bis der Kocher auf Betriebstemperatur ist und sich das Petroleum fauchend entzündet. Meine Finger sind trotz der Handschuhe kalt und steif, das Thermometer im Zelt zeigt auf $-35°$Celsius.

Ich halte meine Hände über den Kocher und genieße die wohltuende Wärme. Von dem summenden Kocher geht jedesmal eine anheimelnde Stimmung aus. Der Schnee im Topf sackt in sich zusammen, ich ergänze ihn durch frische Brocken, die gestern abend vorsorglich von mir an den Zelteingang gelegt wurden. Es wird wärmer im Zelt, kaum zu glauben, was ein solch kleiner Kocher vermag. Ganz vorsichtig öffne ich den Eingang, um nach draußen blicken zu können. Es ist windig geworden, wie große Schleier hüllt der »blowing snow« immer wieder das Zelt ein, ansonsten ist es aber klar. Schnell, um ja nichts von der kostbaren Wärme im Zelt zu vergeuden, schließe ich den Reißverschluß und werfe noch einen Klumpen Schnee in den Topf. Mir wird jetzt richtig warm, dies sind die schönsten Momente während des Tages.

Ich ziehe meine Daunenjacke aus, lege Handschuhe und Mütze ab und beginne mit der Körperpflege, die sich darauf beschränkt, daß ich mein Gesicht mit einer dicken Schicht Vaseline einreibe. Die Frage nach dem Waschen oder Zähneputzen würde nur jemand stellen, der noch nie zuvor eine Nacht bei 30 bis 40 Grad unter Null zugebracht hat.

Das Wasser beginnt zu sieden, ich werfe drei Teebeutel in den Topf. Mir ist richtig warm geworden. Sorgsam klopfe ich den Schnee vom Schlafsack, knete die Innenschuhe meiner Stiefel durch und versuche vergeblich, Ordnung in das Durcheinander im Zelt zu bringen. Der Tee ist durchgezogen, einige Eßlöffel Zucker in den Topf – dabei hasse ich süße Getränke – vorsichtig, um nichts von dem kostbaren Naß zu verschütten, schöpfe ich mit einem Becher den Tee aus dem Topf und genieße ihn mit kleinen Schlucken. Den Kocher lasse ich noch einen Moment brennen, zu groß ist die Verlockung der Wärme, die von diesem kleinen Gerät ausgeht. Jeden Tag dasselbe, nach fünf Minuten zwinge ich mich dazu, den Brenner abzustellen. Ich esse ein Stück gefrorenen Schinken, dazu einige Scheiben Knäckebrot. Als Abschluß gibt es Haselnüsse mit Rosinen und Haferflocken vermischt. Dazu immer wieder den guten, heißen Tee. Ich versuche, das Frühstück so lange wie möglich hinauszuzögern, doch viel zu schnell ist der Topf leer, die letzten Schlucke sind schon kalt. Die Wärme im Zelt weicht eisiger Kälte, ich ziehe Daunenjacke, Mütze und Handschuhe wieder an. Ein Bedürfnis, welches ich ständig zu verdrängen trachte, rückt endgültig in den Vordergrund: Ich muß mal! Die warmen Biwakschuhe werden mit den kalten, harten Stiefeln vertauscht, aus einem der Packsäcke hole ich eine Rolle Klopapier hervor und öffne schließlich den Zelteingang. Ein neuer Tag beginnt. Draußen recke ich meine Glieder, halte nach Eisbären Ausschau und suche mir dann, beruhigt, nichts Außergewöhnliches gesehen zu haben, einen windgeschützten Platz aus, um mein Geschäft zu verrichten. Der Wind hat Gott sei Dank nachgelassen, es gab schon Tage, an denen ich improvisieren und dem Bedürfnis im Zelt nachkommen mußte. Einige schnelle, froststarrende Momente bei entblößtem Hinterteil – auch diese Prozedur ist heute erledigt!

Das Zelt wird ausgeräumt, ich bin froh, mich bewegen zu können, und arbeite emsig. Der Schlafsack wird gelüftet, damit jegliche Feuchtigkeit durch die kalte, trockene Luft gebunden und abtransportiert wird. Die Arbeiten sind Routine. Ich lese die Thermometer ab, die mir vom Deutschen Wetterdienst mitgegeben worden sind, messe die Windgeschwindigkeit und trage diese Werte zusammen mit dem Barometerstand in meine Klimatabelle ein. Zum Schreiben verwende ich Bleistifte. Kugelschreiber und Filzstifte oder dergleichen mehr funktionieren in der Kälte nicht.

Das Wetter hat sich beruhigt, die Sonne steht am Himmel. Um die Sonne hat sich ein großer heller Kreis gebildet, ein sogenannter Haloring. Er entsteht, wenn die Luft mit Eiskristallen angereichert ist und die Sonnenstrahlen durch die Kristalle gebeugt werden.

Ich springe ein paarmal auf und ab, meine Füße sind kalt und gefühllos geworden, das ist morgens meistens der Fall, wenn man in die während der Nacht ausgekühlten Stiefel steigt. Nach kurzer Zeit gibt sich die Kälte meistens zum Glück. Das Zelt ist abgebaut, ich ärgere mich mit den Zeltstangen ab, da das Gummiband, welches die Stangen zusammenhalten soll, durch die Temperaturen völlig ausgeleiert ist und nur stört.

Ich habe alles verpackt, der Schlitten wird beladen, die Ski angeschnallt, noch ein kurzer Blick auf die Landkarte geworfen, das Zuggeschirr eingehängt – es geht los. Anfangs sind die Bewegungen noch ruckartig und ungleichmäßig, nach einigen Minuten werden sie ruhiger und harmonischer. Der Atem ist gleichmäßig, ich versuche, an etwas anderes zu denken als an das Schlittenziehen. Mir wird trotz der Kälte langsam warm, sogar die Füße fühlen sich angenehm an. Die erste Stunde vergeht, ich möchte eine Pause einlegen, weiß aber, daß der Zeitpunkt viel zu früh wäre. Wider mein besseres Wissen halte ich an und setze mich auf den Schlitten, aber nur, um sofort, verärgert über meine Bequemlichkeit, wieder aufzuspringen und den Marsch fortzusetzen. Ich versuche, mich mit Gedanken abzulenken, schmücke jeden einzelnen Gedankengang so umständlich und lange aus, wie es meine Phantasie zuläßt. Manchmal gelingt es mir tatsächlich, meine Gedanken an ein bestimmtes Thema zu fesseln. Sehe ich aber dann auf die Uhr, muß ich feststellen, daß nur einige Minuten darüber vergangen sind. Ich bin müde, das Bedürfnis, sich auszuruhen, wird beinahe unerträglich. »Du bist doch allein, keiner treibt dich. Du kannst so oft und solange Pausen machen, wie du willst,« schießt es mir durch den Kopf, »es ist doch egal, ob du einen Tag früher oder später ankommst.«

Ich bleibe Sieger, dieses eine Mal, und laufe weiter. Nach zwei Stunden lege ich eine Pause ein, sie ist geplant und erforderlich. Ich bin zufrieden, der Versuchung vorhin nicht erlegen zu sein. Der Tag zieht sich in Eintönigkeit schleppend langsam dahin. Das Eis ist streckenweise rauh und zerklüftet, doch komme ich recht gut voran. Mittags lege ich wie üblich eine längere Pause ein. Ich koche Tee und esse Schokoladenriegel. Solange ich mich bewege, irgendeine Tätigkeit ausübe, merke ich die Einsamkeit, in der ich mich befinde, fast gar nicht. Sie wird erst bei Unterbrechungen spürbar. Die absolute Stille, nur durch das leise Summen des Schnees unterbrochen, der von einem Windhauch aufgewirbelt wird, ist allgegenwärtig. Solche Momente können schön und in der nächsten Minute erschreckend sein. Die Grenze zwischen diesen beiden Empfindungen ist nur ein scharfer Grat, auf dem es sich schwer balancieren läßt. Gelegentlich singe ich irgendeine Melodie, um mich abzulenken. Doch erscheint es mir jetzt wie ein Vergehen, diese Stille zu unterbrechen. Dabei könnte ich schreien und toben, niemand würde mich hören.

Ich nehme meine Kamera zur Hand und mache ein paar Aufnahmen. Obwohl die Kameras optimal präpariert sind und keinerlei Anlaß zur Kritik geben, muß ich mich jedesmal überwinden, mit froststarren Händen zu fotografieren. Das Filmmaterial ist durch die Kälte brüchig geworden, ich muß den Film jedesmal vorsichtig weitertransportieren. Da ich allein bin, baue ich mein Stativ auf, um mit auf das Bild zu kommen. Alles mittlerweile tägliche Routine.

Ich halte Ausschau nach Tieren, sehne mich nach einem Wesen, das mir durch seine bloße Gegenwart das Gefühl vermitteln würde, nicht allein zu sein. Doch es bleibt eine unendliche Leere, ich scheine das einzige lebende Wesen in dieser Wüste zu sein.

Nachmittags 15 Uhr. Vor mir breitet sich ein breiter Preßeisgürtel* aus. Umgehen kann ich ihn nicht, es hilft nichts, der Weg führt genau hindurch. Ich gönne mir eine kleine Verschnaufpause und stapfe verbissen auf die meterhohen Barrieren zu. Ich kämpfe, fluche und schwitze. Immer wieder sacke ich in Schneewehen bis zum Bauch ein. Der Schlitten verkantet sich, kippt zum wiederholten Male um. Ich richte ihn auf, zwischendurch lasse ich sorgsam prüfend die Blicke in die Umgebung schweifen, um etwaige Eisbären rechtzeitig zu erspähen.

Ich verwünsche den schweren Schlitten, habe beinahe ein persönliches Verhältnis zu ihm. Ich verfluche ihn, er kommt mir vor wie eine Person, die mich am Vorankommen hindern will. Unendlich langsam komme ich voran, die Zeit vergeht, ich kämpfe verbissen. Wie oft in solchen Situationen steigt Trotz in mir auf. Ich denke nicht daran, mich dem Gelände zu unterwerfen, ich schaffe es schon!

Das Gelände wird flacher, nur noch einige cracks, die vorsichtig gequert werden müssen. Danach noch eine Strecke laufen, um von dem Preßeisbereich fortzukommen. Am Horizont erkenne ich einen neuen Gürtel, der mir den Weg versperrt, doch soll mich das heute nicht mehr beschäftigen, da es schon spät ist. Der kann bis morgen warten. Endlich glaube ich, weit genug von dem rauhen Eis entfernt zu sein. Nach Möglichkeit sollte man niemals im Preßeis übernachten,

---

* Preßeis = ineinandergepreßte Eisschollen, die sich zu kleinen Hügeln aufwerfen.

da diese Region bevorzugtes Jagdrevier der Bären ist.

Es folgt die übliche Lagerroutine: das Zelt wie jeden Abend aufbauen, den Schlitten ca. 10 Meter vom Eingang entfernt abstellen – eine Vorsichtsmaßnahme gegenüber den Eisbären, und schließlich das Einräumen der Koch- und Schlafausrüstung.

Durch das Räumen sind meine Füße kalt geworden. Ein schneller, prüfender Blick auf die Umgebung, danach ziehe ich mich in meine Behausung zurück. Vor dem Eingang habe ich einen Haufen Schnee zusammengetragen, damit ich genug Wasser schmelzen kann. Die schweren, vereisten Stiefel werden ausgezogen und gegen die molligen Daunenschuhe vertauscht, der Kocher summt, heizt das Zelt auf. Ich bin hungrig und koche eine reichhaltige Suppe, in der der Löffel stecken bleibt.

Die Konsistenz sieht ein wenig undefinierbar aus, aber ich weiß ja, was darin enthalten ist. Sie besteht aus Brühwürfel, Pemmikan, Dörrfleisch, Schinkenspeck und Hartwurst. Dazu gibt es Tee mit einem kleinen Schluck Rum – die Welt kann kaum herrlicher sein. Ich strecke meine lahmen Beine, rülpse herzhaft und genieße den vollen, warmen Bauch.

Ich muß noch einmal vor die »Tür«, um ein letztes Mal mit dem Fernglas das Eis abzusuchen und um meine Thermometer aufzustellen. Alles scheint ruhig, es weht kaum Wind. Ich versuche nochmals, zu urinieren, nichts ist unangenehmer, als nachts durch eine volle Blase aus dem Schlafsack getrieben zu werden, es kann dann Stunden dauern, bis man wieder einschläft.

Die Kälte kriecht an mir hoch, ich beeile mich, in das Zelt zu kommen.

Ich bin immer noch durstig und koche mir abermals einen Tee. Bei diffuser werdendem Licht mache ich meine Tagebucheintragungen und strecke mich in meinem Schlafsack aus. Der Tee ist ausgetrunken, der Kocher verstummt und die Kälte gewinnt die Oberhand. Ich überdenke, schon etwas schläfrig, den heutigen Tag und mache die letzte Tagebucheintragung. Sie lautet: »Keine besonderen Vorkommnisse«.

Ein ganzer normaler Tag!

56

Sturm (Original-Tagebuch)

13. März 1980

Es sieht anfangs gut aus. Ich trinke Kaffee, danach baue ich das Lager ab. Die Stiefel sind über Nacht weich geworden, wenngleich auch nicht trocken. Auf jeden Fall bekomme ich die Innenschuhe aus den Außenschalen und kann sie bewegen. Also ziehe ich neue Strümpfe an und hoffe, daß es heute besser geht. Bald nach dem Aufbruch stellt sich ein ziemlich starker Wind ein, der sich bald zum Sturm entwickelt. Der Wind kommt schräg von vorn und nagelt mich buchstäblich auf der Stelle fest. Dazu ist es unerhört kalt. Ich muß immer wieder Pausen einlegen, um Luft schöpfen zu können, der Sturm nimmt mir den Atem. Ich versuche es trotzdem, aber der Sturm nimmt zu und meine Kräfte ab. Ich habe Angst, mir die Lungen zu erfrieren. Um 14.30 Uhr baue ich schließlich das Zelt auf, bei dem Sturm alles andere als einfach. Der Hersteller sollte so etwas bei diesem Wetter selbst einmal versuchen. Nach längerem Probieren steht das Zelt endlich und trotzt auch gut dem Sturm. Ich schmeiße die Sachen einfach hinein und krieche selbst hinterher. Der Reißverschluß am Zelt ist eingefroren, beide Seiten. Er läßt sich nur mit Gewalt und auch dann nur sehr schwierig bewegen. Mein Gesichtsschutz ist am Bart festgefroren, so daß ich den ganzen Kopf über den Kocher halten muß. Es dauert ca. zwanzig Minuten, bis ich das Ding los bin. Das Thermometer zeigt −45°Celsius an. Beim Fotografieren habe ich mir fast den Zeigefinger der linken Hand erfroren, kurze Zeit später fast die drei großen Zehen des rechten Fußes. Es ist nicht damit zu spaßen, ich muß ca. 15 bis 20 Minuten sehr vorsichtig an den Zehen massieren, bzw. sie mit den Händen wärmen, bis das erste Gefühl mit erheblichen Schmerzen wieder einsetzt. Jetzt ist es ein ganz dumpfes Gefühl, aber sie sind wieder warm. Ich muß in Zukunft noch mehr aufpassen, damit ich mir nichts erfriere. Es geht schneller, als man denkt. Besonders der Wind ist unerträglich. Ich habe die Windgeschwindigkeit gemessen, die Messung ergibt 35 Knoten mit zunehmender Tendenz. Um 17 Uhr habe ich gekocht. Der Kocher ist vorzüglich. Oben auf dem Deckel kann ich noch Wurst braten. Der aufsteigende Dampf gefriert sofort, zum Teil in der Luft, zum anderen Teil an der Zeltwand. Die Innenschuhe der Stiefel sind steinhart gefroren, ich nehme sie wieder mit in den Schlafsack. Esse heute ausgezeichnet: 2 Packungen Wurst, auf dem Kocher gebraten, Kartoffelsuppe aus der Tüte und viel Pemmikan, Knäckebrot sowie Tee mit Rum. Bin total satt und gehe um 20 Uhr in den Schlafsack. Langsam werde ich warm, es wird auch Zeit. Ich habe vorher noch das Zelt aufgeräumt, es rieselt aber immer wieder Schnee von der Decke, so daß es immer verschneit aussieht. Gegen 24 Uhr wache ich mit starken Kopfschmerzen auf, nehme eine Schmerztablette, die in meinem Brustbeutel liegt und schlafe die Nacht durch, es ist mollig warm im Schlafsack.

14. März

Das Wetter ist immer noch mies, aber besser als gestern. Ich packe zusammen und breche auf. Für Schießübungen mit dem »Bärentöter« lege ich eine kleine Pause ein. Es läuft gut. Hoffentlich werde ich ihn niemals gebrauchen müssen. Das Ziehen des Schlittens ist recht anstrengend, zumal das Wetter im Laufe des Tages wieder schlechter wird. Die Temperatur liegt bei −35° Celsius.

Ich schlage das Lager in relativ rauhem Eis auf, habe aber darauf geachtet, daß keine Risse in der Nähe sind. Das Gewehr liegt neben meinem Schlafsack – durchgeladen!

Es gibt wieder Kräftiges zu essen, danach eine Pfeife. Im Schlafsack ist alles ziemlich feucht und klamm und daher besonders kalt und unangenehm. Deshalb liege ich noch lange wach und klappere mit den Zähnen. Ich weiß nicht, woher diese

Feuchtigkeit kommt. Die Innenstiefel sind abends steinhart gefroren, ich bekomme sie einfach nicht aus den Stiefeln raus. Das kann morgen ja heiter werden! Im Zelt ist ein dichter Nebel, das trägt zur Feuchtigkeit bei.

Ansonsten nichts Besonderes.

15. März

Trotz der Feuchtigkeit habe ich recht gut geschlafen. Morgens das übliche Zeremoniell: Handschuhe an, Kocher anzünden, raus aus dem warmen Schlafsack. Das sind dann Momente, wo man sich sagt »nie wieder«. Das Wetter ist unverändert schlecht. Es ist saukalt. Die Sicht ist einigermaßen.

Schon nach kurzer Zeit ist der Bart wieder völlig vereist. Er hängt wie ein Klotz nach unten. Sorge bereiten mir die Stiefel. Sie sind so fest gefroren, daß der Innenschuh nicht mehr herausgeht. Das ist schlimm, da ich ihn so nicht trocknen kann. Ein Problem, das sich gegen Abend doch sehr deutlich darstellt. Die Zehen sind beim Lageraufbau wenig bewegt worden und daher sehr kalt geworden. Das Wetter hat sich wieder zum richtigen Sturm entwickelt. Die Kälte ist schrecklich! Ich entferne mich einige Meter vom Zelt, um vom Schlitten Eisschrauben zu holen, mit denen ich das Zelt sichern will. Wie ich zum Zelt zurückkehre, ist es ca. 20 Meter weiter weg. Der Sturm hat es einfach fortgeblasen, trotz der gesamten Ausrüstung darin. Der Schreck ist groß, ich habe Angst, daß das Zelt vielleicht kaputt ist, doch zum Glück hat es den Ausflug ohne Schaden überstanden. Ein Hoch dem Hersteller! Doch der Schrecken bleibt, hätte ich durch diese Unachtsamkeit Zelt und Ausrüstung verloren, wäre es wohl aus gewesen.

Im Zelt sieht es wüst aus, alle Sachen sind kreuz und quer verteilt.

Meine Füße sind ohne Gefühl, im Zelt ziehe ich mit Mühe die Stiefel aus. Der linke große Zeh ist total blau und an der Wurzel weiß. Dazu ist er steinhart. Ich wärme ihn mit den Händen und hoffe, ihn retten zu können, schließlich hänge ich an jedem Zeh. Es ist aber nicht nur der linke große Zeh, sondern auch der rechte große sowie der nächstkleinere. Das reicht! Nach einiger Zeit bilden sich große, blau-schwarze Blasen unter den Zehen. Ich behandele sie und verpacke sie in die Biwakschuhe. Alle Zehen haben Frost abbekommen, sieben Stück zum Glück nur 1. Grades, 3 Stück 2. Grades! Langsam fließt wieder Blut in die Füße, eine äußerst schmerzhafte Angelegenheit. Die Füße sind sehr berührungsempfindlich geworden, bei der kleinsten Berührung schmerzt es wahnsinnig. Die Feuchtigkeit in Verbindung mit Kälte ist grausam. Es gibt praktisch keine Möglichkeit, irgendwie etwas zu trocknen. Hat man aber schon erfrorene Glieder, wirken sich nasse Strümpfe verheerend aus. Der Kocher schafft es nicht, das Zelt auf eine angenehme Temperatur aufzuheizen. Es ist immer eisig kalt.

16. März Sonntag

Es ist schon eine gewaltige Überwindung, aus dem warmen Schlafsack zu kriechen, morgens ist man endlich einmal warm geworden, und schon muß wieder aufgestanden werden. Tagebuchschreiben ist oftmals eine Pflichtübung, zu der ich mich zwingen muß. Erstens des Sturmes wegen und zweitens wegen meiner Füße. Ich habe nachts auch noch Krämpfe in den Beinen, wahrscheinlich wegen der Anstrengung. Die Entspannungshilfen des autogenen Trainings verschaffen mir jedoch ausgezeichnet Linderung.

Ich überlege, was ich mache, wenn ich wieder zu Hause bin. In den warmen, sonnigen Süden fahren?

Auch wenn die Situation im Moment gar nicht so gut ist, fühle ich mich dennoch völlig ruhig. Ich hoffe nur, daß sich meine Füße erholen. Beim Ausziehen der Stiefel waren die Stiefelhacken an meinen Fersen festgefroren, ich habe mir daher auch noch die Haut von den Fersen abgezogen. Alles sehr schmerzhaft.

Ich habe mir die Bilder von zu Hause angesehen und sie im Brustbeutel verstaut. Mir kommt es vor, als wäre ich schon ewig fort. Das Alleinsein macht mir im Moment nichts aus, obwohl es zu zweit natürlich angenehmer, einfacher und gemütlicher wäre. Ich kann jetzt wirklich Berichte über Expeditionen in diesen Klimazonen mit ganz anderen Augen sehen. Nur, wer das selbst einmal erlebt hat, weiß, wie das wirklich ist! Nur mit größter Willensanstrengung habe ich eben vom Schlitten neue, trockene Socken geholt. Ich mache sogar noch einige Fotos, lege einen neuen Film ein. Es stürmt draußen und ist bitterkalt.

Die Füße tun immer noch verdammt weh und sind geschwollen. Im Zelt sieht es katastrophal aus. Die Wände sind völlig vereist. Vorn am Eingang steht der Kocher und summt vor sich hin, daneben die Stiefel, Strümpfe, Handschuhe, Seesack, Fotos, Funkgerät, Töpfe, Jacken, Tabak, Klopapier, Abfall, Becher und dazwischen immer wieder Schnee.

Die Zehen machen mir Sorgen. Ich heize das Zelt auf $-15°$ Celsius auf und verarzte sie. Das sieht folgendermaßen aus: 1. Finalgonsalbe auftauen, 2. Füße damit einreiben. Die Zehen sind hart und geschwollen, taub. Sie sind zum Teil weiß, zum Teil bläulich und neigen zur Blasenbildung. Ich binde einen Verband darum, um sie zusätzlich vor

Kälte und Nässe zu schützen und mache Fotos von der Behandlung. Es könnte mir besser gehen! Trinke hinterher Tee und Rum und rauche Pfeife (Borkum Riff). Eine Inspektion der Stiefel ergibt, daß sie steinhart und von innen vereist sind. Die einzige Möglichkeit, sie etwas anzuwärmen, ist, sie heute nacht mit in den Schlafsack zu nehmen. Hoffentlich bringt das etwas. Sonst sehe ich für die Zehen im wahrsten Sinne des Wortes schwarz! Morgen, bevor ich aufbreche, werde ich die Zehen nochmals mit Finalgon behandeln. Hoffentlich hilft es auch. Der rechte Zeh ist schlimmer als die anderen dran. Nach kurzer Zeit ist die Temperatur wieder auf −30° Celsius abgesunken. Ich friere. Lege mich in den Schlafsack und versuche zu schlafen. Hoffentlich ist das Wetter morgen besser.

17. März

Das gleiche beschissene Wetter wie gestern. Der Sturm hat eher zugenommen. Der linke Zeh sieht wirklich schlimm aus. Leider habe ich heute die Pfeife zerbrochen, die Peter mir geschenkt hat, ich bin traurig darüber. Man kann sie aber sicher wieder kleben.

Das Wetter hält mich weiterhin hier fest, da meine Füße aber noch schlimm sind, stört es mich nicht sonderlich. Ich schlafe heute viel. Zwischendurch koche ich, draußen heult der Sturm, im Zelt summt der Kocher. Es kann dann sogar gemütlich werden. Heute habe ich keinen großen Hunger. Die Suppe schmeckt mir zwar gut, ich kann aber nicht viel essen. Die Temperaturmessungen ergeben −48° Celsius, dazu kommt der Wind. Unter Berücksichtigung des Chill-Faktors* ist es jetzt

* Chill-Faktor: siehe Seite 61.

60

bestimmt ca. −100°Celsius draußen kalt. Der Wind wird aber zum Glück durch das Zelt abgehalten, trotzdem ist die Kälte kaum zu ertragen.

Wie lange dauert der Sturm bloß noch? Das untätige Warten wird langsam nervig! Hoffentlich hält das Zelt weiterhin dem Sturm stand.

18. März

Morgens stürmt es wie wahnsinnig. Ich muß kurz zum Pinkeln raus, der Sturm weht einen fast um. Heute hätte es selbst bei gesunden Füßen keinen Zweck zu laufen. Es ist sehr kalt, das Schreiben fällt mir schwer, da die Hände trotz Handschuhe starr vor Kälte sind. Der linke Zeh ist immer noch blau angeschwollen. Es wird wohl auch noch dauern, bis er wieder ganz geheilt ist. Der andere Zeh hat ebenfalls noch eine dicke Blase. Selbst wenn ich hineinkneife, fühle ich kaum etwas. Ich habe an dem linken Zeh gerochen, um zu prüfen ob er etwa riecht. In diesem Falle müßte ich mich irgendwie seiner entledigen, da sonst Gefahr einer Blutvergiftung bestünde. Es ist aber Gott sei Dank nichts Ungewöhnliches zu riechen.

Ich versuche, über Funk einen Wetterbericht einzuholen, werde aber nirgends gehört, obwohl ich andere Sender empfangen kann. Der Akku des Funkgerätes ist durch die Kälte ziemlich schwach geworden, ich trage das Gerät daher unter der Jacke auf der Brust und hoffe, daß es was bringt.

Der Sturm hat mittags immer noch nicht nachgelassen. Wie lange geht das noch so? Eine Windgeschwindigkeitsmessung ergibt 50 Knoten, selten habe ich so einen Sturm erlebt! Überall ist Schnee im Zelt. Ich koche wieder Tee, was soll ich sonst machen? Wieder versuche ich zu funken, ohne Erfolg. Mein Gott, was stürmt es, hoffentlich hält das Zelt.

Der Chill-Faktor

Unter dem Chill-Faktor versteht man den Auskühlungseffekt des Windes. Dieser Effekt läßt sich am besten an einem Beispiel erklären. Ist es z. B. sehr warm, empfindet ein Mensch oder ein Tier es als angenehm, wenn ein Ventilator angeschaltet wird und einen kühlen Zug aufkommen läßt. Mit sinkender Temperatur kehrt sich dieses »angenehme Empfinden« in das Gegenteil um und wird ab einer bestimmten Schwelle im höchsten Grade unbehaglich. Schon bei Null Grad Celsius empfindet der Mensch einen kalten Wind als schneidend und unangenehm. Physikalisch ist dies nicht verwunderlich, da der kalte Wind die Körperwärme schneller ableitet. Man kühlt aus und friert. Fällt die Temperatur jetzt beträchtlich unter den Gefrierpunkt, kann diese Wärmeabfuhr derart rapide vonstatten gehen, daß der Betroffene in sehr kurzer Zeit in eine lebensbedrohliche Situation geraten kann, sofern er sich nicht richtig dagegen zu schützen weiß.

Der Chill-Faktor ist in arktischen wie natürlich auch antarktischen Regionen bekannt und gefürchtet. Eine reine Temperaturangabe als Beurteilungskriterium reicht daher nicht aus. Man muß die Windgeschwindigkeit in die Beurteilung mit einbeziehen, erst dann ergibt sich ein repräsentativer Wert. Aus nachstehender Tabelle lassen sich die aus dem Verhältnis Wind und gemessener Temperatur resultierenden »wahren Werte« ermitteln. Der Tabelle liegen Forschungswerte zugrunde.

KÜHLEFFEKT DES WINDES

Windgeschwindigkeit in km/h	9	12	15	18	21	24	26	29	31	34	37	40	42	45	47	51
8	12	15	18	21	24	26	29	31	34	37	40	42	45	47	51	54
16	18	24	26	29	31	37	40	42	45	51	54	56	60	62	68	71
24	24	29	31	34	40	42	45	51	54	56	62	65	68	73	76	79
32	24	31	34	37	42	45	51	54	60	62	65	71	73	79	82	84
40	29	34	37	42	45	51	54	60	62	68	71	76	79	84	87	93
48	31	34	40	45	47	54	56	62	65	71	73	79	82	87	90	96
56	34	37	40	45	51	54	60	62	68	73	76	82	84	90	93	98
64	34	37	42	47	51	56	60	65	71	73	73	82	87	90	96	101

Die Temperaturen innerhalb des stark umrandeten Feldes sind gefährlich. Innerhalb einer Minute gefriert Fleisch. Die Temperaturen rechts davon sind äußerst gefährlich. Fleisch gefriert innerhalb von 30 Sekunden. Beispiel: Bei einer Lufttemperatur von −15°C und einer Windgeschwindigkeit von 40 km/h empfindet der Mensch Kälte von −37°C!

Nachmittags möchte ich nochmals die Windgeschwindigkeit messen, wage mich aber nicht mehr aus dem Zelt. Mich wundert, daß die Haut im Gesicht und an den Händen noch relativ elastisch ist, habe sie aber auch dick mit Vaseline eingecremt.

Ich bin eben draußen gewesen, um Petroleum zu holen. Dazu habe ich mir Packsäcke um die Biwakschuhe gebunden. Der Himmel wird klarer, es bläst aber unvermindert. Das Ganze gleicht im Moment eher einem Chaos als allem anderen. Draußen tobt und stürmt es, wie man es sich kaum vorstellen kann. Trotzdem habe ich schnell einige Fotos gemacht. Hoffentlich haben die Mühe und Überwindung sich gelohnt. Im Zelt sieht es ebenfalls chaotisch aus, überall Schnee, der durch die kleinsten Ritzen dringt. Ich habe wieder versucht, meine Stiefel zu trocknen: die Stiefelschalen über dem Feuer vom Eis befreit, die Innenschuhe über der Flamme ein wenig getrocknet. Meine Füße sind in einem trostlosen Zustand. Ich creme sie mit Mirfulan-Salbe ein, ist aber falsch, muß nochmal mit Pernionin-Salbe eincremen. Erstere ist für Verbrennungen! Heute koche ich Tomatensuppe und 200 Gramm Pemmikan. Dazu gibt es Salami und Knäcke, anschließend Tee. Fast ständig habe ich Durst. Ich hoffe inbrünstig auf besseres Wetter. Immer nur herumzusitzen und zu warten ist entnervend und langweilig.

Der Schlitten ist draußen schon fast völlig im Schnee vergraben. Der Plastikeinband vom Tagebuch ist durch die Kälte gebrochen.

19. März

Über Nacht ist der Sturm völlig abgeflaut. Es scheint die Sonne und morgens ist es völlig windstill. Ich habe es eilig, aus dem Zelt zu kommen, hänge die Schlafsäcke und Jacken zum Lüften raus und verschaffe mir ein wenig Bewegung. Durch die Sitzerei bin ich ganz steif geworden. Endlich ist die Warterei zu Ende. Ich verpflastere meine Füße, quäle mich in die Stiefel und breche, nachdem alles verpackt ist, auf. Die ersten Schritte tun derart weh, daß ich heulen könnte, langsam weicht der stechende Schmerz aber einem dumpfen Gefühl, das ich einfach zu vergessen suche. Der Wille, voranzukommen ist größer als der Schmerz.

Sechs Tage durch den Sturm im Zelt festgehalten: »Der Reißverschluß am Zelt ist eingefroren, beide Seiten. Er läßt sich nur mit Gewalt und auch dann nur sehr schwierig bewegen. Mein Gesichtsschutz ist am Bart festgefroren, so daß ich den ganzen Kopf über den Kocher halten muß. Es dauert zwanzig Minuten, bis ich das Ding los bin. Das Thermometer zeigt 45° Celsius an. Beim Fotografieren habe ich mir fast den Zeigefinger der linken Hand erfroren, kurze Zeit später fast die drei großen Zehen des rechten Fußes.« (Tagebucheintragung 13. März)

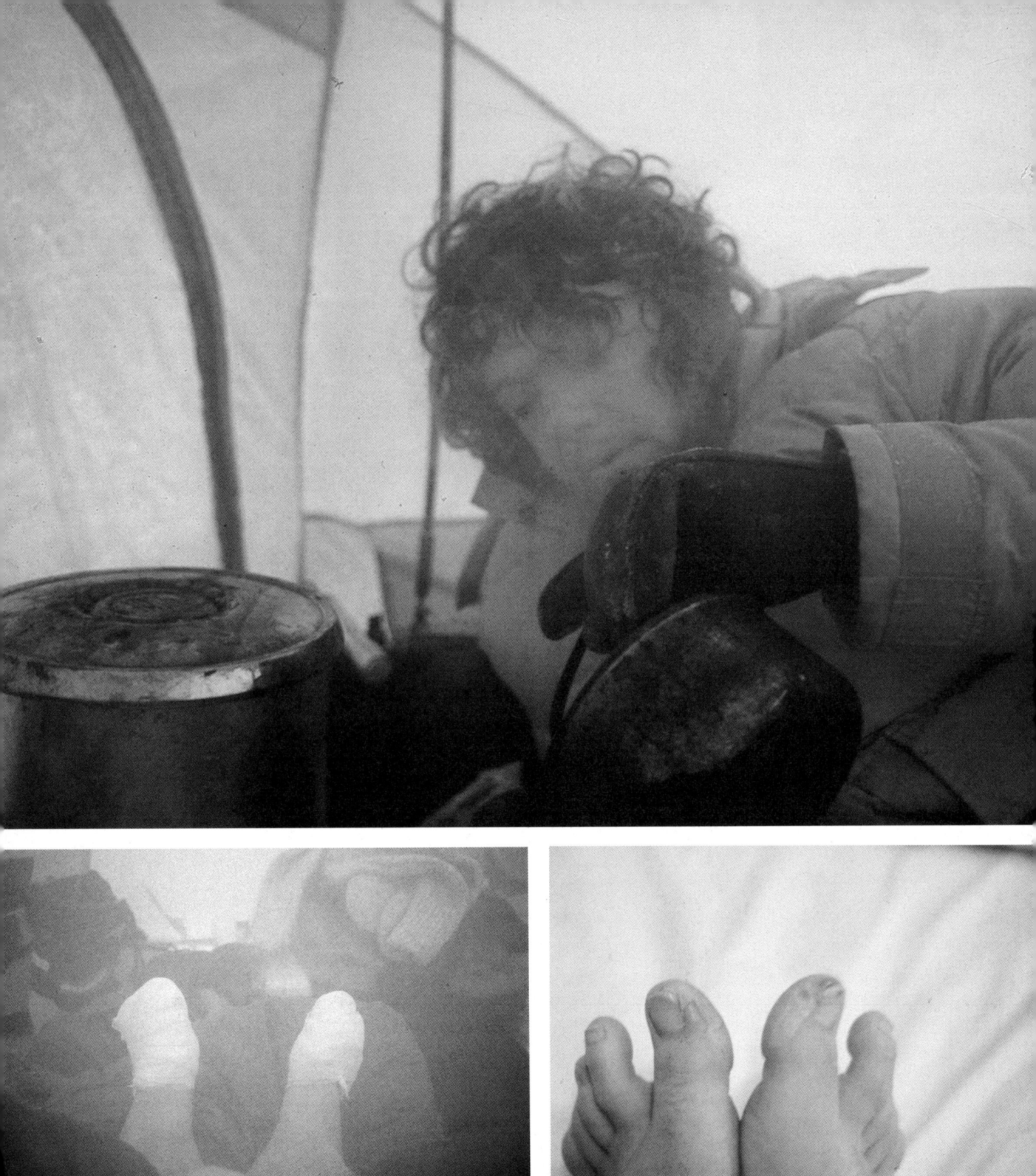

»Die Wände sind völlig vereist. Vorn am Eingang steht der Kocher und summt vor sich hin.« »Die Zehen machen mir Sorgen. Sie sind hart und geschwollen, taub. Sie sind z. T. weiß, z. T. bläulich und neigen zur Blasenbildung. Ich verarzte sie, binde einen Verband darum, um sie zusätzlich vor Kälte und Nässe zu schützen.« »Ich versuche, über Funk einen Wetterbericht einzuholen, werde aber nirgends gehört. Der Akku ist durch die Kälte ziemlich schwach geworden.« (Tagebucheinträge)

65

Auf Eisbärjagd

Wie ein riesiges Labyrinth breitet sich der Preß-eisgürtel vor uns aus. Dort müssen wir durch. Eilig versuche ich, eine möglichst bequeme Stellung auf dem Kamutik – dem Eskimoschlitten – einzunehmen und gleichzeitig die beiden Leica-Kameras einigermaßen griffbereit zu halten. Ekaksak leitet das Gespann genau auf den Gürtel zu, ohne das Tempo auch nur im geringsten zu vermindern. Mit einem nur Eskimos eigenen Orientierungssinn hetzt er in das Gewirr von Eisblöcken, Schneewe-hen und Spalten, kämpft sich vorwärts, ohne auch nur einen Blick an den Schlitten zu verschwenden. So ähnlich müssen sich Cowboys während eines Rodeos vorkommen, nur müssen sie nicht so lange auf dem Pferd oder Stier sitzen. Ich hocke nun schon einige Stunden auf dem Schlitten und versu-che, mein rebellierendes Hinterteil in eine angeneh-mere Position zu bringen. Der Kamutik benimmt sich wie ein wildgewordener Ziegenbock. Mal steigt er vorn steil empor, mal hinten, um dann sofort einen Ausfall zur Seite zu machen, der mich fast abwirft. Die Kameras stoßen gegeneinander, aber längst habe ich es aufgegeben, sie mit den Handschuhen abzupolstern. Zu sehr bin ich damit beschäftigt, mich selbst zu sichern. Einmal war ich bereits samt Schlitten umgekippt und konnte mich nur durch einen raschen Sprung zur Seite retten. So ein Schlitten ist schwer und kantig. Wehe dem, der

darunter zu liegen kommt! Selbst unter seinen Freunden ist Ekaksak als besonders schneller und wilder Fahrer bekannt. Jetzt weiß ich die schmun-zelnden Gesichter im Dorf zu deuten, als wir heute morgen aufbrachen. Es scheint mir, als wollten sie sagen: »Warte nur ab, Du wirst Dein blaues Wun-der schon erleben.«

Endlich sind wir durch. Ekaksak lenkt das Gespann in den Windschatten eines großen Eis-blocks und dreht sich lachend zu mir um. Ihm hat es offenbar Spaß gemacht. Mit etwas weichen Knien rutsche ich vom Schlitten und gehe erst einmal auf und ab, um die Blutzirkulation wieder in Bewegung zu bringen. Hinter uns kämpft sich Koluk mit einem Gespann durch das rauhe Eis. Koluk und Ekaksak sind Eskimos modernerem Zuschnittes. Sie besitzen nämlich beide einen Ski doo, einen Motorschlitten. Die Zeit der Hundege-spanne ist zumindest für sie vorbei, obwohl sie natürlich beide damit umzugehen verstehen. Die Technik hat den Hund verdrängt. Die Jagd mit dem Ski doo ist schneller und einfacher, große Entfernungen können in kurzer Zeit überwunden werden. Man braucht die Hunde nicht zu versor-gen oder mit steifen Fingern Schnüre zu entwirren. Dafür treten aber meist andere Probleme auf, tech-nischer Natur, die es mit Hunden mit Sicherheit nicht gäbe. Da es den Eskimos vielfach an Geld

Am Tage nach dem Sturm.

67

und Wissen fehlt, die Ski doos regelmäßig zu warten, ist es nur eine Frage der Zeit, wann die ersten Defekte an der Maschine auftreten. Das rauhe Gelände und die wilde Fahrweise fordern ihren Tribut, so auch heute. Die eine der Kufen an Ekaksaks Gefährt ist gebrochen. Es beginnt eine mühselige Reparatur. Koluk packt derweil den Primuskocher aus und sucht Eis zum Schmelzen. Bald fängt das Wasser an zu kochen. Koluk wirft einige Teebeutel hinein, wartet einen Moment und reicht mir dann einen Becher mit süßem, dampfenden Tee. Ekaksak repariert mit stoischer Ruhe. Zwischendurch zieht er seine Handschuhe aus, um besser arbeiten zu können. Ich versuche mir vorzustellen, was wohl mit meinen Fingern passieren würde, wenn ich bei diesen Temperaturen ohne Handschuhe werken würde. Schließlich ist es vollbracht. Zwar nur ein Provisorium, aber zunächst gut genug.

Improvisationsgabe wird hier groß geschrieben. Ich soll später noch ausreichend Gelegenheit bekommen, das technische »Know-how« eines Eskimos kennenzulernen.

Es geht weiter, der unbewohnten Young Insel entgegen. Ekaksak übernimmt wieder die Führung und hetzt durch das Eis, als gelte es, verlorene Zeit einzuholen. Beide sind vom Jagdeifer erfaßt. Auf der Young Insel soll es Caribous geben, das beliebteste Wild der Eskimos. Koluk ist allerdings nur in zweiter Linie wegen der Caribous mitgekommen. Er will einen Eisbären schießen, seinen ersten und wohl auch einzigen in diesem Jahr. Es hatte sich im Dorf herumgesprochen, daß die beiden auf Bärenjagd wollten. Da ich dergleichen noch nicht erlebt hatte, bat ich sie, mich doch mitzunehmen. Anfangs zögerten sie. Sie würden in Iglos schlafen und wären lange unterwegs, hieß es. Diese Vorstellung konnte mich natürlich nicht schrecken – ganz im Gegenteil, ich war begeistert. Nach einigem Hin und Her, wobei Basel noch seinen Einfluß

geltend machte, willigte Ekaksak schließlich ein, mich auf seinem Kamutik mitzunehmen.

Viel hatte man mir über Nanuk, den König der Arktis, erzählt. Glaubwürdige wie unglaubwürdige Berichte waren gleichermaßen vertreten. Hinzu kam, daß ich sehr viel über diese Tiere gelesen hatte. Nun wollte ich endlich sie sehen, erfahren, wie die Jagd der Eskimos heute aussieht. Zugegeben, eine Jagd zum Anlaß zu nehmen, um ein Tier kennenzulernen, das im Verlauf dieser Unternehmung getötet werden soll, ist sicherlich nicht jedermanns Sache, aber ich glaube, man muß hier sehr genau differenzieren. Der Eskimo ist von jeher ein Jäger gewesen, anders hätte er in der unwirklichen Arktis niemals überleben können. Aus seiner Perspektive heraus hat er das Recht, den Bären zu töten, benötigt er doch sein Fell und das Fleisch zum Leben. Dieses Bewußtsein hat sich bis in die heutige Zeit erhalten. Sicher, die Jagdmethoden haben sich in den vergangenen Jahrzehnten verändert. Heute tritt der Eskimo dem Bären nicht mehr mit der Lanze entgegen, er besitzt selbstverständlich ein Gewehr, und der ehemalige heroische Zweikampf mit dem Bären wird zu einer abstoßenden Exekution degradiert. Auch die Motivation des Jägers ist eine andere geworden. Hat er früher primär des Fleisches wegen den Bären nachgestellt, so geschieht das heute fast ausschließlich der begehrten Decke wegen. Das Fleisch ist vielfach von Trichinen verseucht. Nur durch langes Kochen können diese Parasiten, die sich auf den menschlichen Organismus tödlich auswirken, abgetötet werden. Danach schmeckt das Fleisch allerdings fade und ist unter den Eskimos unbeliebt. Hunger braucht heute aber selbst in den abgelegensten Gebieten keiner mehr zu leiden, da er im Notfall immer versorgt werden würde. Der Eskimo tötet den Bären des Felles wegen, das er später zu einem sehr günstigen Preis verkaufen kann, aus rein materiellen Beweggründen also. Früher war das Fell von geringem Interesse für ihn, da es zu unhandlich und schwer ist. Mit zwei Decken war eine Familie meist gut versorgt, und da diese Felle sehr lange halten, hatte man eigentlich kein Bedarf mehr an frischen Fellen. Man brauchte aber das Fleisch! Heute ist es genau umgekehrt. Das Fleisch bleibt liegen, die Decke, des schnöden Mammons wegen, zählt allein. Kann nun der Eskimo als gewissenloser Tierschlachter verdammt werden? Ich glaube, ganz sicher nicht!

Wie bei so vielen Naturvölkern hat auch bei ihnen eine abrupte Konfrontation mit der hochtechnisierten Zivilisation stattgefunden. Zuerst waren moderne Errungenschaften, wie z.B. das Gewehr, vertreten, die dem Eskimo das überaus harte Dasein wirklich erleichterten. Es war ihm möglich, mehr und leichter Fleisch zu schießen, und das war es, was zählte. Die geistige Konfrontation mit dem Problem, das eine übermäßig starke Bejagung nach sich zieht, konnte wohl kaum von einem Menschen, der zeitweise bittersten Hunger leiden mußte, erwartet werden. Die Begegnung mit einer höheren Zivilisation und den damit unweigerlich verbundenen technischen Neuerungen war einfach zu plötzlich. Der Verfall der unterlegenen Kultur setzt langsam aber unaufhörlich ein. Ein Naturgesetz? Eine unabdingbare Folge menschlicher Existenz? Ich weiß es nicht. Fest steht nur, daß sich diese Entwicklung ständig wiederholt hat. Beispiele von Eingeborenenstämmen aus aller Welt gibt es genug. Die dominierende Kultur, gleich, ob sie auch qualitativ die bessere darstellt, verdrängt die unterlegene und löscht sie irgendwann aus. Die Schuld – sofern hier die Rede von einer Schuld sein kann –, trifft daher keineswegs die unterlegene Kultur, denn sie hat den Kontakt mit anderen Formen zwischenmenschlichen Daseins nicht gesucht, sondern ist von ihr aufgesucht worden, und zwar nicht etwa um sie zu missionieren, sondern um möglichst billig an Felle heranzukommen.

Der Eskimo ist vom Selbstversorger zum Lieferanten avanciert. Die Ursprünglichkeit seines Daseins, seine natürlichen Instinkte sind getrübt. Der lange und beschwerliche Weg in die Integration einer anderen Kultur beginnt.

Die Kanadier haben glücklicherweise schon frühzeitig eine schützende Hand über ihre Tierwelt gehalten und sie auf diese Weise vor der Ausrottung oder übermäßigen Bejagung geschützt. Dank eines recht aufwendigen und kostspieligen Systems sind die Kanadier heute in der Lage, ziemlich genau den Bestand der Eisbären und natürlich auch anderer Tiergattungen anzugeben. In regelmäßigen Zeitabständen findet das sogenannte »Tagging« statt, bei dem z.B. die Bären vom Hubschrauber aus mit einem Narkosegewehr betäubt werden. Das jeweilige Tier bekommt eine »Tag«-Nummer am Ohr befestigt, Alter und Geschlecht werden bestimmt und anschließend darf der etwas verwirrte König der Arktis seinen Weg fortsetzen. Auf diese Art und Weise haben die Tierschützer im Laufe der Jahre eine ziemlich genaue Vorstellung über die sich in ihrem Territorium aufhaltenden Eisbären bekommen. An Hand dieser Zahl wird jetzt alljährlich eine Anzahl von Bären zum Abschuß freigegeben. Da aber natürlich nicht jeder Eisbär gefunden und gezählt werden kann, dazu ist das Gelände und die Anzahl der Bären viel zu groß, ist die tatsächliche Population der Bären noch erheblich größer als die Zählung vorgibt. Trotzdem wird zur Festlegung der Abschußquote nur die Anzahl der registrierten Bären als Basis herangezogen. Auf diese Weise erhält man eine zusätzliche Absicherung gegenüber einer übermäßigen Bejagung. Was die Kanadier auf diesem Sektor leisten, ist wahrlich vorbildlich! Wäre man in anderen Ländern bei ähnlich gefährdeten Tiergattungen auch nur annähernd so gewissenhaft verfahren, sähe es um viele Tierarten sicherlich nicht so traurig aus. Zum Abschuß berechtigt sind darüber hinaus nur die Eskimos. Keinem Weißen steht das Recht zu, einen Bären zu töten, außer in wirklichen Notfällen, die sehr genau im Einzelfall untersucht werden. Stellt sich dabei heraus, daß der Notfall nur eine Alibifunktion hatte, trifft den Überführten eine empfindliche Strafe. Darüber hinaus wird in jedem Fall das Fell der erlegten Bären eingezogen, um auf diese Weise Manipulationen schon im Keime zu ersticken. Nur in seltenen Fällen lassen sich Abschußquoten von Eskimos abkaufen. Diese jagen den Bären lieber selbst! Wird ein Bär von einem Eskimo getötet, nimmt er neben der Decke und eventuell einigem Fleisch auch das Gebiß des erlegten Tieres mit, um es später dem Wildhüter zwecks Altersbestimmung zu überlassen. Der Jäger erhält dafür einen geringen Betrag, um für ihn einen Anreiz zu schaffen. Sofern der Bär auch eine »Tag«-Nummer im Ohr hatte, übergibt er diese natürlich ebenfalls dem Aufseher, dieser wiederum übermittelt sie der Zentrale. So kennen die Verantwortlichen genau den Tierbestand. Die jährliche Abschußquote wird für die entsprechenden Gebiete bzw. Siedlungen rechtzeitig bekanntgegeben. So durften beispielsweise im Jahr 1981 in der Region um Resolute Bay herum fünfzig Bären und um Grise Fjord neununddreißig Bären erlegt werden. Dieses – finde ich – ist eine recht stattliche Zahl, in Anbetracht der sorgfältigen Überwachung aber sicherlich gerechtfertigt.

Eine unkontrollierte Vermehrung der Bären bringt erhebliche Probleme mit sich, bedingt durch den Eingriff des Menschen in den Regelkreis der Natur. Um das Gleichgewicht zu erhalten, müssen eben einige Tiere, so traurig das jeden Tierfreund stimmt, ihr Leben lassen, um nicht durch ihre Überzahl das eigene Leben so wie das anderer Tiergattungen zu gefährden. Bären in der Nähe von Siedlungen stellen eine zusätzliche Gefahr dar, weil sie sich nur zu gern auf Müllplätzen tummeln und dabei sehr schnell vergessen, der Jagd auf Seehunde nachzugehen – ihrer eigentlichen Nahrung –.

Churchill, ein Ort an der Hudson Bay, ist eine der Siedlungen, die die größten Probleme mit Eisbären aufzuweisen hat. Alljährlich kommen die Bären in die Stadt und versuchen sogar, in Häuser einzudringen. Großangelegte Aktionen, diese Stadtstreicher zu betäuben und in die Wildnis zu fliegen, scheitern meistens, da sie entweder zurücklaufen oder aber durch Kollegen ersetzt werden.

Ähnliche Schwierigkeiten gibt es auch in Resolute Bay und Grise Fiord, wo jeden Winter einige dieser hungrigen Besucher gezählt werden.

Bevor wir zu dieser Jagd aufbrachen, hatte ich in Resolute Bay Henk Kilian getroffen. Henk ist wohl sicherlich einer der besten Eisbärenexperten. Er hat an vielen Tierexpeditionen teilgenommen bzw. sie geleitet. Unter anderem hat er Untersuchungen über die Aufzucht von Bären in ihrer natürlichen Umgebung angestellt. Dazu mußte er die verborgenen Unterschlüpfe der weiblichen Tiere ausfindig machen und sie sorgsam beobachten. Eine anstrengende, nicht ungefährliche, aber sicher überaus reizvolle Tätigkeit. Henk erzählte mir auch, daß es keine Probleme mit dem Einhalten der Quoten gäbe. Die Eskimos seien sehr ehrlich und würden niemals mehr Bären töten, als ihnen zustehen. Wilderei ist insbesondere in diesen Regionen ohnehin fast unmöglich, da man ein Bärenfell nun einmal schlecht in einer Aktentasche transportieren kann. Außerdem sind die Siedlungen so klein, daß jeder jeden kennt. Einen Fremden, zudem mit zwielichtigen Vorsätzen, würde man sehr schnell herausfinden und überführen.

Ich habe mich also Eskimos angeschlossen, die einen Eisbären jagen wollen. Sie sind legitimiert dazu, auch nach moralischen Gesichtspunkten. Es gibt eigentlich keine Einwände dagegen, daß ich an der Jagd teilnehme und doch, je größer die Wahrscheinlichkeit wird, auf einen Bären zu treffen, um

70

so weniger kann ich mich eines beklemmenden Gefühles erwehren. Es ist keine Angst, denn uns würde schließlich nichts passieren. Es ist vielmehr eine intensive Abneigung gegen eine Jagd, die nicht unmittelbar der Nahrungsbeschaffung gilt.

Die Sicht wird schlechter, die Sonne sinkt als blutrote Orange hinter den Horizont. Wir halten an, es ist bitterkalt. Ich versuche die Blutzirkulation durch Sprünge und Gymnastik zu intensivieren.

Ekaksak und Koluk unterhalten sich auf Inuktitut, ihrer eigenen Sprache. Ohne sich mit irgendwelchen Erklärungen aufzuhalten, beginnen sie mit dem Iglubau. Obwohl ich mich mit der Technik des Iglubaus ausgiebig vertraut gemacht hatte, beschränkt sich meine Mithilfe nur auf das Zureichen von Schneeblöcken. Mehr mag man mir offenbar nicht zumuten, heute jedenfalls noch nicht. Ich bin jedoch keineswegs traurig darüber, bleibt mir auf diese Weise doch immer wieder Zeit, wie ein Känguruh herumzuhüpfen, um mich einigermaßen warmzuhalten.

Endlich steht unser Bungalow. Felle werden auf den Schneebänken ausgebreitet, der Kocher angezündet, Schnee geschmolzen und schließlich, bei der ersten zarten Erwärmung unserer Behausung, werden die dicken Jacken abgelegt. Obwohl die Temperatur im Iglu noch weit unter dem Gefrierpunkt liegt, empfindet man sie bereits als angenehm. Allein der Kontrast zu der eisigen Außentemperatur läßt einem das Iglu warm erscheinen. Ekaksak und Koluk rauchen Zigaretten, nicht eine oder zwei, nein, sie rauchen sie gleich päckchenweise. Auf meinen Reisen in die Arktis habe ich noch keinen Eskimo getroffen, weder Mann noch Frau, der kein starker Raucher gewesen wäre. Tabak ist das Genußmittel Nummer 1 und ist aus dem Alltag dieser Menschen einfach nicht mehr fortzudenken. Dabei scheint es vielen von ihnen gar nicht gut zu bekommen, auch meine beiden

Freunde müssen sich zwischendurch vor Hustenreiz fast erbrechen. Jeder Mediziner würde blaß werden, wenn er den chronischen Raucherhusten eines Ekaksaks oder Koluks hören würde. Doch wie zum Trotz reduzieren sie nicht etwa ihren Zigarettenkonsum, sondern versuchen, ihre rebellierenden Atemwege durch erhöhte Nikotinzufuhr zu besänftigen. Derartige Hustenanfälle dauern mitunter Minuten und enden stets damit, daß sich der Betreffende eine neue Zigarette anzündet.

Wir essen Suppe, zu der jeder etwas beigesteuert hat. Ekaksuk schüttet einige unterschiedliche Tütensuppen in den Topf, Koluk schneidet kleine Stücke Caribou hinein und ich stifte geräucherten Schinken. Das Iglu ist von Zigarettenrauch und Wasserdampf erfüllt. Langsam und genießerisch schlürfen wir die heiße Suppe, legen uns dabei zurück und strecken unsere Glieder. Die beiden unterhalten sich unentwegt auf Inuktitut. Ich will mich nicht aufdrängen, sie sollen keine Rücksicht auf mich nehmen, sondern sich so verhalten, wie sie es täten, wenn ich nicht dabei wäre.

Ekaksak spricht sehr gut Englisch, Koluk hingegen fast kein Wort. Ich fühle mich wohl und ausgeglichen. Keiner brät mir eine Extrawurst, ich bin einfach mit dabei. So wünsche ich mir das Leben, ohne fragwürdige Schnörkel und Verzierungen, ohne überflüssige Artigkeiten, das Dasein ist intensiv und hautnah. Ich bin müde, lege mich in den Schlafsack und schlafe sofort ein.

Ich werde durch heftiges Topfgeklapper geweckt. Ekaksak hat bereits den Kocher wieder zum Leben erweckt und Schnee für den Tee geschmolzen. Noch im Schlafsack liegend trinke ich den süßen, heißen Tee. Gibt es etwas Besseres? Wir essen ein bißchen gefrorenes Brot, ziehen unsere warme Kleidung an und kriechen schließlich durch den Eingang ins Freie. Die eisige Luft kratzt im Hals und in der Nase. Wir fangen sofort an, die Schlitten zu beladen, um uns zu bewegen. Zuerst die schweren, sperrigen Gegenstände, danach unsere Schlaffelle und schließlich das Seil zum Festzurren. Knappe, zugerufene Sätze, für mich ein kurzes »Take care« und auf geht die Fahrt, die unvermeidliche Zigarette dabei im Mundwinkel.

Die Tage vergehen, unser Speiseplan ist durch frisches Cariboufleisch, welches meine beiden Freunde auf der Young-Insel erbeutet haben, bereichert worden. Die Eskimos lieben rohes Fleisch und auch ich esse es gern und ohne jeglichen Widerwillen. Einem Weißen traut man derartiges offenbar nicht zu, denn anfangs rät mir Ekaksak, meinen Teil doch zu kochen. Erst als ich mir aus dem frisch geschossenen und noch warmen Tier ein großes Stück Fleisch schneide und es, ohne zu zögern, nach Eskimoart verzehre, schenken sie mir Glauben. Ich merke, daß eine weitere Barriere zwischen uns gefallen ist.

Wir fahren gerade an der Küste der Russel Insel entlang, als Ekaksak das Gespann plötzlich zum Stehen bringt und mit einem Satz auf eine kleine Erhebung springt. Direkt vor ihm zeichnen sich klar und deutlich die mächtigen Prankenabdrücke eines Eisbären ab. Er gibt Koluk, der hinter uns herkommt, aufgeregt einige Zeichen und sucht dann mit geschultem Auge die Umgebung ab. Der Abdruck ist ganz frisch, der Bär müßte also noch in der Nähe sein. Wie eine Schnur zieht sich die Fährte durch die Schneelandschaft und ist relativ leicht zu verfolgen. Die Fahrt ist geradezu wahnwitzig. Ekaksak rast ohne Rücksicht auf Verluste durch die Eispressungen und schon nach wenigen Minuten sehen wir Nanuk, den Bären, in der Ferne stehen. Das beklemmende Gefühl in meiner Brust wird verstärkt. Der Bär bleibt stehen und sieht gelassen zu, wie wir uns nähern. Das Tier hat offenbar überhaupt keine Furcht, warum auch? Daß wir Schußwaffen haben, kann ein Tier schließlich nicht wissen, und ansonsten kennt es, zumindestens auf dem Land, keine natürlichen Feinde.

Die Begegnung mit dem Eisbären gehört sicher mit zu den erregendsten Erlebnissen, mit denen der Mensch in der Arktis konfrontiert werden kann.

Ich mache Fotos – und komme mir immer mieser vor! Wir sind etwa zwanzig Meter von dem Tier entfernt. Ängstlich blicke ich auf die beiden Jäger, aber sie lassen mir Zeit. Die Beute scheint ihnen sicher. Langsam, majestätisch, bewegt sich der Bär auf uns zu. Fast vergesse ich das Fotografieren. Er ist das größte Landraubtier, das wir auf Erden haben. Sein Gewicht kann bis zu sechzehn Zentner erreichen, und er wird nicht selten über drei Meter lang. Im Gegensatz zu anderen Bären ernährt sich der Eisbär fast ausschließlich von Fleisch, verschmäht aber auch Aas nicht. Den einzigen natürlichen Feind, den er eventuell zu fürchten hat, ist der Schwert- oder Killerwal. Da Bären sich häufig im Wasser aufhalten und dabei erstaunliche Strecken zurücklegen können, ist dies neben dem Menschen die einzige ernstzunehmende Gefahrenquelle für ihn. Eisbären haben sogar noch andeutungsweise Schwimmhäute zwischen den Zehen, ein weiteres Merkmal ihrer ausgezeichneten Anpassung an die Gegebenheiten. Respekt dürfte ihm vielleicht noch ein aufgebrachter Walroßbulle abnötigen. Diese Tiere, die bis zu 1,4 Tonnen wiegen können, sind in ihrer Wut furchtbare Gegner und nehmen in Einzelfällen sogar den Kampf mit dem Bären auf.

Interessant ist, daß die neugeborenen Bären völlig hilflos und nicht viel größer als Meerschweinchen sind. Sie bleiben lange Zeit bei der Mutter, die sich rührend um ihre Zöglinge kümmert und alle Eindringlinge – selbst den Vater der Kinder – verjagt. Es gibt wohl auf Erden kaum ein gefährlicheres Tier als eine in Sorge um ihre Kinder aufgebrachte Eisbärin.

Unser Bär scheint männlichen Geschlechts zu sein. Der langgestreckte Kopf, die muskulösen Schulterpartien geben ihm etwas Katzenartiges. Ich bin fasziniert. Der Knall des Schußes reißt mich brutal in die Wirklichkeit zurück. Der Bär erstarrt für den Bruchteil einer Sekunde und galoppiert dann mit einer Geschwindigkeit davon, wie ich sie ihm niemals zugetraut hätte. Koluk und Ekaksak springen auf ihre Ski doos. Ich habe Mühe, noch rechtzeitig den einen Schlitten zu erreichen und werfe mich einfach rittlings über den mir am nächsten stehenden. Erst jetzt bemerke ich eine ständig größer werdende Blutspur im Schnee. Koluk hat nicht gefehlt, wie ich es schon fast gehofft hatte. Der weitere Verlauf der Jagd liest sich in meinem Tagebuch wie folgt:

»Ich bin betroffen, das Tier ist nur verwundet und läuft jetzt um sein Leben. Obwohl die Verwundung ziemlich schwer zu sein scheint, läuft er noch ca. drei Kilometer, bevor er merklich langsamer wird. Noch einige Minuten, und wir haben ihn eingeholt. Nanuk versucht jetzt, nicht mehr zu fliehen. Aus seiner Seite tropft Blut in den Schnee und bildet dort einen fast unwirklichen Kontrast. Er torkelt einige Schritte, bleibt stehen. Koluk hebt das Gewehr und schießt noch einmal. Wie vom Blitz getroffen knickt der Bär in den Vorderbeinen ein, rollt auf die Seite und blickt, sein nahes Ende fühlend, seine Peiniger ein letztes Mal an. Dann stirbt er.

Ich bin weder sentimental noch überempfindlich, habe auch selbst schon Tiere getötet und trotzdem kann ich mich eines gewissen Grauens nicht entziehen. Die Eskimos nähern sich vorsichtig dem Kadaver und stoßen ihn ein paarmal mit dem Gewehr an, um sicher zu sein, daß auch wirklich kein Leben mehr in dem Tier ist.

Doch dieser Bär rührt sich nicht mehr. Sofort beginnen sie mit dem Häuten. Die Zeit drängt, da das gefrorene Tier nicht mehr zu häuten ist.

Ich habe irgendwie Skrupel zu fotografieren, tue es aber dennoch, um diese Situation später dokumentieren zu können. Das Abziehen des Felles dauert ungefähr ein bis zwei Stunden. Die Decke wird zusammengefaltet, auf den Schlitten gelegt, die beiden Schinken werden herausgetrennt, der ebenfalls abgezogene Schädel gleich am Hals mit einer Säge abgesägt und dann, gleich einer makabren Gallionsfigur, vorn auf den Schlitten geladen. Der Rest, ein nackter formloser Kadaver, bleibt in einem Wust von Därmen, Blut und Fleischfetzen auf der Eisbank zurück.

Lebend ist der Bär ein begeisternder Anblick, nackt und tot hingegen ein erbärmlicher.

Wahrhaftig, ein unwürdiges Ende für den König der Arktis!

Der König der Arktis ist tot! Ohne Furcht, ruhig und majestätisch hat sich der Eisbär den Menschen entgegengestellt. Es gab keinen Kampf. Ein Schuß hat dieses größte Landraubtier von 3 m Schulterhöhe exekutiert, wie den schlimmsten Verbrecher.

75

Galt die Jagd auf Eisbären früher der Fleischversorgung der Eskimos, so werden sie heute nur noch des Felles wegen verfolgt. Dabei ist der Bestand jedoch nicht gefährdet, da ein aufwendiges staatliches System die Abschußquoten überwacht. Nach dem Abschuß muß das Tier eiligst enthäutet werden, bevor der Kadaver gefriert.

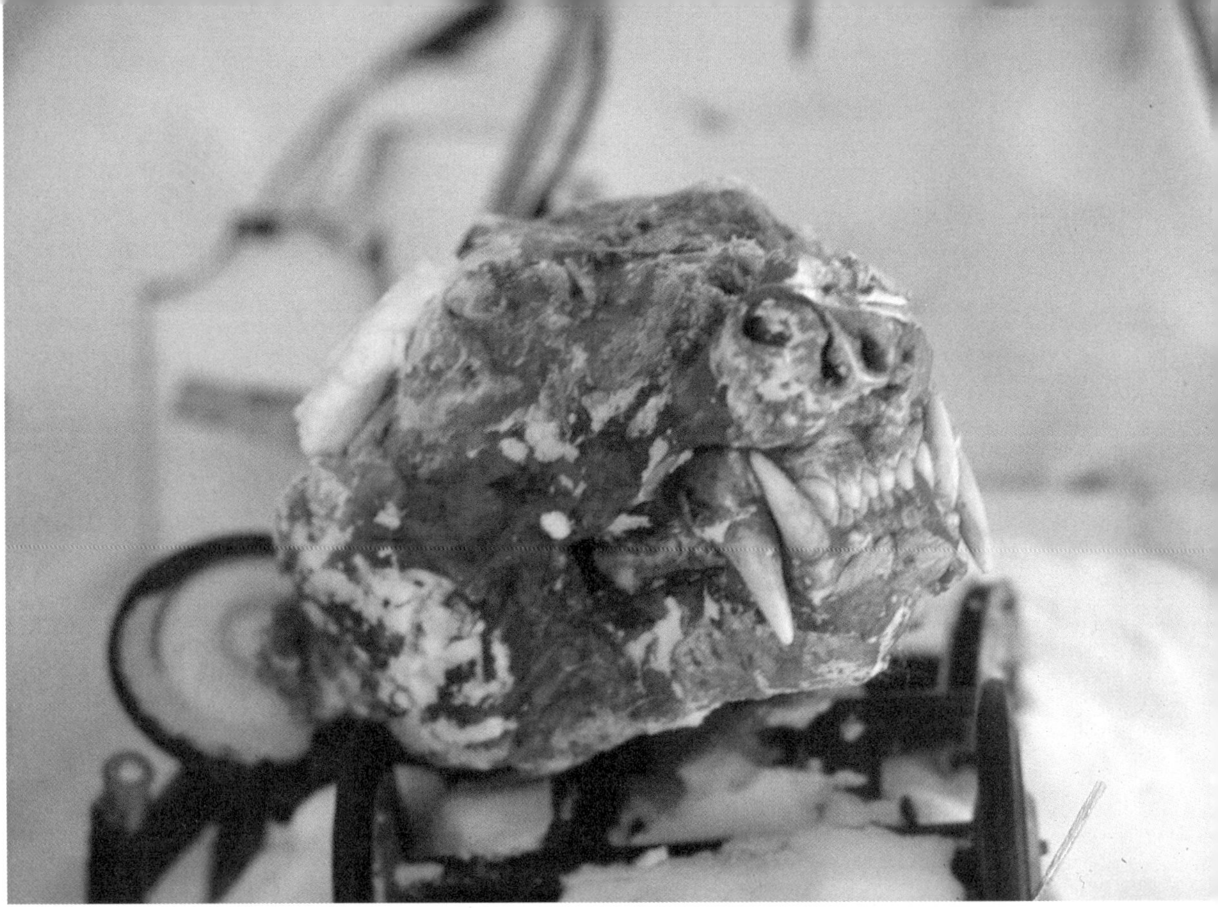

Zur Altersbestimmung und als Trophäe geht der abgezogene Schädel mit in das Eskimodorf, außerdem Teile des Schinkens und natürlich das Fell, das vor der Hütte auf einen Rahmen gespannt, präpariert und später für gutes Geld in den Süden verkauft wird. Mit dem Monopol der Bärenjagd haben sich die Eskimos zwar eine Wirtschaftsgrundlage erhalten, sind jedoch vom Selbstversorger zum Lieferanten geworden.

78

Im Iglu

Eine zunehmende Rauchentwicklung bei den Abgasen des Ski doo läßt mich ins Grübeln geraten. Schon seit geraumer Zeit habe ich einen Leistungsabfall der Maschine bemerkt, die einen immer asthmatischeren Eindruck macht. Auch Ekaksak scheint ein wenig beunruhigt. Er hält jedoch nicht an, sondern fährt, bis wir nur noch im Schneckentempo über das Eis kriechen. Bei jeder kleinen Unebenheit steigen wir ab und helfen mit Schieben nach. Zum Schluß schieben wir nur noch, der Motorschlitten hat seinen Geist aufgegeben. Koluk kommt herangefahren. Die beiden beraten, was jetzt zu tun ist. Es ist bereits später Nachmittag. Eigentlich hatten wir gerechnet, in zwei Tagen wieder in Resolute zu sein, doch mit einem defekten Ski doo ist der Zeitplan in weite Ferne gerückt.

Die unvermeidliche Zigarette wird angesteckt. Sie scheinen nicht weiter beunruhigt zu sein, jedenfalls lachen sie ganz vergnügt. Ekaksak klärt mich bereitwillig auf und verrät mir ganz beiläufig: »The engine is broken!«

Ich sehe ihn etwas verwirrt an, denn daß die Maschine kaputt ist, habe ich nun schließlich auch schon mitbekommen. Für heute sei es nun aber sowieso schon zu spät, wir werden also an dem Ort bleiben, um zu übernachten. Ein Eskimo kennt weder Streß noch Hektik. Morgen ist ja auch noch ein Tag, für heute ist genug getan.

Wir beginnen ein Iglu zu bauen, ein größeres als gewöhnlich, da dort drinnen morgen die Reparatur stattfinden soll, wie Ekaksak mir erklärt. Meine Position hat sich während der letzten Tage gefestigt. Es hat keiner mehr Einwände dagegen, wenn ich beim Iglubau mit Hand anlege. Koluk stapft, eine Säge in der Hand, durch den Schnee. Ab und zu kniet er nieder, stößt die Säge in den Schnee, um diesen dann mit schnellen Bewegungen zu zerteilen. Unzufrieden steht er jedesmal wieder auf und geht weiter zu einer anderen Stelle, um dort von neuem zu beginnen. Dieser Vorgang dient der Suche nach dem geeigneten Schnee für das Iglu. Die Wahl muß sehr sorgfältig und mit der entsprechenden Sachkenntnis getroffen werden. Der Schnee muß möglichst hart und fest sein. Dagegen finden Eisblöcke, wie oftmals fälschlich angenommen wird, beim Iglu keine Verwendung. Die Stabilität des Schnees ist entscheidend für einen erfolgreichen Versuch. Trifft man die falsche Wahl, wird das Gebäude niemals halten. Endlich zufrieden mit dem, was er gefunden hat, beginnt Koluk etwa 80 Zentimeter lange und 15 Zentimeter breite Blöcke aus dem Schnee zu sägen. Die so im Schnee entstehende Aushöhlung wird später in den Wohnraum des Iglu mit einbezogen. Während Koluk sägt, hebe ich die zum Teil recht schweren Blöcke auf und reiche sie Ekaksak, der sofort mit der

DER BAU EINES IGLU

Schneehaus – konstruiert nach traditioneller Eskimomethode – Gebrauch von Schneeblöcken

1. GRUNDRISS   A Schlafplatz
                       B Vorratsplatz
                       C Eingang

2. SCHNITT

3. SCHNEEBLOCK

Dimension: Länge ca. 80 cm
                Höhe ca. 40 cm
                Breite ca. 15 cm

4. Erste Reihe vollendet, geschnitten zu einer spiralförmigen Rampe

5. Zweite Reihe zeigt den spiralförmigen Verlauf der Schneeblöcke

6. Fast vollendet, die Eingangstür wird rechts gezeigt

7. Einfügen des letzten Schneeblocks in die Mitte der Dachkuppel

Maurerarbeit beginnt. Zunächst werden Schneeblöcke zu einem Kreis aneinandergereiht. Dies ist die erste und einfachste Phase. Danach nimmt er ein Schneemesser und flacht diesen ersten Ring derart ab, daß sich eine Art spiralförmige Rampe ergibt. Die Steigung dieser Rampe ist nun von großer Bedeutung. Wählt man eine falsche Steigung, stürzen später die einzelnen Blöcke entweder zusammen oder aber man mauert und mauert und findet keine Möglichkeit, die Kuppel zu schließen. Auf dieser Rampe werden dann die weiteren Schneeblöcke aneinandergefügt. Auf diese Weise ergibt sich eine Spirale, die sich nach oben hin langsam schließt. Zu beachten ist dabei noch – dies ist eine weitere Schwierigkeit –, daß die einzelnen Blöcke nach innen geneigt sind. Diese Maßnahme ist erforderlich, damit sich die Kuppel überhaupt schließen kann. Man kann sich leicht vorstellen, daß ein derartiges Gebilde anfangs sehr zerbrechlich sein muß. Die schräg zusammengestellten Schneeblöcke sind sehr instabil und fallen bei der leichtesten Berührung herunter. Damit einigermaßen ein Zusammenhalt gewährleistet ist, fährt der »Maurer« vorsichtig mit dem Schneemesser zwischen den einzelnen Blöcken hindurch, um so die Grate und Ecken abzuflachen und Nahtstellen anzugleichen.

Langsam, aber sicher – die Bauzeit richtet sich nach der Größe des Iglu – mauert sich Ekaksak ein. Längst hat Koluk mit dem Sägen aufgehört, wir haben genug Schneeblöcke zur Verfügung. Bevor die Außenwand zu hoch gemauert und somit Ekaksak unserer Reichweite entwachsen ist, reichen Koluk und ich ihm noch eine Anzahl von Blöcken in das Innere des nunmehr halb fertigen Gebäudes und harren der Dinge. Mit schnellen, geschickten Bewegungen schließt Ekaksak langsam die Kuppel. Der letzte Schneeblock wird genau in die Mitte der Dachkuppel eingefügt, ein abschließendes, schwieriges Unterfangen. Nachdem auch

diese Handlung erfolgreich abgeschlossen wurde, ist das Iglu zumindest im Rohbau fertig. Ekaksak, der sich ja eingemauert hat, schneidet von innen nach außen einen Eingang in das Iglu, und gemeinsam beginnen wir dann mit dem Verputzen. Die Ecken der grob zusammengefügten Blöcke werden mit dem Messer abgeflacht und die Ritzen mit losem Schnee verstopft. Unser Domizil ist nach anderthalb Stunden Bauzeit fertig! Es bleibt jetzt jedem überlassen, sich einen Tunnel vor den Eingang zu bauen. Der hat den Vorteil, daß man eine Luftschleuse erhält. Es ist allerdings auch ein bißchen unbequem, jedesmal durch diesen Tunnel zu robben, so daß wir meistens darauf verzichtet haben. Als nächster Schritt erfolgt die Einrichtung. Zunächst werden die restlichen Schneeblöcke aus dem Inneren herausbefördert. Danach kann man sich Absätze und Schneebänke zum Schlafen herausschneiden. Eine Kochnische wird eingerichtet, ungegerbte Cariboufelle als Schlaf- und Wohnunterlage ausgebreitet und schließlich, nachdem alle benötigten Utensilien im Inneren sind, der Eingang mit einem großen Schneeblock verschlossen. In die Kuppel wird alsdann ein kleines Abzugsloch geschnitten, damit ein Luftaustausch stattfinden kann. Ist der Eingang erst einmal verschlossen, geht keiner mehr nach draußen. Gierig versucht man, jegliche Wärme zu speichern und nicht etwa durch das erneute Öffnen des Eingangs zu verlieren. Die übliche Prozedur des Kochens, Rauchens und des Reinigens der Kleidungsstücke läuft ab. Die Gewehre hat man zuvor vorsichtshalber draußen rundherum um das Iglu gestellt, damit im Falle einer Eisbärenattacke zumindest eine Waffe griffbereit ist. In diesem Fall wird die Wand einfach durchgestoßen und das Gewehr herangeholt. Im Iglu bestünde die Gefahr, daß die Waffe vereisen würde.

Wie üblich bleiben wir noch lange auf, reden und trinken Unmengen von Tee. Ekaksak will morgen den Tag dazu verwenden, sein Ski doo zu reparieren. Ich bin gespannt, wie das wohl ablaufen wird. Und noch während ich versuche, mir die Prozedur vorzustellen, schlafe ich ein.

Die beiden sind schon wieder vor mir wach. Das Frühstück besteht aus Tee und gefrorenem Fleisch, danach wird der Eingang aufgestoßen und sofort mit der Demontage des Motorschlittens begonnen. Es ist natürlich kalt, die Sicht ist schlecht und es weht ein kalter Wind. Stunden vergehen. Die Motorhaube liegt im Schnee, Keilriemen, Verkleidungen und sonstige Teile fliegen hinterher und schließlich hebt Ekaksak, vorsichtig, als handele es sich um ein rohes Ei, den Motor aus der Halterung. Ausgebaut wäre er somit, doch wie geht es weiter? Mit teilweise bloßen Händen hantiert er an den Teilen, obwohl ein Gebot der Arktis lautet, niemals Metall mit bloßen Händen anzufassen – zumindest gilt dies für Weiße – und schleppt schließlich die defekte Maschine in das Iglu, wo er sich dann sofort daran macht, den Motor in seine einzelnen Bestandteile zu zerlegen. Meine Unruhe steigt, wird das Ding wohl jemals wieder funktionieren? Ekaksak ist erhaben über derartige unqualifizierte Bemerkungen. Koluk hat es derweil vorgezogen, nach Seehunden Ausschau zu halten. Die Reparatur nimmt den ganzen Tag in Anspruch, doch am Abend läuft der Motor tatsächlich wieder.

Obwohl keine originalen Ersatzteile vorhanden waren. Durch Geschick und Improvisationsgabe hat Ekaksak es verstanden, den morbiden Motor wieder zum Leben zu erwecken. Ich drücke ihm unverblümt meine Hochachtung aus. Die Reparatur unter den primitiven Verhältnissen, dazu noch bei den Minusgraden durchzuführen, ist schon eine außergewöhnliche Leistung.

Für ihn stellt ein derartiges Unterfangen hingegen keine Besonderheit dar, hat er doch schon oft genug ähnliche Arbeiten durchführen müssen.

So ganz zufrieden ist er mit der Arbeit hingegen nicht, wie er mir erzählt. Wir haben noch einen weiten Weg vor uns, und der technische Eingriff war nur eine Behelfsmaßnahme gewesen. Und tatsächlich, am nächsten Tag dasselbe Maleur – Qualmen, Leistungsverlust, Iglubau, Demontage . . .

Man möge mir nachsehen, daß ich diese Wiederholung großzügig übergehe.

Einige zusätzliche kleinere Defekte an Koluks Ski doo lassen mich schließlich zu der Gewißheit kommen, daß es diese Probleme mit Hunden sicherlich nicht gegeben hätte.

Wie sagte doch Knud Rasmussen so schön?

Gebt mir Winter –

Gebt mir Hunde –

und alles andere könnt ihr behalten!

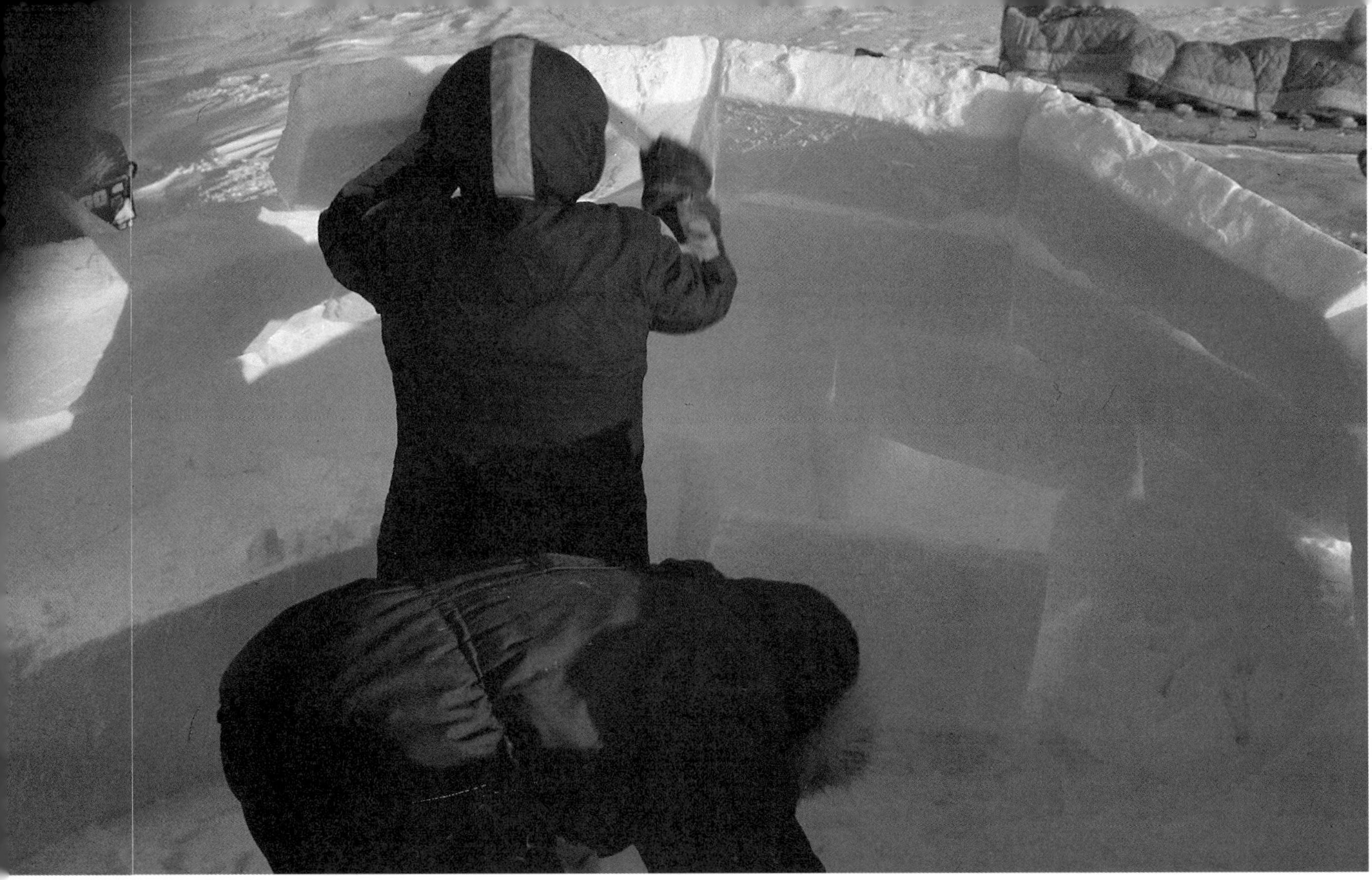

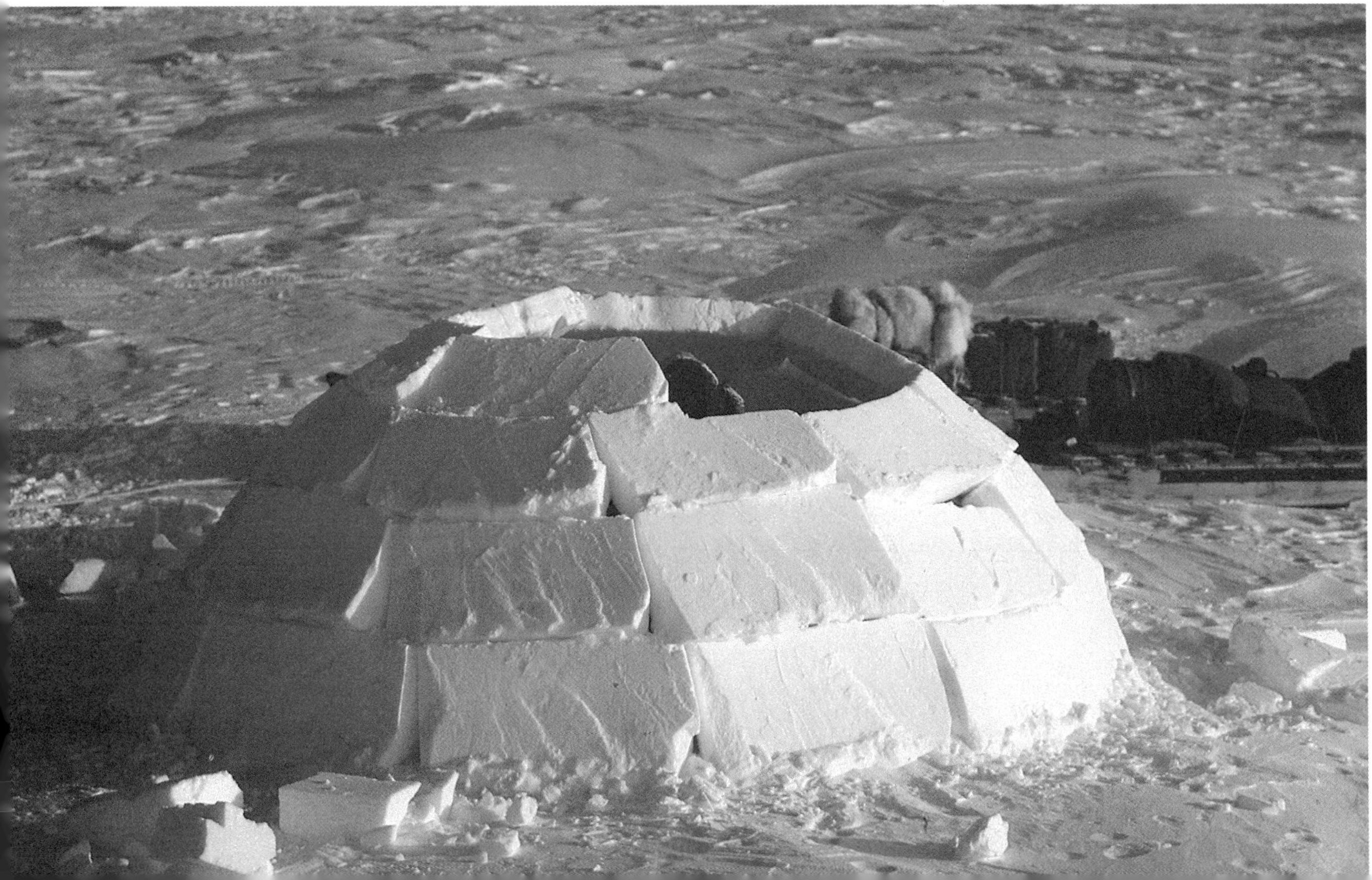
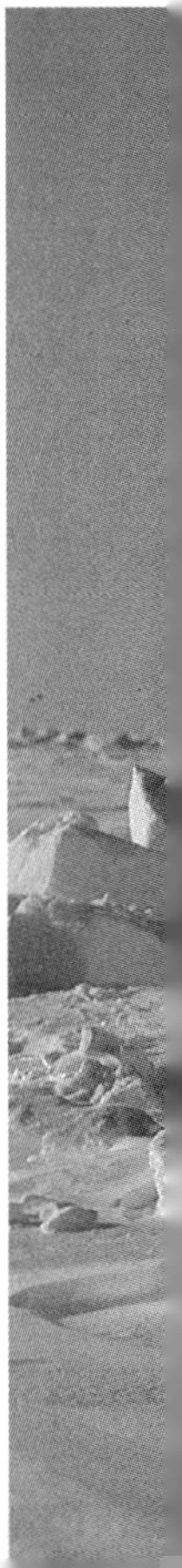

Der Bau des traditionellen Schneehauses der Eskimos, des Iglus, wird auch heute noch vielfach geübt, um Unterkünfte bei längerdauernden Jagdausflügen schnell herzustellen oder Wettereinbrüchen zu begegnen. In ein bis zwei Stunden kann ein solches Haus erbaut sein. Fachgerecht errichtet, bietet es Schutz auch vor großen Stürmen.

85

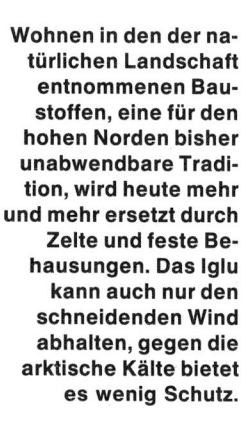

Wohnen in den der natürlichen Landschaft entnommenen Baustoffen, eine für den hohen Norden bisher unabwendbare Tradition, wird heute mehr und mehr ersetzt durch Zelte und feste Behausungen. Das Iglu kann auch nur den schneidenden Wind abhalten, gegen die arktische Kälte bietet es wenig Schutz.

86

Ich komme wieder

Die Tage und Wochen vergehen wie im Flug. Es ist eine Veränderung mit der Arktis vorgegangen. Stand bei meiner Ankunft die Sonne nur für einige Stunden am Himmel, so scheint sie jetzt ununterbrochen für 24 Stunden. Wir schreiben inzwischen den 1. Mai. Die Temperatur, das Klima ist merklich milder geworden. An den Hausdächern bilden sich lange, tropfende Eiszapfen. Um die Mittagszeit kann man sich schon längere Zeit ohne dicke Daunenjacken im Freien aufhalten. Sogar einige Vögel haben bereits den Weg in ihre Sommerresidenz gefunden. Es läßt sich nicht verleugnen, der Frühling kommt mit Macht.

Die Stimmung erinnert ein wenig an Wintersport. Der ernste Charakter ist einer milderen Stimmung gewichen, und doch darf man sich nicht täuschen lassen. Das Wetter kann jederzeit plötzlich umschlagen und mit grimmiger Gewalt alles Leben in eine vorübergehende Lähmung versetzen. Selbst in den Sommermonaten Juli und August kann es zu Schneefall und Frost kommen, doch scheint jetzt die Zeit der größten Kälte vorbei zu sein.

Durch den ständigen Sonnenschein verlieren die Menschen den normalen Tagesrhythmus, der durch Tag und Nacht bestimmt wird. Der Mensch schläft weniger. Man kann Kinder beobachten, die nachts um zwei Uhr auf der Straße spielen, natürlich bei hellstem Tageslicht. Die erste Hälfte des Vormittags wird von den Eskimos vielfach verschlafen, kein Wunder, denn sie sind ja auch erst nach Mitternacht ins Bett gegangen. Nicht selten kommt es daher vor, daß Kinder in der Schule einschlafen oder aber einfach gar nicht erst zum Unterricht erscheinen.

Über solche kleinen Unregelmäßigkeiten sieht man großzügig hinweg, denn Schulunterricht bedeutet für diese Region der Erde noch eine relativ junge Errungenschaft.

In ca. zwei Monaten wird das Eis auf dem Meer aufbrechen und fortgetragen werden – vorausgesetzt, der Wind ist günstig. Manchmal bleibt das Eis auch den ganzen Sommer über in der Bucht von Resolute Bay.

Auf dem Eis sieht man Robben, die sich sonnen, der Moschus-Ochse stößt seine dichte Wolle ab, die ihn während der kalten Monate zusätzlich zum zottigen Fell vor Kälte schützt, und die Menschen unternehmen Picknicks und fahren zum Eisfischen auf zugefrorene Seen. Selten habe ich die Annäherung des Frühlings so intensiv erlebt wie in der Arktis. Auch wenn sich der Frühling nicht durch ein wogendes Blütenmeer ankündigt, der Kontrast zu den kalten, alles durchdringenden Wintermonaten ist schlicht beeindruckend.

Gern würde ich noch länger bleiben, die Schneeschmelze erleben und weitere Eindrücke sammeln. Doch leider rückt mein Abreisetermin immer näher, und schließlich freue ich mich auch auf zu Hause. Ich glaube, daß man erst den wahren Wert eines »zu Hause« erkennt, wenn man längere Zeit gewisse Dinge entbehren mußte . . .

Obwohl ich nicht die leiseste Ahnung habe, wie ich es finanzieren soll, melde ich mich schon jetzt für das nächste Jahr bei Terry und Basel an. Ich habe neue Pläne, die ich realisieren möchte. Deshalb lasse ich einen kleinen Teil meiner Ausrüstung gleich hier, damit spare ich die teure Fracht.

Die letzten Tage verbringe ich damit, mich von den Leuten, die ich während der vergangenen Wochen und Monate kennengelernt habe, zu verabschieden. Dabei findet so manche kleine Feier statt. Da ist Bill Nye, Chef des kanadischen Energieerzeugungsunternehmens, der mir hilfreich unter die Arme gegriffen hat. Ich lerne Laurie Dexter kennen, einen Pastor, der im nächsten Jahr zusammen mit drei Freunden den Pol auf Skiern erreichen will. Übrigens sollte auch diese Unternehmung von ähnlichem Pech verfolgt sein wie die meinige.

Ich verabschiede mich von Bill Watts, dem Agenten von Nordair, der sogar noch einige Tage vor mir in den Süden fliegt. Mir wird es erst jetzt richtig bewußt, daß ich doch eine Menge neuer Freunde dazugewonnen habe, allen voran natürlich Terry und Basel.

Die Verabschiedung ist herzlich. Der Flughafen ist, wie bei Eintreffen oder Abflug einer Maschine üblich, brechend voll. Ich steige mit dem festen Bewußtsein in das Flugzeug, bald wieder hier zu sein. Letzte Händedrücke, Resolute liegt unter mir. Wir fliegen über den Wolken, ich bestelle mir einen Whiskey – ich weiß nicht warum, aber immer, wenn ich fliege, habe ich das Bedürfnis, einen Whiskey trinken zu müssen – und gleite mit Jetgeschwindigkeit in eine andere Welt.

Farbteil: Querschnitt der Reisen in der Arktis.
Was sich wie ein Ausflug aus einer zivilisationsübersättigten Welt darstellt, ist die Erarbeitung ursprünglicher Lebens- und Überlebensformen in einer uns meist fremd gewordenen Umwelt. Ganz auf sich gestellt, werden sich nur wenige technische und organisatorische Unterstützung für eine extreme Expedition sichern können, vielmehr kommt es auf den Pioniergeist des einzelnen und die Bereitschaft an, mit ganzem Einsatz und vollem Risiko den Weg zu beschreiten. Die technischen Hilfsmittel können dabei bescheiden sein.

Von den Bewohnern lernen. Mit dem Hundeschlitten unterwegs, gibt es genügend Anschauungsstoff, wie die Menschen an lebensfeindlichen Orten bestehen. Haustiere sind traditionell die Verbündeten der Menschen, mit denen Nahrungsmittel erjagt oder die selber als Nahrung für den Menschen herhalten müssen. Nur extrem widerstandsfähige Hunderassen, die Huskies, haben sich für ein Leben in ewigem Eis bewährt.

91

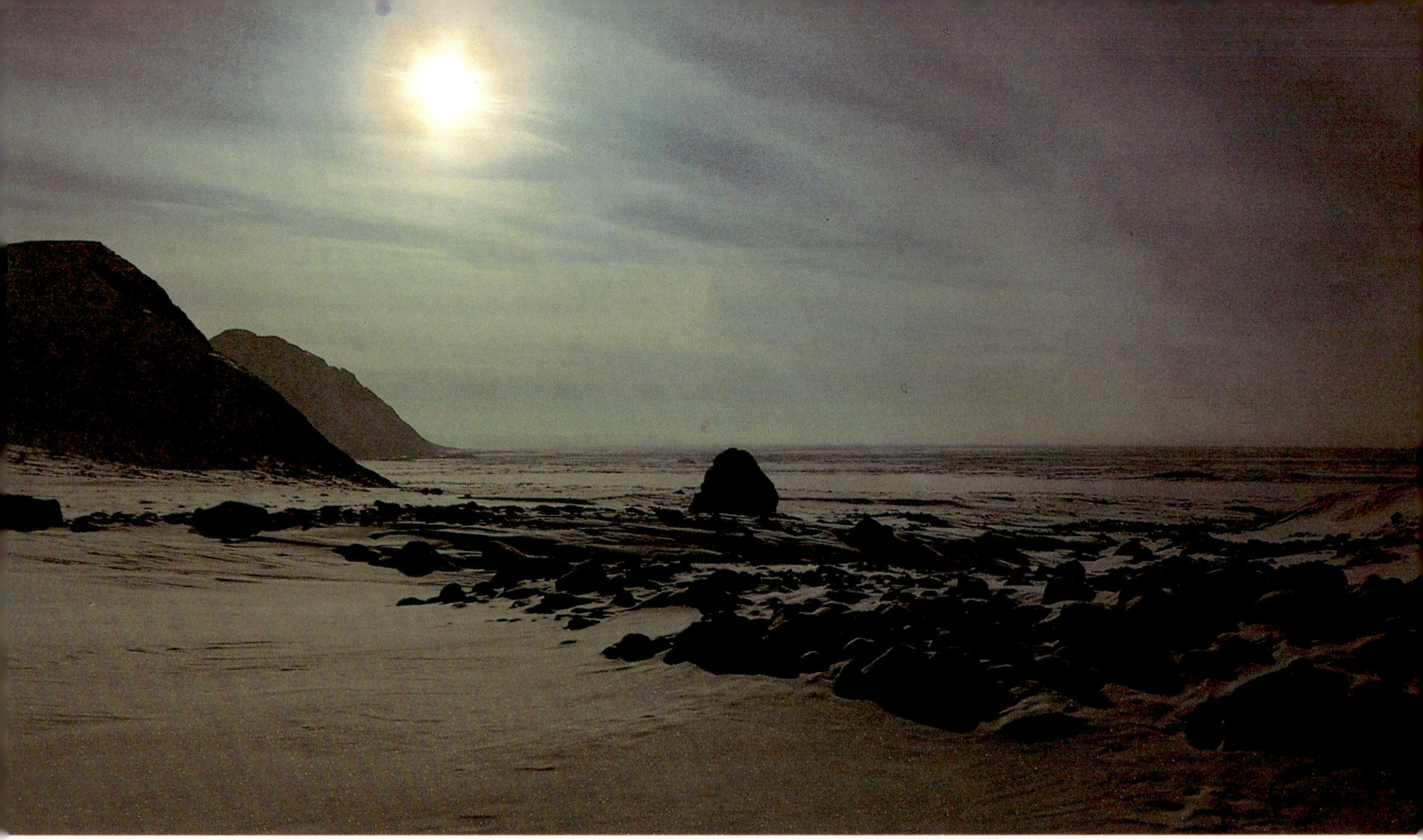

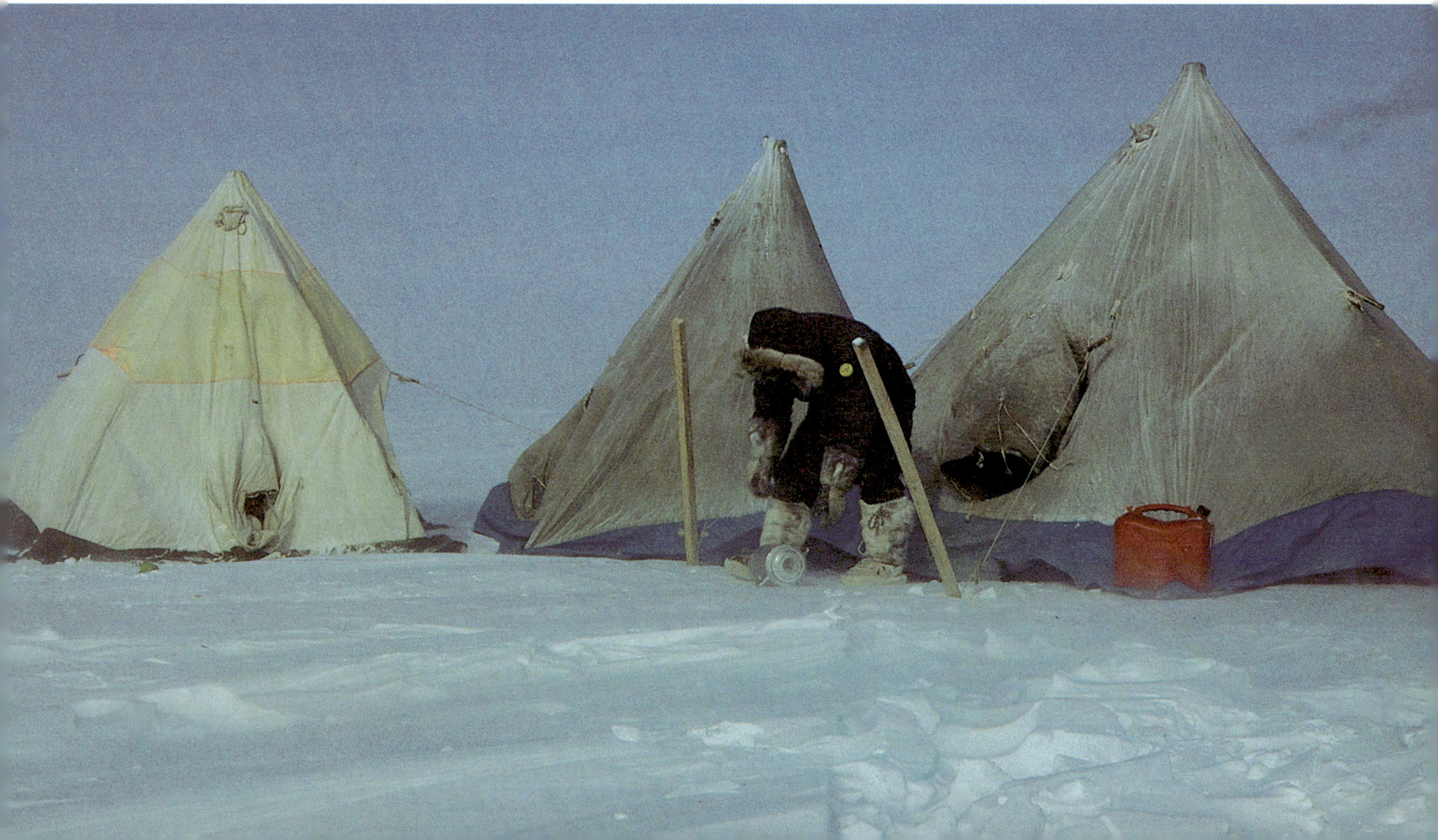

Dem extremen Klima hat der Mensch nur bescheidene Mittel entgegenzusetzen. Linke Seite unten ein Lager der Eskimos. Zelte als vorübergehende Behausung, z. B. während der Jagd, ersetzen auch bei den Eskimos immer mehr das Iglu. Ein Nachteil ist der notwendige Transport der Zeltbahnen.

93

Einige Tiere, die sich besonders gut dem Klima angepaßt haben: Oben Moschus-Ochsen, die jedoch nicht mit dem Rind, sondern eher mit Schafen und Ziegen verwandt sind. Unten links ein Polarfuchs, der in eine Eskimo-Falle geraten ist. Mitte das Schneehuhn, das, je nach Jahreszeit, eine dem Untergrund ähnliche weiße oder dunkle Färbung einnimmt. Rechts der Eisbär.

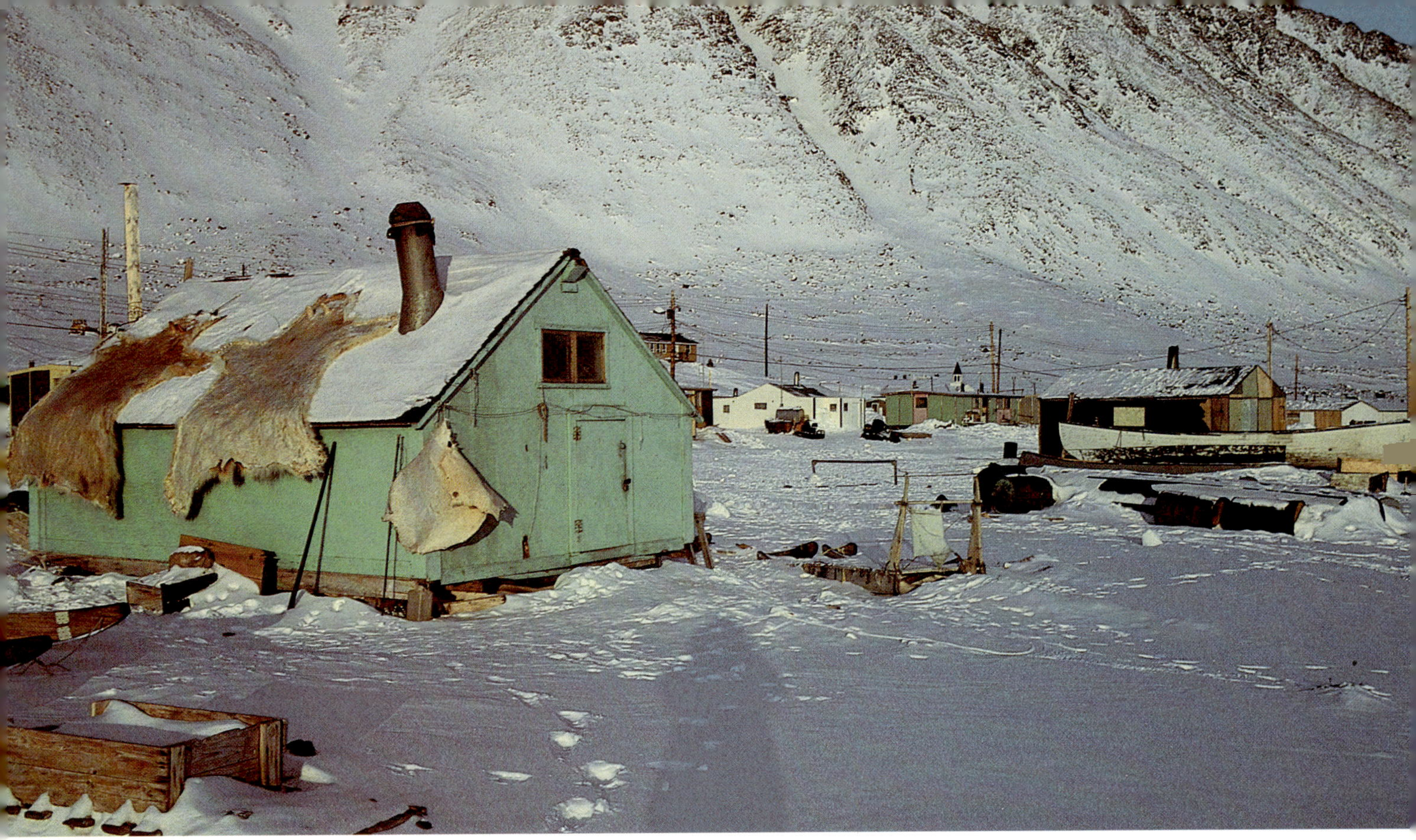

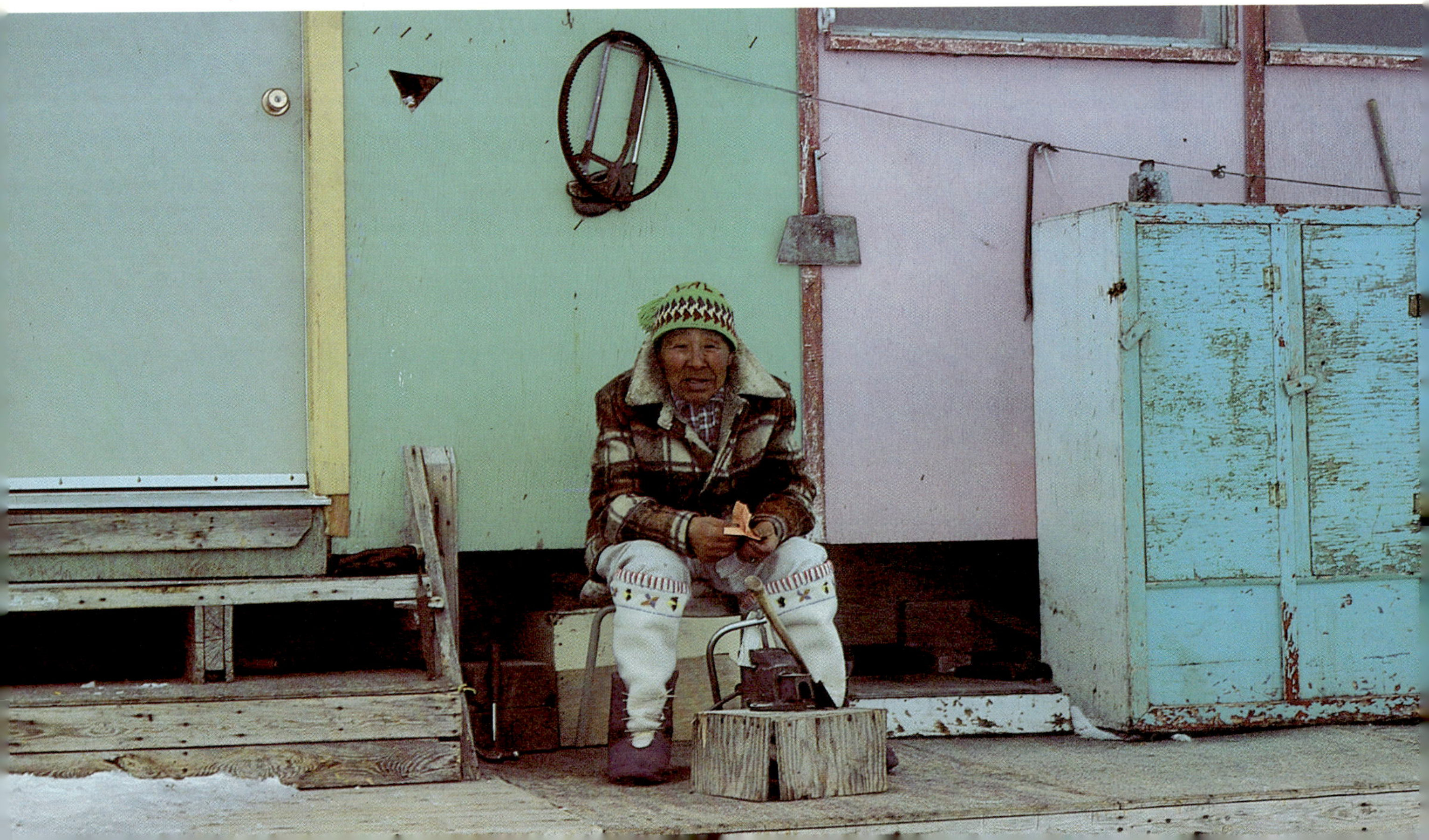

Arktis 1981

Wieder stehe ich auf dem Flughafen von Resolute Bay und atme die eisige Luft ein. Sie beißt in der Nase. Schlagartig werden meine Hände kalt. die anderen Fluggäste drängen an mir vorbei, um in das warme Flughafengebäude zu kommen. Alles ist mir vertraut. Iwan, der uniformierte Sicherheitsbeamte, steht wie üblich am Türeingang und mustert jeden mit strengem Blick, Eskimos drücken ihre Nasen an der beschlagenen Scheibe platt, um genau zu sehen, wer wohl angekommen ist, und schließlich erkenne ich auch Terry und Basel, die mir schon von weitem zuwinken. Ist es wirklich schon fast ein Jahr her, daß ich hier abgereist bin? Die ganze Zeitspanne, die zwischen Abflug und Ankunft liegt, ist mit einem Mal ausgelöscht. Es kommt mir vor, als wenn ich nur für einen Tag fortgewesen wäre. Ich gehe ins Flughafengebäude, alte Bekannte schütteln mir die Hand, nicken mir zu. Ich bin kein Fremder mehr, alles erscheint mir hier vertraut. Es herrscht das obligatorische Gedränge, man muß sich mühsam den Weg bahnen. Schließlich habe ich es geschafft, stehe Terry und Basel gegenüber. Wir umarmen uns, froh darüber, uns wiederzusehen. Terry stellt mich Saotome vor, einem Japaner, der im Auftrag einer japanischen Fernsehgesellschaft einen Film über die Arktis dreht. Wir verlassen das Flughafengebäude und gehen zu Basel's Truck, der mit laufendem Motor vor der Tür steht. Die Fahrzeugmotoren läßt man in der Arktis ständig laufen, aus Angst davor, daß sie innerhalb kurzer Zeit einfrieren könnten. Damit die Maschinen nun nicht auch noch während der Nacht laufen müssen, hat man eine elektrische Heizung für Batterie, Ölwanne und Kühlwasser eingebaut, die über eine Außensteckdose betrieben wird.

Wir fahren kurz zum Lagerschuppen, wo das Frachtgut aufbewahrt wird. Unter einem Berg von Kisten und Paketen finde ich schließlich meine Ausrüstungsgegenstände heraus und werfe sie auf die Ladefläche. Bei Basel angekommen, beziehe ich dasselbe Zimmer wie im letzten Jahr, es ist, als kehrte ich heim. Abends erzähle ich ausgiebig über meine geplante Tour. Ich will versuchen, allein von Resolute Bay nach Grise Fjord zu gelangen, zu dem Dorf also, das auf der nördlichsten kanadischen Insel, der Ellesmere Insel, liegt. 30 bis 40 Tage habe ich in etwa für diese Strecke geplant. Eine lange Zeit, in der ich völlig auf mich allein gestellt sein sollte.

Basel steht der Unternehmung positiv gegenüber. »Es ist sicherlich zu schaffen, wenn dir die Eisbären keinen Strich durch die Rechnung machen. Die Unternehmung ist hart und in ihrer Art sicherlich einzigartig.« Auch Saotome ist interessiert und beeindruckt von dem Vorhaben. Er

In der Eskimosiedlung Grise Fjord.

kann es sicherlich am besten beurteilen, hat er doch schon auf Skiern das grönländische Inlandeis durchquert. Wir sind uns einig, das Wetter und die Einsamkeit kann man in seine Planung einbeziehen bzw. abschätzen. Die Eisbären hingegen sind, wie die Kanadier sagen, ›unpredictable‹ – unberechenbar! Um diese Jahreszeit streifen sie über das Eis auf der Suche nach Robben. Da kann es schon sehr gut geschehen, daß sie auch den verlockenden Düften einer Packung Pemmikan oder geräuchertem Schinken aufgeschlossen gegenüberstehen und den Fall einmal untersuchen. Kaum auszudenken, was ein solcher Besuch für Konsequenzen für mich beinhalten würde.

Doch ich habe vorgesorgt und extra eine Alarmanlage für Bären entwickelt. Das Prinzip ist denkbar einfach. Eine Schnur umspannt das gesamte Lager mit einem großen Radius. Diese Schnur wird durch die Schlaufen der Skistöcke vom Boden hochgehalten, so daß ein kleiner, kaum wahrnehmbarer Zaun entsteht. An den beiden Enden ist ein Zugschalter befestigt, von dem aus wiederum ein Kabel in das Zelt zu einer Batterie und einer Klingel geht. Stößt nun jemand gegen die Schnur, gibt der Schalter Kontakt, der Stromkreis wird geschlossen und im Zelt läutet die Klingel. Einfach, aber wirksam! Durch dieses Signal werde ich selbst während der Nacht rechtzeitig gewarnt und kann Gegenmaßnahmen ergreifen.

Ich habe diese Anlage mehrfach ausprobiert und jedesmal funktionierte sie zu meiner vollen Zufriedenheit.

Reist man allein in dieser Polarregion, muß eine Schutzeinrichtung für Bären mitgeführt werden. Eisbären sind nämlich nicht nur ständig hungrig, sondern auch neugierig. Ein fremdartiger Gegenstand wie ein Zelt kann sehr leicht ihre Neugierde wecken und einen selbst in eine gefährliche Situation bringen. Und noch ein weiterer Punkt macht diese Tiere gefährlich: Um diese Jahreszeit herrscht nämlich die Brunftzeit der Bären. Besonders die männlichen Tiere sind unruhig, streifen umher und suchen eine Partnerin. Fremde Wesen und Gegenstände können sie dann sehr leicht erzürnen und ein schlecht gelaunter Bär ist so ziemlich die unangenehmste Begegnung, die ich mir vorstellen kann.

Die nächsten Tage vergehen mit fieberhaften Vorbereitungen. Ich habe mir für diese Unternehmung einen neuen Schlitten gebaut, der den Anforderungen besser gewachsen ist als mein erster. Er besteht komplett aus Eschenholz. Dieses Holz besitzt eine große Festigkeit und zugleich Elastizität, also genau die Eigenschaften, die ich benötige. Die Konstruktion ist dem sogenannten Nansen-Schlitten nachempfunden. Fridtjof Nansen hatte diesen Schlittentyp entwickelt und berühmt gemacht. Das entscheidende Merkmal dieses Schlittens ist, daß sämtliche Verbindungen nur ›zusammengeschnürt‹ sind, also nicht etwa geschraubt, genagelt oder verleimt. Diese so zusammengebundene Konstruktion liefert ein höchstes Maß an Flexibilität, was gerade für rauhes Eis von größter Wichtigkeit ist.

Sorgen bereiten mir im Moment nur die Kufen. Eine spezielle Seiden-Teflonbeschichtung erweist sich bei ersten Probeläufen als zu anfällig für das harte, rissige Eis. Der Schlitten läuft zwar sehr leicht damit, aber schon nach wenigen Kilometern hängt der Belag in Fetzen unter den Kufen. Aus Yellowknife, der Hauptstadt der Northwest Territories, lasse ich mir einen anderen, stabileren Belag zusenden. Probeläufe ergeben ein zufriedenstellendes Ergebnis.

Nach einer Woche habe ich mich gut akklimatisiert. Jeden Tag habe ich ausgedehnte Trainingsläufe unternommen, bin auf die umliegenden Berge und Hügel gestiegen und habe auch einige kleinere Skiabfahrten probiert.

Am 4. April schreibe ich in mein Tagebuch:

»Heute geht es los! Ich habe von Polar Shelf ein

Funkgerät bekommen, mit der Auflage, mich mindestens alle achtundvierzig Stunden zu melden. Das ist ja wohl durchaus akzeptabel, ich habe immerhin eine zusätzliche Sicherheit. Sollte ich mich innerhalb dieser Zeitspanne nicht melden, senden sie ein Flugzeug. Es ist jetzt genau 13 Uhr. Eben haben wir gegessen, um 14 Uhr will ich los. Der Schlitten ist bis zum Rand voll! Mit dem Funkgerät, den Kameras usw. wiegt er jetzt gut 100 Kilogramm. Heute bin ich ein wenig müde, da ich gestern erst spät ins Bett gekommen bin, aber was soll's. Ich bin noch bei der Post gewesen und habe Briefe aufgegeben. Hoffentlich bleibt das Wetter so gut!«

Um 14.30 Uhr breche ich auf. Der Schlitten ist doch noch erheblich schwerer geworden. Ich quäle mich furchtbar damit ab, komme aber trotzdem vorwärts. Das Wetter – wie sollte es auch anders sein – verschlechtert sich zusehends. Es weht und schneit ganz leicht, die Sicht ist schlecht. Zwei Hunde aus dem Dorf begleiten mich. Sie kehren erst gegen Abend wieder um. Jetzt komme ich mir ganz allein vor!

Um 19 Uhr baue ich das Zelt auf. Ich habe einige Schwierigkeiten damit, da das Material durch die große Kälte jegliche Elastizität verloren hat. Zu allem Überfluß bricht mir auch noch plötzlich eine Zeltstange. Ich kann sie zwar reparieren, aber daß so etwas gleich am Anfang passiert, kann ärgerlich sein.

Später baue ich meine Alarmanlage auf und probiere sie aus. Sie funktioniert. Beim Einsteigen in das Zelt beachte ich jedoch nicht mehr die Klingel, die direkt am Eingang liegt, und trete genau mit meinem schweren Expeditionsstiefel darauf. Ein häßliches Knacken verrät das Ende meiner Warneinrichtung. Wie kann man nur so ungeschickt sein! Das fängt ja gut an. Alle Mühe umsonst.

Ich esse nur Haselmark und trinke Tee, ich bin nicht hungrig. Es ist kalt und ich habe im Zelt kalte Füße bekommen.

Ein schöner Start!

Die Arktis lebt

Eine kleine, fast unscheinbare Unregelmäßigkeit in der sonst so ebenen Schneedecke der Talsenke zieht meine Aufmerksamkeit auf sich. Ich schaue genauer hin, und richtig, dort bewegt sich etwas. Ein Blick durch das Fernglas verschafft mir dann endgültige Gewißheit. Dort sitzt ein Polarfuchs im Schnee. Ohne hastige Bewegungen zu machen, packe ich meine Kamera aus und schleiche mich näher heran. Merkwürdig, diese Tiere sind unter normalen Umständen relativ scheu. Dieser Geselle bleibt hingegen ruhig sitzen und beobachtet genau jede meiner Bewegungen. Die ersten Aufnahmen wandern in meine Kamera. Mir war es einmal gelungen, einen Fuchs mit kleinen Fleischbrocken anzulocken und ihn zu füttern. Damals fraß er mir fast aus der Hand. Allerdings hatte ich auch zuvor immer wieder Köder ausgelegt und mir das Vertrauen meines Besuchers teuer erkaufen müssen. Dieser Fuchs macht nach wie vor keine Anstalten zur Flucht. Hatte ich mich eben noch geduckt, so stehe ich jetzt auf und gehe langsam auf ihn zu. Erst als ich ungefähr drei Meter von ihm entfernt bin, versucht er, Reißaus zu nehmen. Allerdings wird er, wie ich zu meinem Erschrecken feststellen muß, bei seinen Bemühungen durch ein massives Fangeisen, welches seinen rechten Vorderfuß brutal umklammert, an seinen Bemühungen gehindert. Damit habe ich nicht gerechnet. Ich gehe ein paar

Schritte zurück, um das Tier nicht in noch größere Angst zu versetzen. Mir tut der kleine Bursche leid. Ich kenne die federbelasteten Fangeisen und weiß, daß einem darin gefangenen Tier ein qualvolles Ende bevorsteht.

Was tun? Hatte ich mich eben noch so sehr über die Begegnung mit einem anderen Lebewesen gefreut, so bin ich jetzt unsicher geworden, was ich machen soll. Gewiß, es ist ein Leichtes für mich, ihn zu befreien. Doch greife ich nicht dann auch zugleich in den Lebensraum der Eskimos ein? Sie sind es nämlich, die diese Tiere seit Generationen in Fallen fangen, um das Fell entweder zu Kleidungsstücken zu verwerten oder aber Handel mit ihm zu treiben. Einmal in die Falle getappt, gibt es kein Entrinnen. Meistens erfrieren oder verhungern die Füchse, bevor sie der Jäger holen kommt. Die Fallen sind über große Entfernungen verteilt, er kann daher nicht täglich sein Jagdrevier aufsuchen. Findet er trotzdem ein lebendes Tier in einer Falle, erschlägt er es, eine Kugel würde den kostbaren Pelz beschädigen.

Dies weiß ich alles. Mein Verstand sagt mir: »Geh weiter!« Trotzdem bleibe ich stehen, nähere mich abermals dem gefangenen Tier, das verzweifelt versucht, nach meiner Hand zu beißen. Ich will, ich muß ihn befreien. Albernes Gewäsch, Sentimentalität. »Wärst du zufällig ein Stück weiter

100

entfernt gelaufen, hättest du ihn niemals gesehen!«
Irgendwie identifiziere ich mich mit meinen
Namensvettern. Wäre ich in Not, wie sehr würde
mir die Hilfe guttun. Mit der Hand läßt er sich
nicht befreien, er versucht mich mit seinen kleinen,
spitzen Zähnen zu beißen. Ich greife zur Radikal-
methode, drehe den Eispickel um und schlage ihm
leicht, aber auch nicht zu schwach, auf den Kopf.
Die Narkose wirkt! Rasch ist die Spannfeder mit
einem Fuß heruntergetreten, mit den Händen öffne
ich den Fangbügel, das Tier ist frei. Es dauert noch
einige Sekunden, bis es wieder zu sich kommt und
offenbar fassungslos über sein unerwartetes Glück
von dannen humpelt. »Good luck«, rufe ich ihm
nach, denn Glück wird er mit seiner verletzten
Pfote dringend benötigen. Anfangs bin ich froh,
später werde ich immer nachdenklicher. Ich habe
mich falsch verhalten, ganz eindeutig. Wider besseres Wissen habe ich in den Regelkreis der Natur
eingegriffen, einen Regelkreis, der zumindest
solange funktioniert hat, wie der Eskimo mit seinen primitiven Gerätschaften der einzige Mensch
war, der hier gejagt hat. Ihm steht es zu, den
Füchsen nachzustellen und – trage ich nicht selbst
um meine Kapuzenumrandung einen Fuchspelz?
Ich ärgere mich über meine Gefühlsduselei.
Schließlich bin ich kein Greenhorn mehr in der
Arktis und sollte die grundlegenden Gesetze kennen. Eine Degenerationserscheinung? Erst später
werden mir die Hintergründe für mein spontanes
Verhalten bewußt. Die Begegnung mit einem
Lebewesen in dieser grenzenlosen Einöde, insbesondere, wenn man, wie ich, auch noch völlig
allein und isoliert ist, hinterläßt einen gewaltigen
Eindruck. Ich habe plötzlich gespürt, daß ich ja gar
nicht so allein bin, daß es noch andere Wesen gibt.
Von solchen Begegnungen zehre ich lange, manchmal tagelang. Der Tagesverlauf auf diesen Expeditionen ist oft von Eintönigkeit gekennzeichnet.
Dankbar greift man daher jede sich bietende

Abwechslung auf und saugt sie aus wie ein Verdur-
stender einen nassen Schwamm. Die Ratio wird
dabei leicht abgeschaltet. Es ist die Begegnung als
solche, die zählt.

Zusätzlich stecke ich voller Bewunderung für die
Tiere, die hier unter extremsten Lebensbedingungen ihr Dasein fristen. Die Vorstellung, die Arktis
sei ein totes, lebloses Land, ist falsch. Das Gegenteil ist vielmehr richtig. Außer den Respekt einflö-
ßenden Eisbären gibt es noch sehr viele andere
Tiergattungen, die sowohl dem Menschen als auch
der Kälte trotzen. Will man ganz unfachmännisch
eine grobe Einteilung treffen, sollte man hierbei
Meeres- und Landbewohner unterscheiden, wobei
ich zu letzteren einfachheitshalber auch die Vögel
zählen möchte.

Für den Ureinwohner, den Eskimo, stellte die
Jagd auf die Meeressäuger die Hauptnahrungs-
quelle dar. Obwohl das Meer fast das ganze Jahr
von einer dicken Eiskruste überzogen ist, leben
diese Meeressäuger ständig in der kalten Polarregion.

An erster Stelle sind hier die Robben zu nennen,
ohne die eine Existenz für die Eskimos undenkbar
wäre. Aus der Robbe wurde Tran für die Lampen
gewonnen, aus dem Fell wurde und wird noch
heute Kleidung hergestellt. Darunter auch der
Kamik, der Eskimostiefel. Das Fleisch und ein
guter Teil der Innereien werden gegessen, manchmal gekocht. Die bekanntesten Robbenarten sind
die Ringelrobbe, die Klappmütze und die größte
von allen, die Bartrobbe. Sie wird etwa 2,3 Meter
lang und 270 Kilogramm schwer. Eine Ringelrobbe
wird hingegen nur etwa 1,5 Meter lang und 90
Kilogramm schwer. Letztere wird am häufigsten
angetroffen und nach allen Regeln der Kunst von
den Eskimos gejagt. Sie lauern dem »udjuk«, wie
der Eskimo die Robbe nennt, an dem »aglu«, dem
Atemloch, auf und harpunieren oder schießen ihn
beim Luftholen. In einigen Regionen, z. B. auf

Ostgrönland, werden auch Netze unter dem Eis angebracht, so daß die auftauchende Robbe sich darin verfängt und ertrinkt. In Kanada findet diese Jagdmethode hingegen keine Verwendung, da das Fleisch einer ertrunkenen Robbe schlecht schmekken soll. Zu fortgeschrittener Jahreszeit sieht man die Robben aus dem Wasser herauskommen und sich auf einer Eisbank sonnen. Wer nun glaubt, es sei einfach, eine solche Robbe auf dem Eis zu fangen, sieht sich schwer getäuscht. Die Tiere haben nämlich äußerst ungewöhnliche Schlafgewohnheiten. Die Schlafperiode dauert ca. 40 Sekunden, danach dreht sie sorgsam den Kopf in alle Richtungen und prüft, ob ihr irgendeine Gefahr droht. Ist sie beruhigt, fällt sie wieder in einen 40 Sekunden dauernden Schlaf, danach wiederholt sich dieser Vorgang. Sich an ein solches Tier heranzuschleichen, erfordert neben einer guten Portion Erfahrung ein ebenso großes Quantum an Geschicklichkeit und Ausdauer. Bemerkt das Tier etwas Ungewöhnliches, ist es noch in derselben Sekunde in dem Atemloch verschwunden. Um so erstaunlicher der Umstand, daß es einem Eisbären gelingt, sich dieser Beute auf Reichweite zu nähern. Ein Prankenschlag, und das Ende ist da. Aber selbst die Jagd mit dem Gewehr auf Robben, die auf dem Eis liegen, ist nicht ganz einfach. Der Schuß muß sofort tödlich sein, sonst verschwindet das Tier im Wasser und verendet dort, unerreichbar für den Jäger.

Um sich nahe genug an die Robbe heranzuschleichen, verwendet der Eskimo ein mit weißem Tuch bespanntes Gestell, hinter dem der Jäger sich versteckt. Dieses Gestell ist zudem meist auf einer kleinen Kufe montiert, so daß es leicht und ohne Geräusch geschoben werden kann. Ein sehr geschickter Jäger versteht es sogar, sich bis auf die für eine Harpune erforderliche Wurfweite heranzuschleichen, ohne dabei einen Schutz zu verwenden. Er imitiert dabei genau die Bewegungen einer

Robbe. Er stellt sich schlafend, dreht den Kopf, robbt weiter, bis er nahe genug herangekommen ist. Überflüssig zu erwähnen, daß eine solche Fangmethode ein Höchstmaß an Geduld fordert und nicht immer von Erfolg gekrönt ist.

Nach der Ringelrobbe gilt das Hauptinteresse dem Walroß, ebenfalls zur Robbenfamilie gehörig. Die Jagd auf das »Aiverk« oder Walroß war früher außerordentlich gefährlich und erforderte den ganzen Mut und das Können der Jäger. Die Walroßbullen erreichen leicht eine Länge von über 3 Meter, wiegen bis zu 1500 Kilogramm und können einen Körperumfang von 3 Meter erzielen. Da die Eskimos vor gar nicht allzu langer Zeit während der dunklen Wintermonate oftmals Hunger litten, wurde der Jagd auf das Walroß größtes Gewicht beigemessen. Ein Walroß hat genug Substanz, um ein zehnköpfiges Hundegespann zwei Wintermonate zu ernähren. Fiel die Jagd karg aus, waren Hungersnöte kaum abzuwenden. Meist wurden die Tiere an einem Atemloch oder vom Kajak aus harpuniert, wobei die Jagd vom Kajak aus sehr gefährlich war, und nicht selten endete die Jagd für den Jäger tödlich. Er mußte dicht an das Walroß heranpaddeln, ihm die Harpune in den Nacken stoßen und dann mit eiligen Paddelschlägen das Weite suchen. An der Harpune war eine Leine aus Seehundleder befestigt und daran wiederum eine Schwimmblase, mit deren Hilfe das getroffene Tier immer geortet werden konnte. Heute wird das Walroß mit dem Gewehr erlegt, was zur Folge hatte, daß die Zahl erheblich sank. Inzwischen hat sich diese Gattung durch Festlegung von Abschußquoten wieder erholt. Aus den langen Elfenbeinzähnen stellte man Harpunenspitzen her. In neuerer Zeit hat sich die Schnitzerei fast ausschließlich auf Figuren und dergleichen beschränkt, die in eigenen Orten beinahe fabrikmäßige Charakterzüge tragen und ihre ursprüngliche Attraktivität eingebüßt haben.

Wurde ein Walroß erlegt, teilte man die Beute nach einer strengen hierarchischen Ordnung auf. Jeder bekam einen Teil des Tieres ab, der Jäger als Trophäe zusätzlich das einige Kilogramm schwere Herz sowie den Kopf. Es wurde fast jeder Teil des Walrosses verwendet, selbst die Augen wurden gegessen. Aus der Haut fertigte man Leinen für Hundegespanne, die Därme wurden zu wasserdichter Kleidung verarbeitet und der Mageninhalt des Tieres gilt bis zum heutigen Tage vielerorts als Delikatesse. Ob nun Ringelrobbe, Walroß, Beluga-Wal oder Narwal – der Ozean lieferte dem Eskimo von jeher die nötige Nahrung.

Doch auch auf dem Land bewegt sich so einiges, obwohl dem Meer sicherlich bei der Nahrungsbeschaffung die Priorität einzuräumen ist.

Das Caribou, das kanadische Rentier, ist zwar bei den Eskimos das am meisten geschätzte Wild, kommt jedoch im hohen Norden nicht sehr zahlreich vor. In Kanada unterscheidet man das Woodland-, Barrenground- und Peary-Caribou, letzteres benannt nach dem Forscher Robert Peary. Das Peary-Caribou ist nur im Hohen Norden anzutreffen und ist von Statur erheblich kleiner als seine Artgenossen. Aus dem Fell des Tieres werden die warmen Parkas und Hosen angefertigt, die auch bei grimmigster Kälte gut warmhalten.

Das interessanteste Tier in der kanadischen Arktis ist aber wohl der Moschus-Ochse. Die Eskimos nennen ihn »Omingmak«, was übersetzt bedeutet: »das Tier mit der Haut wie ein Bart«.

Der Moschus-Ochse ist nicht, wie sein Name vermuten läßt, mit dem Rind verwandt, sondern ist eher den Schafen und Ziegen zuzuordnen.

Mit einer Schulterhöhe von ungefähr 1,5 Metern ist der »Ochse« nicht als sonderlich groß zu bezeichnen, durch seine bullige Gestalt und sein dickes, braunes, undurchdringliches Fell ist er aber eine sehr massige und eindrucksvolle Erscheinung. Seine geschwungenen, spitzen Hörner nötigen sei-

nen Feinden größte Hochachtung ab. Moschus-Ochsen leben während des Sommers meist in Herden, bestehend aus maximal einem Dutzend Tieren, zusammen. Im Winter kann sich diese Zahl bis auf 60 Tiere erweitern. In einer Herde gibt es eine strenge Ordnung, allen voran steht ein alter Bulle, der seinen Platz Neidern gegenüber mit Vehemenz verteidigt. Wenn eine Herde mit einer Gefahr konfrontiert wird, z. B. mit einem Rudel Wölfen, schließen sich die Tiere zu einem Ring zusammen. Die jüngeren Tiere werden dabei von den wehrhaften, älteren Bullen geschützt. Die so eingeigelten Tiere verweilen mit gesenkten Köpfen in dieser Position und erwarten den Angriff. Es kann dabei auch zu einzelnen Ausfällen von Bullen kommen, die sich wutentbrannt auf den Gegner stürzen. Die Moschus-Ochsen sind keine Nomaden, d. h. sie ziehen im Winter nicht in gemäßigtere Zonen, sondern bleiben das ganze Jahr über in der ihnen vertrauten Umgebung. Sie ernähren sich ausschließlich von den spärlichen Pflanzenresten, die sie unter der vereisten Schneedecke finden. Das Leben ist karg, ständig leben diese Tiere in der Gefahr, verhungern zu müssen.

Ich selbst habe aus Neugierde einmal unter dem Schnee gegraben, um zu sehen, was es dort an Nahrhaftem zu finden gibt. Das Ergebnis war dürftig, selbst wenn ich ein Vegetarier wäre, würde ich binnen kürzester Zeit verhungern. Der Moschus-Ochse kann dennoch überleben, wenn nicht der Mensch wäre, der ihm in der ersten Hälfte des Jahrhunderts mit allen Mitteln nach dem Leben trachtete und ihn fast ausgerottet hätte.

Heute sind die Tiere zum Glück überall geschützt, haben sich zahlenmäßig wieder erholt. Sogar nach Norwegen hat man einige Exemplare eingeführt und im Dovrefjell ausgesetzt. Sie haben sich dort gut eingelebt, es scheint, als ob es gelungen wäre, eine gefährdete Tierart vor dem Aussterben zu bewahren.

103

Bleibt zu hoffen, daß die Tiere weiterhin den so bitter benötigten Schutz der verantwortlichen Länder genießen. Den brutalen Witterungsverhältnissen verstehen sie zu trotzen, dem Menschen mit seinen modernen Tötungsmechanismen sind sie hilflos ausgeliefert.

Ob Wale, Schneehasen, Lemminge und Husky, ob Rabe, Seeschwalbe oder das arglose Schneehuhn, die Liste ließe sich noch erheblich weiterführen. Sie alle leben in einer Region dieser Erde, die für sie die zumindest in unserer Vorstellungskraft bestehende abstrakte Härte verloren hat. Arktis ist für sie kein Synonym für Tod und Leblosigkeit, sondern vielmehr für ein Leben in Freiheit.

Der Polarfuchs ist vielfach Kostgänger des Eisbären. Bilden die Robben die Hauptnahrung des Eisbären, die dieser an den Atemlöchern in der Eisdecke (Bild links unten) erjagt, so begnügen sich die Polarfüchse vor allem mit den Abfällen der Mahlzeiten. Im Winter ist der Polarfuchs in einen reinweißen, langhaarigen flauschigen Pelz gehüllt, im Sommer sieht er mit seinem kurzen grauschwarzen bis graubraunen Fell eher kümmerlich aus. Wegen seines Winterfells wird er schon seit Jahrhunderten intensiv gejagt; eine wichtige Grundlage des Pelzhandels im Norden.

Moschus-Ochsen sind
durch ihr dickes Fell
bestens gegen Kälte
und Feuchtigkeit gerü-
stet. Sie leben in klei-
neren Herden und er-
nähren sich von Moo-
sen und Flechten, die
sie im Winter mit den
Vorderhufen aus dem
Schnee ausgraben.
Vor Raubtieren, insbe-
sondere Wölfen, schüt-
zen sie sich durch die
Formation der Herde,
wo Bullen und alte Kü-
he einen äußeren Ring
bilden und Jungtiere
im Inneren ein-
schließen.

107

Allein

Tagebuch, 15. April 1981

»Das Wetter ist wieder gegen mich. Es bläst erst aus Ost, dann aus Nordost und schließlich mir genau entgegen aus Norden. Dabei ist es wahnsinnig kalt, ich mußte eine Sturmhaube tragen und erfriere mir trotzdem die Nasenspitze. Wilde Gedanken gehen durch meinen Kopf. Jetzt möchte ich am liebsten irgendwo am sonnigen Strand liegen, ein grölendes Kofferradio daneben, mich mit Whisky betrinken und schöne Mädchen begucken. Statt dessen friere ich mir die Seele aus dem Leib und habe zwei Fingerkuppen erfroren.«

Der Fluch, den ich ausstoße, dringt nur an mein inneres Ohr, ich habe längst aufgehört, mich laut zu äußern. Wer sollte es auch hören? Das Bedürfnis, sich laut zu äußern, wird durch die Einsamkeit getilgt. Reden geschieht meist mit der Absicht, sich jemandem mitzuteilen. Das gleiche gilt für Fluchen und Lachen. Gibt es keine Ansprechpartner, ist man der Notwendigkeit, sich in Worten zu erklären, enthoben.

Nur selten führe ich Selbstgespräche und bin – tue ich es doch – meist über meine eigene Stimme erschreckt. Sie wirkt deplaciert und sogar störend.

Ich habe eine kleine Mundharmonika in meinem Gepäck. Doch niemals würde ich auf den Gedanken kommen, sie an den Mund zu führen. Alles Geistige läuft im Stillen ab. Der einzige Moment, in dem ich das Gefühl habe, mich mitzuteilen oder gar einen Dialog zu führen, ist die Zeitspanne, in der ich das Tagebuch schreibe.

Und doch vermag ich selbst dort nicht meine Empfindungen über die Einsamkeit deutlich zu formulieren. Die Einsamkeit mit ihren Auswirkungen ist nur schwer zu erfassen, zu definieren. Zumindest empfinde ich es so. Man kann auch in einer Großstadt einsam sein, sich verlassen fühlen. Dies ist sicherlich eine andere Form der Einsamkeit als die, in der ich mich befinde. Es ist nämlich nicht nur eine geistige, sondern zudem auch eine körperliche Isolation.

Die Stille um mich herum ist spürbar und Wirklichkeit wie die Kälte oder das Eis, auf dem ich laufe. Einsamkeit muß nicht zwangsläufig für denjenigen, der ihr begegnet, furchtbar sein. Sie kann sich auch angenehm darstellen. Auf jeden Fall verändert sie den Menschen, auch über ihre Dauer hinaus. All die kleinen Abwechslungen und Annehmlichkeiten, die man zu Hause hat, Radio, Zeitschriften, Kneipen, Kinos oder was auch immer, ihren eigentlichen Stellenwert erkennt man erst, wenn sie einem nicht zur Verfügung stehen. Konzessionen an die Mitmenschen, wie etwa gepflegte Tischmanieren, werden, weil überflüssig, fallengelassen. Ich benehme mich oftmals wie ein »Schwein«. Beim Essen schmatze und rülpse ich abwechselnd. Fängt die Nase durch die warme Suppe bedingt an zu laufen, lasse ich sie tropfen und wische sie einfach mit dem Handrücken ab. Einem stillen Beobachter hätte diese Szenerie wie eine Rückkehr in die Steinzeit anmuten müssen. Das Essen ist nur noch Selbstzweck, reine Nahrungsaufnahme, mit dem Ziel, den Hunger zu beseitigen und dem Körper die erforderlichen Nährstoffe zuzuführen.

Es gibt niemanden, auf den ich Rücksicht nehmen müßte. Ich muß nur mit mir selbst zurechtkommen. Die ersten Tage des Alleinseins machen mir erfahrungsgemäß am meisten zu schaffen. Die Umstellung von der hektischen Betriebsamkeit auf die Isolation kommt sehr plötzlich und erst nach ein paar Tagen ist sie für mich zur Gewohnheit geworden.

Dann nämlich beginnen die Gedanken sich nur um die gegenwärtige Situation zu drehen. Ich versuche, meine Erinnerung an mein Leben in der Zivilisation zu verdrängen. Werde ich trotzdem daran erinnert, fühle ich Sehnsucht und bin verunsichert. Dieses Ablegen der Erinnerung an das Vorangegangene werte ich als eine Art Selbstschutz. Ich muß mich vollständig mit der Einsamkeit arrangieren, dann wird diese Situation nicht nur erträglich, sondern sogar angenehm. Mein Dasein ist eher mit dem eines Tieres zu vergleichen. Nicht die Vergangenheit zählt, sondern das ›Jetzt‹.

Solange es etwas zu tun gibt, fühle ich mich gut. Schlimm wird es erst, wenn ich zum Nichtstun verurteilt bin. Einen Tag untätig im Zelt zu sitzen, weil es draußen stürmt, ist belastend. Hat man hingegen etwas zu tun, ist man ausgelastet und zufrieden mit der eigenen Situation. Ich habe es

auch manches Mal als sehr angenehm empfunden, den Tagesablauf ausschließlich nach den eigenen Bedürfnissen zu gestalten. Wenn ich müde bin, mache ich eine Pause. Habe ich Hunger, esse ich. Ich brauche mich nicht mit jemanden abzustimmen, trage für niemanden außer mir selbst Verantwortung.

Und dennoch, zu zweit läßt sich eine schwierige Situation immer leichter ertragen als allein. Schon das Wissen darum, daß man nicht allein ist, gibt einem Kraft.

Der Mensch ist ein Herdentier. Meine Reisen haben mich in dieser Überzeugung nur bestärkt. Ich brauche und suche den Kontakt zu Menschen, verliere jedoch nicht den Verstand, wenn ich für einige Zeit niemanden zu Gesicht bekomme. Die Einsamkeit läßt mich viele Dinge realistischer erkennen, da ich niemanden und nichts habe, hinter dem ich mich verstecken kann.

Michel Siffre, ein Forscher, der sechs Monate allein in einer Höhle verbracht hatte, schrieb nach seiner Rückkehr:

»When you find yourself alone, isolated in a world totally without time, face to face with yourself, all the masks that you hide behind – those to preserve your own illusions, those that protect them before others – finally fall, sometimes brutally.«

Frei übersetzt: Wenn Du allein bist, isoliert in einer Welt vollkommen ohne Zeit, von Angesicht zu Angesicht mit dir selbst, dann werden alle Masken, hinter denen du dich versteckst – die dir deine Illusionen erhalten, die sie vor anderen schützen – fallen, manchmal brutal.

Die Isolation hat mich näher an mich selbst gebracht. Die Tage der Einsamkeit waren wie ein Blick in einen Spiegel.

»Die Stille um mich herum ist spürbar und Wirklichkeit wie die Kälte und das Eis, auf dem ich laufe. Einsamkeit muß nicht zwangsläufig für denjenigen, der ihr begegnet, furchtbar sein. Sie kann sich auch angenehm darstellen. Auf jeden Fall verändert sie den Menschen, auch über die Dauer hinaus.« (Tagebucheintragung)

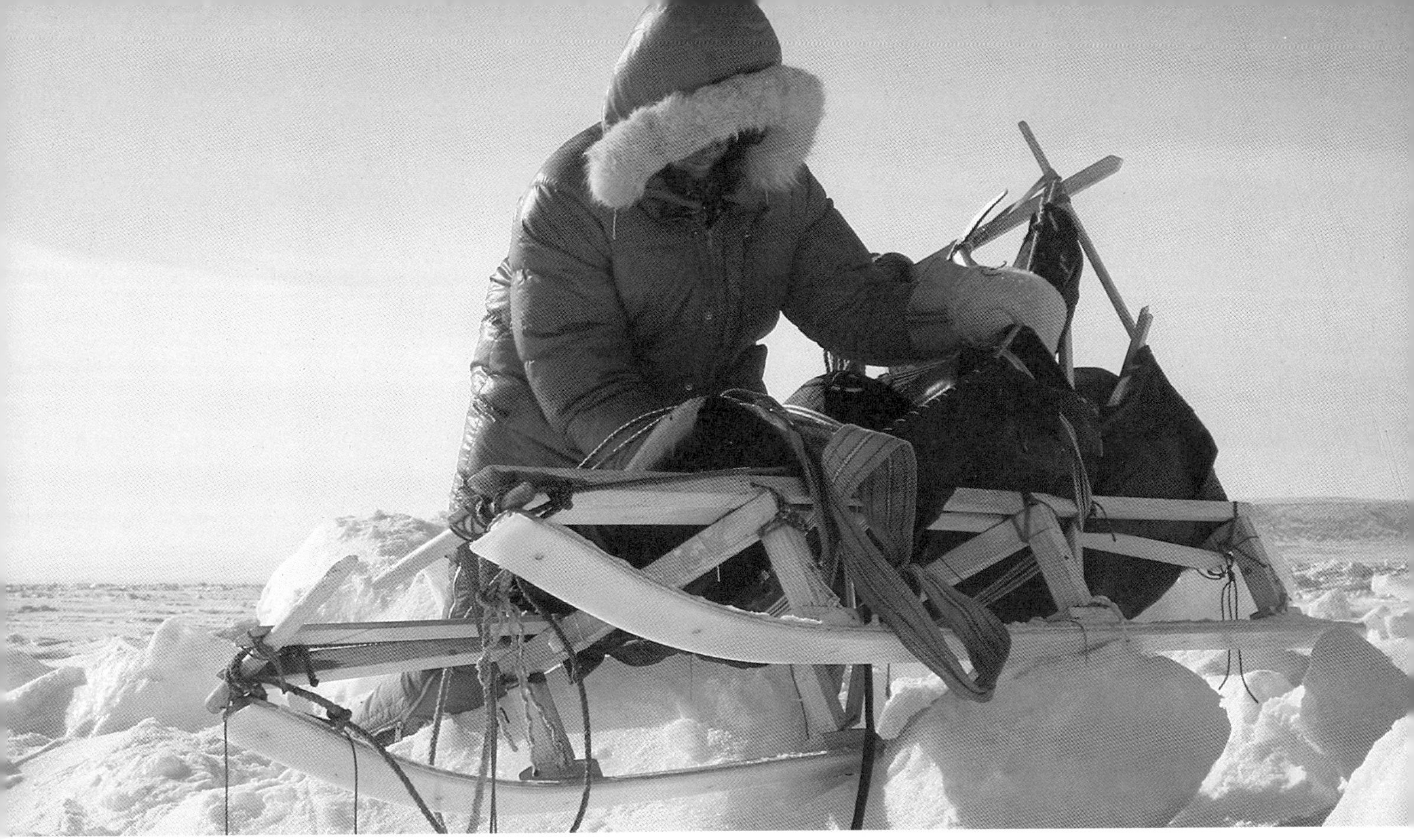

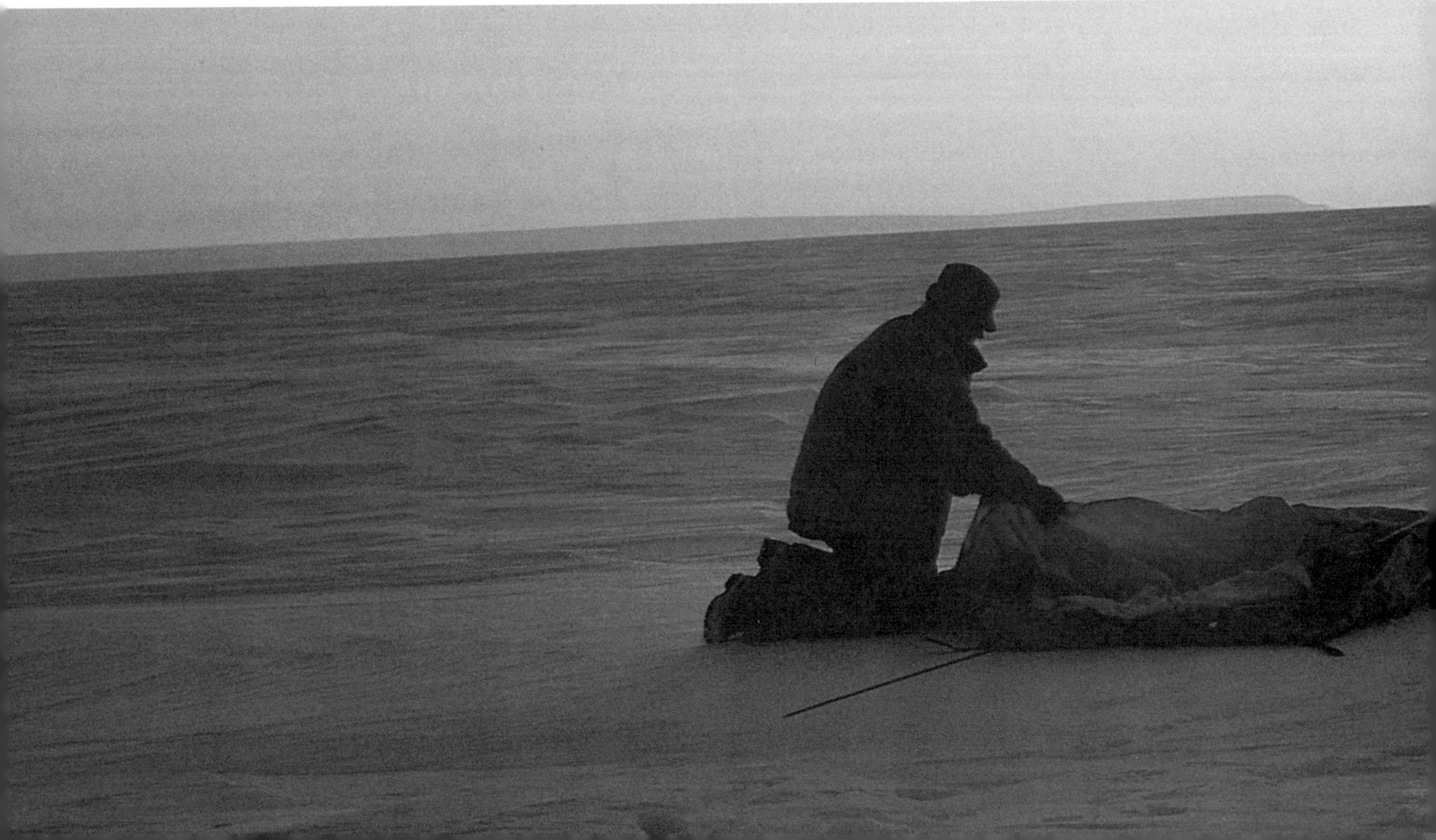

Ein Tag ohne besondere Vorkommnisse geht zu Ende. Die Glieder sind lahm geworden durch das Ziehen des schweren Schlittens über Packeis und Schneefelder. Der Aufbau des Zeltes bedeutet eine kleine Abwechslung und unterbricht die Schwere der Gedanken. An vieles muß gedacht sein, so an hungrig herumstreunende Eisbären, bevor man sich schlafen legt.

113

Linke Seite: Zu den täglich wiederkehrenden Arbeiten am Lager gehört die Ortsbestimmung mittels des Sextanten sowie die Lagemeldung an eine Radio-Station, mit der ein Rückzugsloch offengehalten wird für unvorhersehbare Ereignisse. Der Strom kommt von einem Solarzellengenerator. Rechte Seite: Am Berg Boat-Point wurde vorsorglich ein Proviantdepot vom Flugzeug aus errichtet.

115

Nanuk – der weiße Bär

Ein Geräusch – kaum wahrnehmbar – läßt mich im Rühren innehalten. Es ist nur schwach, als wenn jemand mit schweren Stiefeln durch verharschten Schnee stapft. Der Petroleumkocher summt, die Pemmikansuppe wirft blubbernd dicke Blasen, es riecht leicht angebrannt. Eben noch hatte ich diese Atmosphäre genossen. Die wohlige Wärme, die vom Kocher ausgeht, die Vorfreude auf die erste und einzige heiße Mahlzeit für den Tag, der Wind, der gegen die Zeltwand brandet, das Bewußtsein, heute nichts mehr tun zu müssen – ein Gefühl der Geborgenheit. Eine Illusion!

Ich hatte diesen Moment gefürchtet und doch gewußt, das er täglich eintreffen kann. Ich stelle den Kocher aus und öffne vorsichtig ein wenig den Zelteingang. Das Geräusch des Reißverschlusses scheint mir unerhört laut, und dann sehe ich ihn. Kaum acht Meter vom Zelt entfernt, mir den Rükken zukehrend. Nanuk – der weiße Bär ist da.

Aus der schmalen Zeltöffnung steigt in dicken Schwaden der Dampf der Pemmikansuppe auf, zieht zu ihm hinüber, einer Einladung zum Essen gleichkommend. Im Moment scheint ihn mein Schlitten jedoch mehr zu interessieren. Der Schlitten, auf dem all meine Verpflegung verstaut ist. Ich habe nur soviel Proviant mit ins Zelt genommen, wie ich für eine Mahlzeit benötige, der Rest verbleibt auf dem Schlitten, um eventuelle Bären nicht

unmittelbar zum Zelt, sondern erst zum Schlitten zu führen. Soweit haben meine Überlegungen also gestimmt. Doch acht Meter sind für einen Bären immer noch zu nah – viel zu nah! Ich habe ein Gewehr, extra für derartige Zwischenfälle. Ein Gefühl der Ruhe durchströmt mich, »du kannst ihn töten, falls er dich angreift«. Wieder eine Illusion. Wenn der erste Schuß nicht sofort tödlich ist, wäre es um mich geschehen, denn ein verwundeter Bär kann zu einem furchtbaren Gegner werden. Der Anblick eines Eisbären ist nichts Neues für mich. Schon im letzten Jahr hatte es Kontakte mit ihnen gegeben. Doch so nah war noch keiner gekommen. Er geht um den Schlitten herum, stützt sich mit der Vorderpranke auf eine Spante, zerbricht sie durch sein Gewicht und stürzt – offensichtlich erbost darüber – den gesamten Schlitten um. Ich muß etwas tun! Schon hängt die Schlittenbespannung in Fetzen. Die Schubvorrichtung, aus stabilem Eschenholz gebaut, fällt als nächstes seinen Pranken zum Opfer. Er geht jetzt sehr zielstrebig vor, verteilt die Ausrüstungsgegenstände um sich herum, um endlich an den Sack mit dem Proviant heranzukommen. Ich kann nicht länger warten, sonst zerstört er auch noch den Rest der Ausrüstung, auf die ich angewiesen bin. So ruhig wie möglich schleiche ich mich aus dem Zelt, das Gewehr in der Hand und lege an. Ich will den

Bären nicht töten, nicht nur aus den eben genannten Gründen, sondern auch, weil ich glaube, kein Recht dazu zu haben. Nicht er ist der Eindringling, ich bin es, der hier nicht hingehört? Er ist der König der Arktis, der uneingeschränkte Herrscher. Ich habe nichts gemeinsam mit den Leuten, die meinen, es sei eine große waidmännische Leistung, einen Bären mit einem modernen Gewehr aus sicherer Distanz zu erschießen. Mit denen, die das Tier nur der Trophäe wegen töten, und nicht aus der Situation heraus, Nahrung zu benötigen. Zu viele Tiere in aller Welt sind durch derart schießwütige Touristen dezimiert, zum Teil sogar fast ausgerottet worden. In Alaska wurde eine Zeitlang sogar mit Schnellfeuergewehren aus dem Flugzeug gemordet. Heute ist dort diese Jagd untersagt – hoffentlich rechtzeitig genug. Ich meine, nur dann das Recht zu haben, in diese Welt, die dem Menschen fremd ist, einzudringen, wenn ich mich den Gesetzen dort unterwerfe und nicht versuche, ihr die unsrigen aufzuzwingen. Nur die Auseinandersetzung in letzter Konsequenz gäbe mir das Recht, zu töten. Dann nämlich, wenn der Bär mich direkt angreift und es darum geht, mein Leben zu retten.

Ich ziele daher nur auf das Eis, einige Zentimeter von ihm entfernt. Diese Maßnahme hatte sich stets als sehr wirksam erwiesen. Bären kennen zwar so gut wie keine Angst, Lärm ist ihnen jedoch ein Greuel, vor dem sie sich lieber zurückziehen. Doch da tritt genau die Situation ein, wie man sie eigentlich nur in Alpträumen hat. Der Abzug läßt sich zwar durchziehen – es geschieht aber nichts! Der erwartete Rückstoß, der Knall, der den Bären verjagen soll, bleibt aus. Schrecksekunden – Entsetzen!

Der Bär nimmt keinerlei Notiz von mir, noch nicht. Ich lade erneut durch. Eine Patrone fliegt in den Schnee, eine neue wird in den Lauf geschoben. Anlegen, durchdrücken. Nichts passiert. Ich hatte das Gewehr schon im letzten Jahr auf meiner Expe-

dition dabeigehabt und nie hatte es Schwierigkeiten gegeben. Auch in diesem Jahr hatte ich das Schloß nochmals ausgiebig in Benzin gewaschen, um jegliche Fettrückstände zu beseitigen. Fett wird bei großer Kälte zäh wie Teer und verhindert somit ein Funktionieren des Mechanismus. Nein, Fett kann es nicht gewesen sein, es muß vereist sein. Ich habe das Gewehr im Zelt verwahrt, während ich gekocht habe. Dabei muß Wasserdampf in das Schloß eingedrungen und dort natürlich sofort gefroren sein. Der Bär sieht in meine Richtung und wendet sich dann wieder dem mittlerweile arg mitgenommenen Schlitten zu. Ich hantiere fieberhaft am Verschluß. Den Handschuh der rechten Hand habe ich fortgeworfen – ich sehe mehr als das ich fühle, daß kleine Hautfetzen an dem eisigen Metall kleben bleiben. Ich darf nicht zu hart vorgehen, da sonst die Feder brechen kann. Endlich – mir kömmt es vor wie nach einer Ewigkeit – höre ich das vertraute Klikken. Der Bär hat offenbar das Interesse am Schlitten verloren, wendet sich mir zu. Die Detonation des Schusses läßt uns beide gleichermaßen erschrecken. Er hält inne, keine Sekunde zu früh. Ich schieße erneut, Eis spritzt dicht vor ihm auf. Langsam weicht er zurück, bleibt dann aber stehen. Ich schieße abermals, ich bin verwirrt. Sonst sind die Bären, mit denen ich zu tun hatte, spätestens nach dem zweiten Schuß davongelaufen. Es ist noch ein weiterer Schuß notwendig, um ihn endgültig zu vertreiben – so glaubte ich zumindest.

Erst jetzt registriere ich, daß meine rechte Hand völlig gefühllos ist. Ich stecke sie in die Daunenjacke, unter die Achselhöhle und erwarte ergeben den Schmerz, der immer eintritt, wenn die Blutzirkulation wieder einsetzt. Danach trinke ich einen Schluck Rum. Eine Untersuchung des Schlittens ergibt ein trauriges Ergebnis. Die gesamte Bespannung ist zerstört, Spanten sind gebrochen, die Reparatur wird schwierig sein. Der Originalzustand ist nicht mehr herstellbar. Im Zelt stelle ich den Kocher wieder an. Langsam wird es wärmer und das Eis in der Suppe löst sich auf. Meine rechte Hand schmerzt. Der eine Nagel färbt sich blau. Erst jetzt, während ich langsam die Suppe löffle, löst sich die Spannung. Wie oft hatte ich mir versucht vorzustellen, wie es wohl wäre, ohne Gewehr oder mit defekter Waffe einem Bären gegenüberzustehen. Wenn es dann soweit ist, sieht alles ganz anders aus. Ich untersuche zum wiederholten Male das Gewehr, es funktioniert jetzt einwandfrei. An Schlaf ist im Moment nicht zu denken, dazu bin ich noch zu erregt. Über Funk teile ich Fred Alt, dem Manager des Polar Continental Shelf Project, den Zwischenfall mit. Just in case – wer weiß, was noch passieren kann. Mehrfach verlasse ich das Zelt und suche mit dem Fernrohr sorgsam die Umgebung ab. Es ist nichts zu sehen. Zum Glück habe ich inzwischen 24 Stunden lang Tageslicht, dadurch ist zumindest die Sicht nicht beeinträchtigt. Einigermaßen beruhigt lege ich mich in meinen Schlafsack. Hätte ich doch jetzt bloß meine Warnanlage! Müßig, darüber zu sinnieren. Gleich am ersten Abend hatte ich auf die im Zelt liegende Klingel getreten und damit den wichtigsten Teil der Anlage für alle Zeit zerstört. Nochmaliges Chekken des Gewehres. Es liegt unmittelbar an meiner rechten Seite. Ich bin beruhigt. Langsam entspanne ich mich. Ich bin den ganzen Tag über durch schwieriges, zerrissenes Eis gelaufen. Mehrfach war der Schlitten hängengeblieben, zwischen Eisblöcken verkeilt. Immer wieder mußte ich ihn mühsam freiwuchten, um nach wenigen Metern erneut auf ein Hindernis zu stoßen. Nach einem solchen Tag ist man müde und erschöpft. Man braucht Schlaf, um am nächsten Tag in der Lage zu sein, erneut die Anstrengungen ertragen zu können. Anfangs liege ich in einer Art Wachschlaf, dann muß ich eingeschlafen sein. Irgend etwas läßt mich plötzlich hochschrecken. Ein Geräusch vielleicht oder einfach nur mein überreizter Verstand,

der mir einen Streich spielt? Ich liege völlig still. Draußen ist es windiger geworden, man hört nur das Flattern der Zeltwand. Etwas stimmt nicht. Ich fühle es mehr instinktiv als daß ich es weiß. Nanuk ist zurückgekommen.

Minuten, die wie Stunden verstreichen – alles nur Einbildung? Und dann plötzlich die Gewißheit. Die Zeltwand zu meinem Fußende wird mehrfach energisch eingedrückt. Danach Stille. Ich liege wie erstarrt in meinem Schlafsack. Nur nicht bewegen, ja kein Geräusch verursachen. Mir gehen Geschichten von Leuten durch den Kopf, die ähnliche Situationen erlebt hatten. Da war Naomi Uemura, der in fast der gleichen Situation von einem Eisbären überrascht wurde. Er hatte damals sein Gewehr auf dem Schlitten draußen vergessen und mußte nun hilflos miterleben, wie der Bär das Zelt zerriß, um an ihn heranzukommen. Naomi tat das einzig Richtige in dieser Situation. Er stellte sich tot, um auf diese Weise das Interesse des Bären abzulenken. Bei Naomi hatte die Schauspielerei geholfen – warum also nicht auch bei mir?

Einen Haken hat die Geschichte aber doch. Naomis Bär hatte zuvor nämlich das gesamte Hundefutter aufgefressen und war vermutlich satt. Es war also vermutlich der gut gefüllte Magen, der ihn von dem Vorhaben, sich den Zweibeiner einzuverleiben, abhielt.

Wieder ein Stupsen, verbunden mit einem Prusten – Stille. Ich schwitze und friere zugleich. Gedanken schießen mir durch den Kopf. Meine Familie, meine Freundin Brigitte, mein Hund – warum bin ich hier? Alles nur ein Traum? Minuten schleichen wie Stunden. Visionen von warmen Südseestränden. Eiskristalle, die von der Zeltkuppel rieseln und auf mein Gesicht fallen, reißen mich in die Wirklichkeit zurück. Schritte um das Zelt – bloß nicht das Kopfende. Die Spannung wird unerträglich. Meine Hand tastet vorsichtig nach dem Gewehr an meiner Seite. Das Vertrauen in diese

Waffe hat einen Knacks bekommen. Liege ich nicht schon Stunden hier – nein, nur Minuten und doch eine Ewigkeit! So altert man also, ich bin uralt, ein Greis. Hilflos ausgeliefert einem selbstgewählten Schicksal.

Perversionen des eigenen Ichs? Warum jetzt nicht zu Hause in der warmen Badewanne liegen? Reiß dich zusammen, du schaffst es, Verantwortungsbewußtsein!

Scheuern an der Zeltwand – die Zeltstange bricht, das Zelt sackt in sich zusammen. ›Die Leinwand reißt. Es ist soweit, Himmel und Hölle, ich schieße blind durch das zusammengefallene Zelt. Die Detonation des Schusses trifft mich in der Enge und Stille des Zeltes wie ein Keulenschlag, der Pulverqualm beißt in den Augen. Ich lausche angespannt nach draußen, meine Ohren dröhnen. Durchladen, die leere Patronenhülle fliegt auf meinen Schlafsack. Habe ich ihn getroffen? Ist er nur fortgelaufen? Vorsichtig schäle ich mich aus dem Schlafsack, in dem ich immer noch zur Hälfte liege, und öffne den Reißverschluß dessen, was einst ein stabiles Zelt war.

Ich sehe ihn sofort. Etwa 200 Meter entfernt steht er und beobachtet mich. Ich schieße einige Male in seine Richtung. Er zieht sich zurück – bleibt dann stehen. Es ist Nacht, und doch scheint die Sonne. Mich friert. Der Wind ist schneidend kalt, das Zelt ist kaputt und dort hinten sitzt der Bär. Wahrlich keine rosigen Aussichten. Ich habe den Eindruck, als ob die Arktis zum Gegenschlag ausholt, mich bisher nur toleriert hat und mir jetzt meine Schwäche zeigt. Ich werde trotzig. So leicht gebe ich nicht auf, nehme die Herausforderung an. Ich bin nicht zum ersten Mal in einer bedrohlichen Situation. Der Umstand, daß ich den Bären in einer relativ sicheren Entfernung weiß, bringt mir meine Ruhe zurück. Die Angst weicht einer gewissen Euphorie. Ich habe es geschafft. Ich lebe immer noch. Das Empfinden zu »leben« ist in diesem Moment unendlich intensiv. Ich trinke einen Schluck Rum, muß mich schütteln. Und doch tut er mir gut. Ich fange wieder an zu arbeiten, konstruktiv zu denken. Das Zelt ist für mich so gut wie wertlos, da eine Stange zerbrochen ist, zudem an einer Stelle, die ich zu einem früheren Zeitpunkt schon einmal geflickt hatte. Außerdem ist die eine Wand völlig zerrissen und bietet dem Wind eine ideale Angriffsfläche. Alles in allem eine traurige Bilanz. Und doch bin ich nicht verzweifelt, sondern eher guter Dinge. Du lebst, du bist nicht verletzt. Nanuk ist nicht Sieger geworden, du hast ihn vertrieben. Du kannst jetzt dein eigenes Schicksal bestimmen, überleben oder untergehen. Hier zu sitzen hat keinen Zweck, ich muß weiter, fort vom Bären. Ich habe ein unglaubliches Bedürfnis, mich zu bewegen, zu handeln. Das Philosophieren über die Situation bringt jetzt nichts, allein das überlegte und angemessene Handeln kann mich aus der Umklammerung befreien.

Ich flicke meinen Schlitten, so gut es geht. Von seinem ursprünglichen Zustand ist er jedoch weit entfernt. Die Reste der Ausrüstung werden verstaut, ich habe es eilig, vom Ort des Geschehens fortzukommen. Kritische Blicke zum Bären, der immer noch in sicherer Entfernung lauert. Einhängen des Zuggeschirrs, Aufbruch. Gleichförmige Bewegungen, das Rucken des Schlittens, beißende Kälte im Gesicht – weiße Unendlichkeit. »Du schaffst es, du gibts nicht auf.« Ich bin allein mit mir. Es ist mir, als stünde ich als Beobachter im Hintergrund, nicht etwa als Akteur, als der Betroffene, sondern als losgelöste Person, die den Marschierenden mit Argusaugen betrachtet. Mein Körper wird zu einer Maschine, die eine Arbeit zu verrichten hat. Der Beobachter korrigiert Fehler, befiehlt der Maschine, Pausen zu machen, gleichmäßiger zu laufen oder Kraftanstrengungen zu leisten. Es gibt kein persönliches Empfinden, keine Angst, keine unmittelbare Freude. Alles ist ganz sachlich. Der Körper losgelöst vom Geist, beide sind aufeinander eingestellt, einer ist ohne den anderen Partner nicht denkbar. Die Harmonie zwischen Handlung und Denken läßt mich laufen, stundenlang – tagelang. Jeder Schritt bringt mir Gewinn, vorwärts bis zur Siedlung hin. Immer wieder hämmere ich mir den Satz ins Gedächtnis. Es ist jetzt völlig gleichgültig, ob ich allein oder in Begleitung bin. Ich funktioniere, bin eine abgekapselte Einheit. Ich laufe aus der Gefahrenzone in die Sicherheit.

Ein langer Weg!

Ungebetener Besuch: Nanuk war da und hat zweimal Tuchfühlung mit dem Fremden genommen. Er geht systematisch vor: erst wird der Schlitten untersucht, der unter den Pranken splittert, dann das Zelt, während der Mensch ganz klein unter der Plane steht und am Gewehr fingert, das ... versagt – dann endlich ... der erlösende Schuß.

Grise Fjord

Zuerst bin ich mir nicht sicher, ob mir meine Augen einen Streich spielen oder ob ich richtig sehe. Hinten am Horizont bewegen sich kleine Punkte auf und ab. Die Weitsicht in der Arktis ist bei gutem Wetter ungewöhnlich gut. Versucht man, eine Entfernung zu schätzen, liegt man in neun von zehn Fällen darunter. Nicht selten lassen sich Distanzen von mehr als 100 Kilometern überblicken und dabei scheint der Berg da hinten doch so nah. Menschen machen sich bei diesem Panoramablick verschwindend klein aus. Man glaubt, sie schon längst sehen zu müssen, dabei befinden sie sich vielleicht noch 15 Kilometer entfernt.

Durch das Fernglas verschaffe ich mir Gewißheit. Die tanzenden Punkte sind tatsächlich Schlitten, die sich schnell über das Eis bewegen. Ich erschrecke selbst über meine Jubelrufe, ich habe schon lange nichts mehr gesagt. Wie ein Stein fällt mir die Last vom Herzen, vergessen ist die Erschöpfung, die Last der vergangenen Tage. Dort hinten kommen Menschen, du bist nicht mehr allein. Die Gefahr ist gebannt, heute Nacht darfst du endlich wieder in Ruhe schlafen. Ich sehe den Bären in einiger Entfernung auf einer Eisscholle stehen, ebenfalls in die Richtung blickend, aus der die Gruppe kommt. Ich habe ihn »Knut Wuchtig« getauft, der Name war mir irgendwann einmal, ich glaube in einem Lied, zu Ohren gekommen und

war mir aus unerfindlichen Gründen vor einigen Tagen wieder eingefallen. Knut war ständig auf meiner Spur gewesen. Zwischendurch verschwand er mal für einige Stunden, wohl um zu schlafen oder zu fressen, und wenn ich gerade zu hoffen wagte, daß er vielleicht das Interesse an mir verloren hatte, tauchte er mit schöner Regelmäßigkeit wieder auf. Es war zum Aus-der-Haut-Fahren. Alle Versuche, meinen stillen Begleiter abzuschütteln, schlugen fehl. Auch jetzt scheint er nicht sonderlich beeindruckt, sondern trottet in aller Seelenruhe an einem ›Crack‹ entlang, vermutlich auf der Suche nach einer unachtsamen Robbe.

Ich steige auf die höchste Eisscholle und beobachte die langsam näherkommende Gruppe. Wie Spielzeuge machen sich die Schlitten aus. Ich werde immer übermütiger, rufe dem Bären zu: »Knut, sieh nur hin, du hast deine Chance vertan, ich lebe immer noch und dort kommt die Rettung!« Ihn scheint es jedoch nicht im geringsten zu interessieren. Daß eine Schlittenkarawane auf dem gleichen Weg nach Grise Fjord unterwegs ist wie ich, hatte man mir schon über Funk mitgeteilt, als ich das Basislager über Knut Wuchtigs ungebetenen Besuch informierte. Doch ist die Arktis weitläufig, und ob man sich findet, hängt nicht zuletzt vom Wetter ab. Es gibt Tage, an denen man kaum die Hand vor Augen sehen kann.

Eine Schlittenkarawane, die einen in 200 Metern Entfernung passiert, würde man nicht einmal wahrnehmen. Doch das Wetter ist heute excellent, die Sicht könnte kaum besser sein. Ich habe meine Signalraketen zur Hand genommen, doch hat man mich jetzt offensichtlich auch schon erkannt, das erste Gespann, das über das Eis stürmt, ist jetzt nur noch wenige hundert Meter von mir entfernt. Es stoppt, und ein lachender, Zigarette rauchender Ekaksak läuft auf mich zu. Ekaksak, mein alter Freund vom letzten Jahr, ausgerechnet ihn als ersten zu treffen, läßt mich vor Begeisterung überschäumen. Es kommen noch drei weitere Gespanne hinterher, doch hat Ekaksak sie, wie sollte es bei seiner Fahrweise auch anders sein, weit abgeschlagen, sie treffen erst eine viertel Stunde später bei uns ein.

Ekaksak hat Knut Wuchtig natürlich mit seinen scharfen Augen schon längst erspäht und sieht etwas besorgt aus. Ich erzähle ihm, was sich zugetragen hat, und zeige ihm mein demoliertes Zelt. Er lacht jetzt nicht mehr, sieht mich an und sagt: »You must be tired! – Du mußt müde sein!« – Seiner Einschätzung nach hat dieser Bär schon Kontakt mit Menschen gehabt und kennt daher deren Gewohnheiten. Es gibt immer wieder Eisbären, die während der dunklen Wintermonate in die Dörfer kommen, um dort etwas Freßbares zu finden. Sie wissen also, daß es in der Nähe von Menschen Nahrung für sie gibt, die sie leicht bekommen können. Solche Tiere lassen sich meistens nicht abwimmeln, sondern werden häufig geschossen. Nun, diese Erkenntnis hatte ich gerade am eigenen Leib zu spüren bekommen. »He'll never leave you alone – er wird dich niemals allein lassen«, ist sein nicht gerade ermutigendes Urteil. Er rät mir, mich der Gruppe anzuschließen. Ein Eskimo würde sich niemals in die Entscheidungsfreiheit anderer einmischen. »Erksinartok – gefährlich«, sagt er nur. Inzwischen ist der Rest der Gruppe auch eingetroffen. Neben einigen Eskimos, die ich alle vom vergangenen Jahr her kenne, ist auch Basel mit von der Partie, der einige Abenteuertouristen nach Grise Fjord geleitet. Etwas ungläubig werde ich von Touristen, die mit roten Nasen hinter einem Windschutz auf dem Schlitten sitzen, begutachtet. Mit Basel und den Eskimos beratschlage ich kurz. Der Bär ist unverändert in unserer Nähe. Wir beschließen, zunächst einmal einige Kilometer zu fahren, um ihn hinter uns zu lassen. Mein Schlitten wird hinter den Kamutik von Ekaksak gebunden und ab geht die Post. Für mich ist es ein unglaubliches Gefühl, zu sehen, wie der Schlitten leicht wie eine Feder hinter mir hergleitet. Ich habe mich einfach auf den Kamutik gesetzt und achte darauf, daß mein Schlitten bei der wilden Fahrt nicht umkippt.

Nach etwa einer Stunde halten wir an. Der Bär ist zwar nicht mehr zu sehen, doch kann er uns leicht wieder einholen. Trotzdem, es ist schon spät, und wir beschließen, das Lager aufzuschlagen. Die Kamutiks werden wie eine Wagenburg um die Zelte gestellt, so daß Meister Petz sich nicht still und heimlich anschleichen kann. Erst jetzt, da wir im Zelt bei einer Tasse heißem Kaffee sitzen, löst sich bei mir die Spannung, der ich seit Tagen ausgesetzt bin. Wie Blei fühlen sich meine Beine an und ich bin auf einen Schlag todmüde. Wir reden dennoch lange über den Vorfall. Ich habe das dringende Bedürfnis, mich jemandem mitzuteilen.

Meine Ausrüstung macht einen trostlosen Eindruck. Der Schlitten ist kaputt, meine Munition geht zur Neige, beide Gletscherbrillen sind verloren. Ich beschließe, den Rest der Strecke bis nach Grise Fjord zusammen mit den anderen fortzusetzen. Würde ich allein weiterziehen, wäre die Chance, hier heil herauskommen zu können, nur sehr klein. Die anderen sind erleichtert. Sie hätten mich doch nur höchst ungern zurückgelassen. Wir reden noch kurz, doch dann überwältigt mich die Müdigkeit endgültig. Kaum, daß ich in meinen

Schlafsack gekrochen bin, fallen mir auch schon die Augen zu und ich falle in einen traumlosen Tiefschlaf.

Am 18. April schreibe ich in mein Tagebuch:

»Die Dramatik der letzten Tage steckt mir immer noch tief in den Knochen. Weitermachen würde bedeuten, ein kaum einschätzbares Risiko einzugehen, denn Eisbären gibt es hier überall. Selbst wenn ich es für meine Person verantworten könnte, gilt das gleiche auch für meine Familie, für Brigitte? Auch wenn ich angreifende Bären rechtzeitig erkennen und erschießen kann, rechtfertigt diese Unternehmung auch nur den Tod eines einzigen Bären? Und töten – das steht fest – müßte ich sicherlich zumindest einen Bären, sofern er mich nicht vorher erwischt. Sture Zielstrebigkeit bis hin zur Selbstvernichtung kann nicht mein Ziel sein. Ich muß das richtige Maß bewahren, das Versprechen halten, das ich mir selbst gegeben habe, mich nicht unkontrolliert zu verhalten. It's not worth the risk! – Es ist das Risiko nicht wert! Das wäre das Resümee meiner Gedanken.

Dieses alles schreibe ich um 4 Uhr morgens, Basel liegt noch neben mir und schnarcht. Ich will versuchen, auch noch zu schlafen.«

Am Morgen ist das Wetter sehr schlecht. An den anderen Leuten merke ich, wie gut ich mich an das Klima und die Kälte gewöhnt habe. Mir macht die Temperatur viel weniger aus als den anderen. Gut zwei Wochen bin ich allein unterwegs gewesen, mir kommt es vor wie eine Ewigkeit.

Der Schlaf hat mir gut getan. Ich fühle mich bedeutend frischer als gestern. Trotz des schlechten Wetters packen wir die Sachen zusammen und brechen auf. Nach ungefähr einer Stunde müssen wir Rast machen, da die Kälte schneidend ist und einem von Basels Gästen die Hände unerträglich kalt werden. Der junge Mann gerät in Panik und fürchtet um seine Hände. Wir schlagen ein Zelt auf, zünden einen Kocher an und wärmen ihm

seine Finger. Obwohl zu diesem Zeitpunkt keine Gefahr für ihn bestand, war ihm der Schrecken mächtig in die Glieder gefahren. Zusammen mit seinem Vater beschließt er, daß es zu gefährlich sei, die Reise fortzusetzen. Es dauert einige Zeit, bis es Basel und mir gelingt, mit meinem Funkgerät eine Verbindung mit dem Flughafen Resolute Bay herzustellen, da die Batterien ausgekühlt sind und nur langsam ihre Kapazität zurückerhalten.

Für den Piloten, der zwei Stunden später bei Sturm und Schneetreiben mit einer Twin Otter in Resolute startet, bedeutet dieser Job nichts Außergewöhnliches. Die Piloten sind in dieser Gegend wahrlich zu Hause und gewohnt, bei Wind und Wetter zu fliegen. Da müssen schon wirklich unglaubliche Verhältnisse herrschen, bevor einer von diesen Flugzeugartisten es vorzieht, am Boden zu bleiben. Die Schwierigkeit in diesem speziellen Fall besteht weniger in den ungünstigen Witterungsverhältnissen, sondern vielmehr darin, unsere Position ausfindig zu machen. Da wir kaum Sicht haben, können wir unseren Standort nur grob schätzen – und das ist in diesem weitläufigen Gebiet nun alles andere als einfach. Fieberhaft arbeiten wir an einer Piste für das Flugzeug, stellen Packsäcke als Begrenzung und Markierung auf und legen die Signalpistole bereit. Die Spannung nähert sich dem Höhepunkt, als wir entferntes Motorbrummen hören. Sehen können wir jedoch nichts. Über Funk hält Basel mit dem Piloten Verbindung und versucht ihn nach Gehör heranzulotsen. Ein schwieriges Unterfangen. Mehrfach überfliegt uns die Maschine, ohne uns jedoch ausfindig zu machen, die Sicht ist einfach zu schlecht! Jetzt wird es kritisch. Der Brennstoff der Twin Otter geht zur Neige, der Weg zurück muß schließlich mit einkalkuliert werden. Nochmaliges Annähern, und da endlich durchstößt er die Wolkendecke. Sofort schieße ich mehrere Raketen ab – über Funk teilt uns der Pilot mit, daß er uns gesehen hat. Was nun folgt, ist – zumindest für einen Buschpiloten – nichts weiter als Routine. Trotz Sturm, Schneetreiben, extrem schlechter Sicht und überaus kurzer und rauher Landebahn setzt er das Flugzeug sicher auf das Eis. Zum Glück handelt es sich um eine Twin Otter und nicht um eine alte DC 3, die eine erheblich längere Piste benötigt. Die unerhörte Leistung dieses Piloten, der sich so gibt, als hätte er gerade bei strahlendstem Sonnenschein einen netten Rundflug absolviert, läßt sich mit Worten nur schwer schildern. Ein hartes Brot, doch ein faszinierendes, wie man mir immer wieder versichert. Die beiden verschreckten Gäste werden schnell im Flugzeug untergebracht, die Propeller beginnen sich zu drehen und einige Sekunden später ist der Spuk vorbei. Selbst die Motoren sind schlagartig verstummt, der Wind zerreißt sofort jegliches Geräusch. Keiner von uns lacht über die beiden Ausgeflogenen, so mancher, der das erste Mal mit der brutalen Wirklichkeit der Arktis konfrontiert wird, wird verschreckt reagieren. Und schließlich ist es nicht jedermanns Sache, Daumen oder Nasenspitze blaugefroren nach Hause zu tragen.

Nachdem wir unsere Sache wieder zusammengesucht haben, fahren wir trotz schlechten Wetters noch ein Stück weiter. Gegen Abend wird das Lager aufgebaut, der Tag nimmt seinen Lauf. Alle sind ein wenig unruhig wegen herumstreunender Bären. Die Eskimos würden sogar am liebsten weiterfahren, da sie einen höllischen Respekt vor den Eisbären haben. Nur ich bin diesmal unbesorgt! Nicht etwa daß ich mutiger wäre als meine Begleiter, ich fühle mich bloß inmitten der Gruppe unendlich sicher! Die vorangegangenen Erfahrungen waren derart beeindruckend und nachhaltig in ihrer Wirkung, daß ich mir sage, schlimmer kann es nicht kommen, schon gar nicht, wenn mehrere Personen vor Ort sind. So schlafe ich also ruhig und tief und hole mein Schlafdefizit so langsam wieder auf.

Wir folgen genau der Strecke, die ich sonst allein gelaufen wäre. Es geht vorbei an meinem Proviantdepot, das ich unterwegs einrichten ließ. Es steht an einer Stelle, die Boat Point genannt wird. Diese Stelle ist durch einen markanten, steilen Felsen gekennzeichnet, der sich von der übrigen Landschaft deutlich abzeichnet. Bei dem Depot handelt es sich um eine Tonne, in die ich Brot, Pemmikan, Brennstoff, Feuerzeuge, Streichhölzer, Schinken und anderes mehr verpackt habe. Dies sollte eisbärensicher sein, obwohl die Eskimos nicht ganz davon überzeugt sind. Da ich nunmehr keinen Bedarf an den dort gelagerten Vorräten habe, lasse ich sie, wo sie sind – vielleicht hat sie später einmal ein Reisender bitter nötig!

Den gleichen Weg, den wir jetzt gehen, hat auch damals Frederick Cook eingeschlagen, als er mit seinen beiden Eskimos Ende Juni 1908 die Devon-Insel erreichte und sie an derselben Stelle querte, wie wir es tun. Cook kam damals – zumindest erhob er den Anspruch – als erster erfolgreich vom Nordpol zurück. Durch die Eisdrift war er jedoch so weit nach Westen abgedrängt worden, daß es für ihn unmöglich war, den direkten Weg nach Grönland, seinem Ausgangspunkt, zu wählen. Auf abenteuerlichste Weise mußte er später sogar noch am Cap Sparbo auf der Devon-Insel überwintern und erreichte erst nach insgesamt 14 Monaten wieder Grönland. Er wurde gerade noch rechtzeitig von Eskimos entdeckt, sonst hätte diese Odyssee noch zum Schluß ein tragisches Ende gefunden. Ich versuche, mich in die Situation dieser drei einsamen Wanderer zu versetzen. Mit zerschlissener Kleidung, immer am Rande des Hungertodes, ohne Aussicht auf Hilfe von draußen – wie gut geht es uns dagegen doch! Zu der damaligen Zeit existierte auch Grise Fjord noch nicht. Dieses kleine Dorf wurde erst in den fünfziger Jahren unseres Jahrhunderts aufgebaut. Cap Sparbo liegt Grise Fjord genau gegenüber, etwa 75 km entfernt. Kein Problem, es bei gutem Wetter vom Dorf aus zu sehen. Wie sehr mögen sich die drei wohl ein solches Dorf herbeigesehnt haben. Ich bin eigenartig betroffen von dem Schicksal, das sich hier abgespielt hat. Es sind jetzt 72 Jahre her; diese Männer haben ein Stück Arktisgeschichte geschrieben, das noch gar nicht so alt ist.

Wir treffen auf eine Herde Moschus-Ochsen, die, als sie uns erblicken, sofort ihre Abwehrstellung beziehen und sich mit den Hinterteilen zu einem Kreis zusammenstellen. Ich gehe vorsichtig heran, bis auf einige Meter. Die Tiere bleiben völlig bewegungslos stehen, beobachten mich aber dabei sehr genau. Man sagt, daß die Tiere so etwas wie eine Bannmeile haben; denjenigen, der diese Grenze überschreitet, greifen sie an. Nun, keiner kennt genau diese »Bannmeile«, und ich bin mir auch nicht ganz sicher, ob die Tiere selbst immer so genau die Entfernung einschätzen, daher bleibe ich lieber in einem Abstand von ca. fünf Meter stehen und beobachte sie. Ich sehe sie mir an, präge mir Einzelheiten ein und fotografiere sie. Ein phantastischer Anblick!

Am Abend werde ich durch Zufall Zeuge eines Gespräches zwischen Akpaliapik, Ekaksak und Basel. Sie wechseln nur wenige Worte, die aber auf Englisch, so daß ich sie verstehen kann. Akpaliapik hatte am Nachmittag zwei Caribous geschossen und sie alsdann sofort abgezogen und zerlegt. Als ich mir dann unter den Augen von Ekaksak und Akpaliapik ein Stück Fleisch aus dem noch warmen und dampfenden Tier schnitt – die Erlaubnis hatte ich zuvor von Akpaliapik eingeholt, und es alsdann hungrig verschlang, wechselten die beiden Blicke, deren Bedeutung ich erst aus dem Gespräch erfahren soll.

»A big piece for Arved – ein großes Stück für Arved«, höre ich Ekaksak sagen, »I'll bring it to him.« Offensichtlich sind sie beim Aufteilen des Abendessens, und richtig, plötzlich kommt Ekak-

sak in das Zelt und stellt mir mit dem strahlendsten Lachen einen Teller mit einem prächtigen Stück gekochten Cariboufleisch vor die Nase. Ich bin sprachlos, Ekaksak bringt mir das Abendessen, zuvor hat er sich vergewissert, daß ich auch ja ein gutes Stück Fleisch bekomme. Dieser Mann hat es wahrlich nicht nötig, mich zu bedienen. Es ist dies eine Art Freundschaftsbekundung, über die ich mich ungemein freue. Es ist auch das erste Mal, daß ich ihn meinen Vornamen aussprechen höre.

Ich bedanke mich herzlich bei ihm und schiebe mir sofort ein großes Stück Fleisch zwischen die Zähne. Ekaksak sitzt vor mir in der Hocke und beobachtet mich genau. »Do you like it – schmeckt es dir?« »Oh, it's great, really! – es schmeckt prima, wirklich!« Zufrieden mit dem Ergebnis verläßt er ohne weitere Worte das Zelt.

Eskimos sind zwar fast immer freundlich, doch glaube man nicht, daß sie einen sofort als »Freund« anerkennen. Die Annäherung findet nur langsam statt. In vielen Fällen fühlt der Eskimo sich dem Fremden gegenüber überlegen, nur zeigt er seine Einstellung fast nie. Auch nach diesem Erlebnis würde ich niemals behaupten, daß Ekaksak und mich eine innige Freundschaft verbindet, aber der Grundstein dazu ist gelegt. Ich bin für ihn zumindest eine respektable Person geworden, die sich nicht über die Gepflogenheiten der Innuit* amüsiert, sondern sie als selbstverständlich hinnimmt und sich ihrer in der gleichen Art und Weise bedient. Die Kluft zwischen ihnen und mir ist kleiner geworden, und das allein bedeutet für mich ein beispielloses Erfolgserlebnis.

Wir haben die Devon-Insel durchquert und fahren jetzt durch den Jones Sound in östlicher Richtung. Würden wir diesen Kurs beibehalten, müßten wir theoretisch irgendwann einmal auf die grönländische Küste treffen.

_____

Innuit = Eskimos

126

Das Wetter ist mäßig. Da keine Orientierungshilfen sichtbar sind, richten sich die Eskimos nach der Schneedrift. Durch die vorherrschenden Winde ist der Schnee in eine ganz bestimmte Richtung geschichtet. Die Eskimos können diese Schneedrift exakt interpretieren und sich entsprechend danach orientieren. Diese Fähigkeit kann man sich nur sehr schwer aneignen, es gehört schon das den Eskimos eigene Naturverständnis dazu, um hier sicher zu urteilen.

Am Morgen des nächsten Tages verbessert sich die Sicht. Deutlich zeichnet sich der gigantische Felsen des »South Cape« ab. Die Ellesmere-Insel, unser Ziel, liegt vor uns. Nach einigen Stunden erreichen wir das Cape und legen eine Pause ein. In der steilen Wand befinden sich überall kleine Höhlen, in denen zu fortgeschrittener Jahreszeit Vögel nisten. Durch den Kot, der sich seit Generationen am Fels gesammelt hat, ist das Gestein rötlich gefärbt. Die Klippen der Ellesmere-Insel – fast geht etwas Bedrohliches von ihnen aus – sind nach Grönland das dem Nordpol am nächsten gelegene Land. Tiefe Fjorde schneiden in die Insel, geben ihr einen majestätischen Anblick. Riesige, im Sonnenlicht gleißende Eisberge säumen die Küste und ziehen sich vereinzelt bis in die Fjorde hinein. Das Eis bricht das Licht, die Eisberge leuchten grünlich blaß, als wären sie von innen illuminiert. Die Schneekristalle glitzern wie kleine Edelsteine, und wie die Zipfel einer Decke ziehen sich die Gletscherzungen der Eiskappe in die Täler. Ein überwältigender Anblick.

Vom South Cape bis nach Grise Fjord sind es nur noch ungefähr 50 Kilometer. Wir sind unruhig, wollen endlich das Dorf erreichen. Wie Spielzeughäuser tauchen am Horizont die Gebäude der Siedlung auf. Das Dorf liegt an dem gleichnamigen Fjord und ist von steilen Bergmassiven umsäumt.

Grise Fjord, das nördlichste Dorf Kanadas. Nur in der Thule-Region auf Grönland leben Menschen noch höher im Norden sowie in kleinen Forschungsstationen, die im äußersten Norden aufgebaut worden sind. Gegen Abend erreichen wir die Siedlung. Hunde zerren an den Ketten, Leute kommen uns entgegengeeilt, um uns als Gäste zu begrüßen.

Wir sind am Ziel! Das ganze Dorf ist in heller Aufregung. Es gibt hier nicht viele Abwechslungen, und die wenigen, die es gibt, werden reichlich ausgekostet. Akpaliapik ist hier zu Hause. Seine Frau lotst uns durch die Menschenmenge in ihr Haus. Uns erscheint es unerhört warm hier drinnen. Der heiße Tee läßt den Schweiß aus allen Poren strömen. Wir lachen ausgelassen, trinken Unmengen an Tee und essen Gebäck. Plötzlich ist man wieder in einer anderen Welt. Die Strapazen der Reise gehören der Vergangenheit an.

Und wie steht es mit mir? Bin ich enttäuscht, daß ich das Ziel nicht im Alleingang erreicht habe?

Ein Tagebuchauszug gibt darauf Antwort: »Ich fühle nach wie vor keine Reue, daß ich mich so entschieden habe. Es war zweifellos – dies kann ich gerade jetzt nach einigen Tagen Abstand sagen – die einzig richtige Entscheidung. Und, um ehrlich zu sein, macht mich das Wissen darum, in dieser Situation richtig entschieden zu haben, ein bißchen stolz. Ich glaube, daß mich dieses ›Bewahren einer gewissen Entscheidungsfreiheit‹ von dem bloßen Draufgängertum unterscheidet.«

Ich habe Abenteuer und Eindrücke gesammelt, die mich bis zum Rande ausgefüllt haben, die in gewisser Weise Brennstoff für den Geist sind. Mehr hätte ich nicht tragen können, ohne von der Last erdrückt zu werden. Ich bin ein reicher Mann, – nicht an Geld, aber an Erlebnissen, und das ist es, was mich glücklich macht!

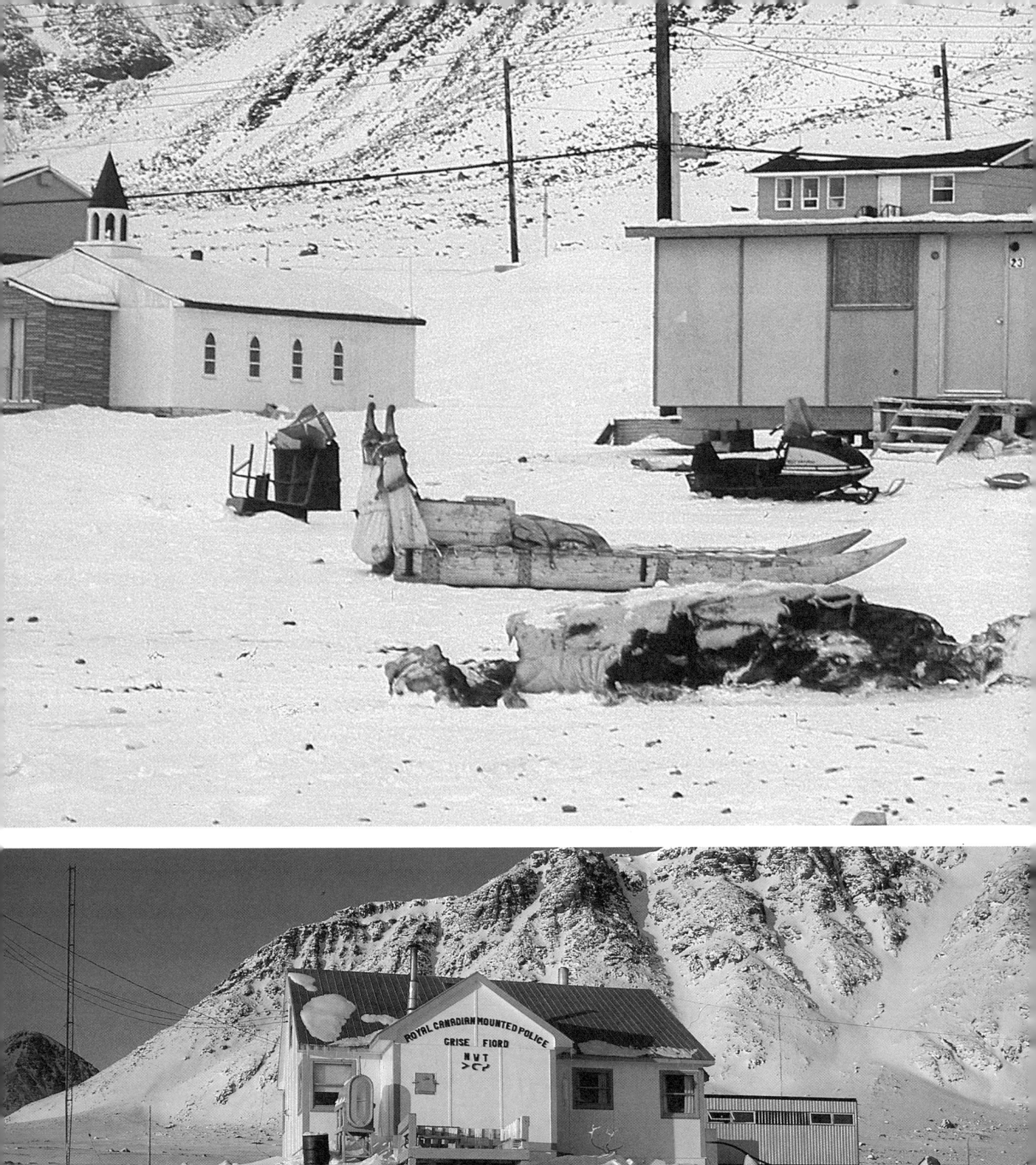

Grise Fjord – endlich ist es geschafft. Zwar nicht ganz aus eigener Kraft, aber mit der Hilfe der Eskimos nach dem nächtlichen Überfall ist das Vertrauen zu diesen Menschen gefestigt. Grise Fjord ist eine der nördlichsten menschlichen Siedlungen und, wie auch Resolute-Bay, erst in den letzten Jahren von Eskimos besiedelt worden.

129

Die Zivilisation hat auch das nördlichste Dorf Kanadas eingeholt. Felle für den Süden, Nahrungsmittel, Limonade und Gerätschaften für den Norden. Doch überall Hunde, die die rauhe Witterung durchstehen, weil sie nie eine warme Stube kennengelernt haben.

131

Mit dem Hundeschlitten unterwegs

Das Heulen der Hunde übertönt jedes andere Geräusch, eine Unterhaltung ist kaum noch möglich. Dort stehen sie, 13 Energiebündel, die nur darauf warten, endlich vor den Schlitten gespannt zu werden. Doch stehen sie wirklich? Nein, sie zerren und reißen an den Stricken, springen hoch und fallen zurück auf das Eis. Einige versuchen, sich zu beißen, doch die Leinen sind stärker. Larry geht dazwischen und teilt nach allen Seiten derbe Fußtritte aus. Einige der Getroffenen legen sich winselnd auf den Boden, aber nur, um in der nächsten Sekunde wieder erregt aufzuspringen. Es ist ausgeschlossen, hier Ruhe und Ordnung hereinzubringen. Ich halte mich ein wenig abseits, damit die Tiere langsam meine Witterung aufnehmen und sich an mich gewöhnen können. Als Fremder sollte man nur sehr vorsichtig Kontakt mit Schlittenhunden suchen. Es wäre nicht das erste Mal, daß übertriebene Eile von den Hunden falsch verstanden worden wäre.

Larry ruft mich zu sich und gemeinsam mit ihm fasse ich den Leithund an. Wir gehen jetzt von Hund zu Hund und wiederholen die Begrüßungsprozedur, und schon bin ich kein Fremder mehr, brauche keine Angst zu haben, von einem der Tiere gebissen zu werden. Es sind schon rauhe Gesellen, diese Huskies, fast alle tragen sie Narben und Wunden zur Schau, die sie in einem der letzten Ringkämpfe davongetragen haben. Da sieht man dann Blumenkohlohren, vernarbte Lefzen und kahle Stellen. Einmal in Wut, sind sie unerbittliche Gegner. Doch so brutal die Kämpfe untereinander auch sein mögen, nur selten stirbt ein Hund während eines solchen Kampfes. In dem Moment, wo das unterlegene Tier sich auf den Rücken legt und dem Gegner seine Kehle darbietet, läßt der Sieger ab. Ähnlich wie bei Wölfen, funktioniert hier noch die naturgegebene Sicherung, niemals ein Tier der eigenen Gattung zu töten.

Dem Menschen ist diese grandiose Hemmschwelle leider Gottes fremd!

Stirbt trotzdem ein Kämpfer, dann meistens an den Folgen, die er im Kampf davongetragen hat. Ein Rudel stellt eine feste Gesellschaft dar, in der es strenge Regeln gibt, die jeder der Hunde beachten muß. Jeder einzelne hat einen bestimmten Rang inne, den er immer wieder verteidigen muß. Wird beispielsweise der Leithund krank oder schwach, wird der zweite in der Rangliste ihn sofort fordern und ihn gegebenenfalls auf Platz zwei verweisen. Zeigt er auch dort Schwächen, wird ihn die Nummer drei fordern, und so geht es weiter, bis er sich entweder erholt und seinen alten Platz wieder zurück erkämpft hat oder aber sich mit einer niedrigeren Rangstellung zufrieden gibt.

Das Dasein dieser Tiere ist hart, ihr Leben ein

ständiger Kampf. Zeit ihres Lebens werden sie niemals Bekanntschaft mit einer geheizten Hütte machen, sie leben ständig draußen, ob es nun stürmt oder schneit. Selbst die Welpen werden im Schnee zur Welt gebracht, nur geschützt durch die Wärme der Mutter. Nur die stärksten und widerstandsfähigsten eines Wurfes können daher überleben, es findet eine natürliche Selektion statt. Es bricht mir manches Mal fast das Herz, wenn ich solch kleine Wollknäuel erfroren zwischen den Hütten liegen sehe. Einige werden beiseitegelegt, damit die anderen die Kadaver nicht fressen. Zu einem späteren Zeitpunkt zieht man dann diese kleinen, hartgefrorenen Hunde ab und verwertet das Fell – das rauhe Gesetz der Arktis, der Schwächere dient dem Stärkeren zum Überleben!

Inzwischen hat Larry die ersten drei Hunde angespannt. Ich halte derweil den Schlitten fest, damit sich die angespannten Hunde nicht vorzeitig damit auf den Weg machen. Die Halfter für die Tiere bestehen entweder aus dicker Leinwand, oder aber aus traditionellem Walroßleder. Letzteres wird schon mal gern von den ewig hungrigen Tieren angenagt, wenn nicht sogar gefressen, daher zieht der Eskimo Leinwand oder neuerdings auch Kunstfasern dem Leder vor. Ein Hund nach dem anderen wird jetzt angespannt, längst habe ich den Schlitten auf die Seite gelegt, da ich ihn niemals mehr hätte halten können. Man sagt, daß ein Hund so ungefähr 40 Kilogramm ziehen kann.

Die Hunde werden immer etwas entfernt von den Häusern gehalten. Das hat seinen Grund. In der Vergangenheit hat es Unfälle gegeben, bei denen spielende Kinder von einem Rudel angegriffen und zerrissen worden sind. Dies geschieht nicht etwa deswegen, weil die Huskies von Natur aus aggressiv oder bösartig sind, sondern meist, weil die Kinder unachtsam waren und hingefallen sind.

Man darf sich nicht darüber hinwegtäuschen, diese Schlittenhunde sind keine braven Zivilisationshunde, sondern eher den Wölfen zuzuordnen. Nicht selten können bei Wolfsrudeln in der Arktis einige Schlittenhunde beobachtet werden, die sich gut in die Gemeinschaft eingegliedert haben und auch von den Wölfen durchaus akzeptiert werden.

Der letzte Hund ist angespannt, Larry brüllt aus Leibeskräften einige Befehle, verteilt noch schnell ein paar Fußtritte. Schlittenaufrichten und sich draufschmeißen ist eins. Auf den ersten hundert Metern sind alle Versuche, die Tiere zu bremsen, vergeblich. Als gelte es, ihre Seele vor dem Fegefeuer zu retten, so rasen sie über die Eisbank und zerren dabei erbarmungslos den Kamutik hinter sich her. Larry und ich müssen immer wieder das Gewicht verlagern, damit das Gefährt nicht von einem Eisbrocken umgeworfen wird. Trotz der Kälte kommen wir ins Schwitzen. Larry war längere Zeit nicht mehr mit seinen Hunden unterwegs gewesen, daher sind sie jetzt außer Rand und Band. Seine fünf Meter lange Peitsche aus Walroßhaut saust über ihre Köpfe und erinnert sie an ihren Herrn. Langsam wird das Tempo etwas gemäßigter. Nach einer halben Stunde machen wir eine kurze Pause. Durch den hektischen Aufbruch haben sich die Leinen der einzelnen Hunde völlig verwickelt und verknotet. Mit stoischer Ruhe beginnt Larry mit bloßen Fingern, die Leinen zu entwirren. Gerade ist er fertig, als es zu einer Beißerei unter den entnervten Tieren kommt. Das Chaos ist perfekt! Nur mit Mühe gelingt es Larry, die erhitzten Gemüter wieder zu beruhigen. Danach fängt er erneut mit dem Entwirren der Schnüre an. Später wiederholen sich solche Vorgänge häufiger, doch niemals habe ich erlebt, daß Larry die Nerven durchgegangen wären. Er flucht und tritt um sich, beginnt aber immer wieder, ohne jede Hektik, den gordischen Knoten zu lösen.

Haben sich die Hunde beruhigt, nehmen sie einen gleichmäßigen Trab an, man kann es sich dann zumeist richtig gemütlich auf dem Schlitten machen. Larry und ich unterhalten uns, er ist stolz auf sein gutes Englisch und fragt mich nach allen Regeln der Kunst aus. Ich beantworte gern alle seine Fragen, wir kommen uns dadurch ein wenig näher. Er ist erstaunt darüber, daß ich mich für Huskies interessiere. Fotografieren, ja, das wollen die wenigen Fremden, die hierher kommen, alle, aber lernen, wie man mit den Hunden umgeht, sie ausbildet, das interessiert kaum jemanden. Wer heute in die Arktis kommt, der bringt meistens ein Ski doo mit, für Hunde interessiert sich kaum noch ein Eskimo – zumindest gilt dieses für den kanadischen Teil der Arktis. Selbst in Grise Fjord, dem kleinsten, abgelegensten und nördlichsten Dorf, gibt es nur noch wenige Gespanne. Der Rest fährt bereits den Motorschlitten. In Grönland ist das alles anders, erzählt Larry, dort gibt es nördlich von Sisimut (Holsteinborg) keinen einzigen Ski doo, sie sind dort verboten. Dafür wimmelt es überall von Hunden. Noch vor einigen Jahren kamen die Eskimos von Thule und Siorapaluk regelmäßig jeden Frühling mit mehreren Hundegespannen über den Smith Sound nach Grise Fjord. Eine lange und beschwerliche Reise, da es in dem Sund zwischen Grönland und Kanada immer offenes Wasser gibt und man daher einen großen Umweg fahren muß. Die Grönländer haben auf dem Weg hierher Eisbären gejagt, so wie sie es seit Generationen gemacht haben. Sie sind aber deshalb mehrfach von kanadischen Patrouillenflugzeugen aufgesucht worden, da sie unerlaubt auf kanadischem Territorium jagten. Die Grönländer haben das nicht verstanden, für sie gibt es keine Grenzen, sie haben schon immer in diesem Gebiet gejagt und sehen nun nicht ein, warum sich das plötzlich ändern soll. Das Auftreten der Uniformierten hat sie offensichtlich erschreckt, denn sie sind seitdem ausgeblieben.

Bei Grise Fjord gibt es sogar einen Berg, der »Greenlander« genannt wird, von ihm hielt man früher Ausschau nach Besuchern aus Grönland. Diese schöne Tradition ist leider ein Opfer der Bürokratie geworden.

Auch Larry ist schon einmal in Qanaq (Thule) gewesen. Mit Hunden? Er lacht. »Nein, nicht mit Hunden, ein Flugzeug hat uns dorthin gebracht.« Dann wird er aber wieder ernst und sagt, daß er sehr gern einmal mit einem Gespann nach Grönland fahren würde. Nur sei dies ein langer und beschwerlicher Weg, seine Hunde müßten in Topform sein und außerdem bräuchte er Begleiter. Aber eines Tages sind vielleicht all diese Voraussetzungen erfüllt und es kann losgehen.

Obwohl es schon neun Uhr abends ist, steht die Sonne hoch am Himmel. Schon seit einiger Zeit scheint sie den ganzen Tag, der Tag- und Nachtunterschied hat seine Bedeutung verloren. Die Hunde sind jetzt ruhig geworden. Bei Pausen legen sie sich sofort hin und fressen Schnee, ansonsten stecken sie die Schnauze unter den Schwanz und schlafen. Schon im zarten Alter von 7–8 Monaten werden sie auf ihre spätere Aufgabe, das Schlittenziehen, vorbereitet.

Ein Gespann kann aus 5–6 Hunden bestehen, es müssen also nicht immer gleich dreizehn oder mehr sein. Für einen Anfänger empfiehlt sich allemal eine kleine Anzahl. Gefüttert werden sie nur sehr unregelmäßig. Es kann durchaus passieren, daß die Hunde einige Tage nichts zu fressen bekommen und dann einen großen Batzen gefrorenes Fleisch, den sie meistens auf einmal verschlingen. Danach liegen sie träge herum und sind für nichts zu gebrauchen. Beabsichtigt ein Eskimo, mit den Hunden hinauszufahren, füttert er sie nur mäßig, damit sie nicht zu faul werden. Larrys Hunde sind durchschnittlich vier Jahre alt. Ab acht Jahre verlieren die Hunde meistens ihre Leistungsfähigkeit und damit bahnt sich unweigerlich das Ende an. Das Gnadenbrot wird nur sehr wenigen, glücklichen Huskies zuteil. Meistens werden sie in einem

134

bestimmten Alter, spätestens dann, wenn ihre Leistungsfähigkeit nachläßt, getötet, vorzugsweise erdrosselt, damit das Fell nicht durch Einschußlöcher zerstört wird.

So findet der Hund auch über seinen Tod hinaus Verwendung für den Eskimo. Sicherlich ist dies eine grausame Art, »Dankeschön« zu sagen, zu einem Wesen, das sein ganzes Leben dem Menschen treu gedient hat. Der Eskimo tötete seine Hunde aber auch nicht aus Undankbarkeit oder Sadismus, sondern aus der puren Not heraus. Fast immer war es schwierig oder gefährlich, genug Proviant zu besorgen. Einen arbeitsunfähigen Hund nur aus Dankbarkeit durchzufüttern, war und ist undenkbar, ihn verhungern zu lassen, unmenschlich. Außerdem braucht man das Fell und kann das Fleisch verfüttern. Diese Einstellung hat sich so fest in die Menschen eingeprägt, daß sie auch heute noch so verfahren, obwohl es in dieser Zeit keine Notwendigkeit mehr für ein derartiges Verhalten gibt.

Übrigens trat man früher, d.h. noch vor wenigen Jahrzehnten, alten oder kranken Menschen mit der gleichen Härte gegenüber. Alte Leute galten nicht, wie bei den Indianern, als weise und ehrfurchtgebietende Personen, sondern nur als zusätzliche Esser, die selbst nichts mehr zur Nahrungsbeschaffung beitragen konnten. Nicht selten wurde ihnen nahegelegt, doch freiwillig den Tod zu suchen, was auch tatsächlich von den Betroffenen auf sich genommen wurde. Wer eine derartige Härte gegen sich selbst aufbringen kann, der kann sich auch, wenn es an der Zeit ist, von seinem Hund trennen.

Das Lenken eines Hundegespannes ist nicht gänzlich ohne Tücke. Ein Zügel wie bei einem Pferdegespann, mit deren Hilfe man sein Gefährt in die gewünschte Richtung lenken könnte, gibt es nicht. Zwar haben mir einige Eskimos erzählt, daß man nur links oder rechts zu rufen braucht, und

schon würden die Hunde in die entsprechende Richtung laufen, doch gesehen habe ich solch folgsame Hunde nirgendwo! Das einzige, was mir unauslöschbar in Erinnerung bleibt, ist ein auf dem Schlitten brüllender Eskimo, der vergeblich den Hunden klarzumachen versucht, doch in die gewünschte Richtung zu marschieren. Fruchten alle seine Bemühungen nicht, greift er zu einer anderen Methode, deren wir uns auf unserer Tour ständig bedient haben. Aus voller Fahrt heraus lassen wir uns einfach neben den Schlitten auf das Eis fallen und halten uns dabei mit aller Kraft am Kamutik fest. Durch diese Bremswirkung kommt der Schlitten schnell zum Stillstand, und sofort beginnt der nächste Akt. Mit der langen Peitsche läuft einer nach vorn zu den Hunden, brüllt sie an und drängt sie dabei in die gewünschte Richtung.

Sobald sie sich erneut formiert haben, geht die wilde Hatz weiter und der Dirigent hat jetzt seine liebe Not, den schon wieder in voller Fahrt befindlichen Schlitten zu erreichen. Wehe dem, der in solch einem Moment ausrutscht oder aber zu langsam reagiert! Sofern kein zweiter Mensch auf dem Schlitten sitzt, muß er sich auf einen langen und beschwerlichen Fußmarsch einrichten, denn nicht immer gelingt es ihm, seine Meute wieder einzufangen. Ein solcher Unfall ist für die Eskimos eine Horrorvision. Nicht nur wegen der Gefahr oder des Materialverlustes, nein, die Schmach, ohne Gespann ins Dorf zurückzukehren, um dort dem Spott seiner Mitmenschen preisgegeben zu sein, ist es, was ihn zutiefst beschämt.

Wir reden jetzt nicht mehr, sondern sitzen schweigsam auf dem mit Fellen gepolsterten Schlitten. Es ist fast Mitternacht geworden, doch die Sonne scheint unverändert. Die Temperaturen sind in den letzten Tagen erheblich milder geworden, der Frühling ist nah. Wie ein Messer durchschneiden die schweren Kufen den knirschenden Schnee.

Die Berge scheinen nah, dabei sind sie doch noch so weit entfernt. Es geht vorbei an glitzernden Eiskristallen, die so kunstvoll geformt sind, daß keine noch so geschickte Menschenhand sie nachbilden könnte.

Wir halten an, die Hunde sind für heute erschöpft. Mit einer Axt hackt Larry Löcher in das Eis, so daß sich Ösen bilden, durch die er dann wiederum die Leinen zieht, mit denen jeder Hund einzeln festgebunden wird. Von einer hartgefrorenen Robbe schlägt er anschließend etwa faustgroße Stücke ab, die er jedem einzelnen Hund zuwirft. Würde er die Robbe einfach in das Rudel werfen, würden die schwächeren Tiere nichts abbekommen, deshalb verteilt er die Portionen. Wie hungrige Wölfe fangen sie den Brocken im Flug und schlingen ihn sofort herunter. Nachdem jeder von ihnen einige dieser gefrorenen Klumpen hinuntergewürgt hat, legen sie sich hin und schlafen. Auch wir können uns beruhigt der verdienten Ruhepause hingeben, denn bei Annäherung eines Eisbären würden die Hunde sofort einen Höllenlärm veranstalten.

Der Kocher summt, wir wärmen unsere Hände an den dampfenden Teetassen. Hin und wieder hört man einen der Hunde im Schlaf winseln. Nein – um nichts in der Welt möchte ich jetzt mit jemandem tauschen!

Der Hund als Freund?
Hier in der Arktis kämpfen Mensch und Tier
seit Jahrhunderten
ums Überleben und nur
der Stärkste überlebte.
Gemeinsam bestehen
oder untergehen. Als
Hunderasse geblieben
sind die Huskies, mehr
Wolf als Hund in unserem Sinne und immer
zum Kampf bereit.

137

Auf dem Eise zur Welt
gekommen, bleiben die
Huskies wild und leben
in der Meute, wo sich
ständig Rangkämpfe
zutragen. Fast alle ha-
ben Narben und Wun-
den aus irgendwelchen
Streitereien. Dem
Mensch obliegt es, ihre
Kraft als Schlittenhun-
de einzusetzen und die
Meute in geordnete
Bahnen zu lenken.

139

Das Chaos ist da. Eine Rast, eine Beißerei und schon sind die Leinen in heilloser Unordnung. Mit stoischer Ruhe entwirrt Larry das Knäuel, einmal nach links, dann nach rechts Fußtritte austeilend, doch ohne Erregung – wie eine Selbstverständlichkeit.

141

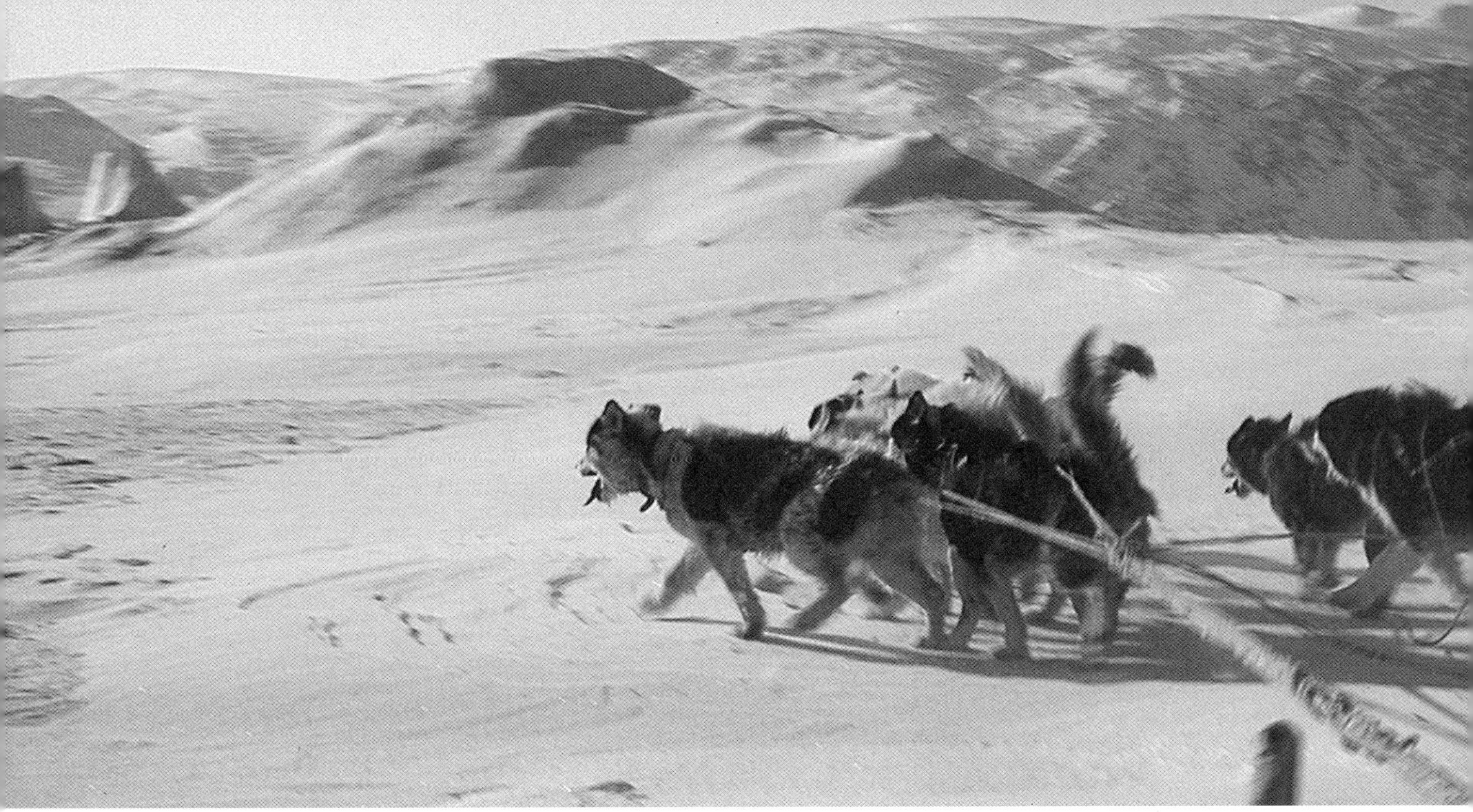

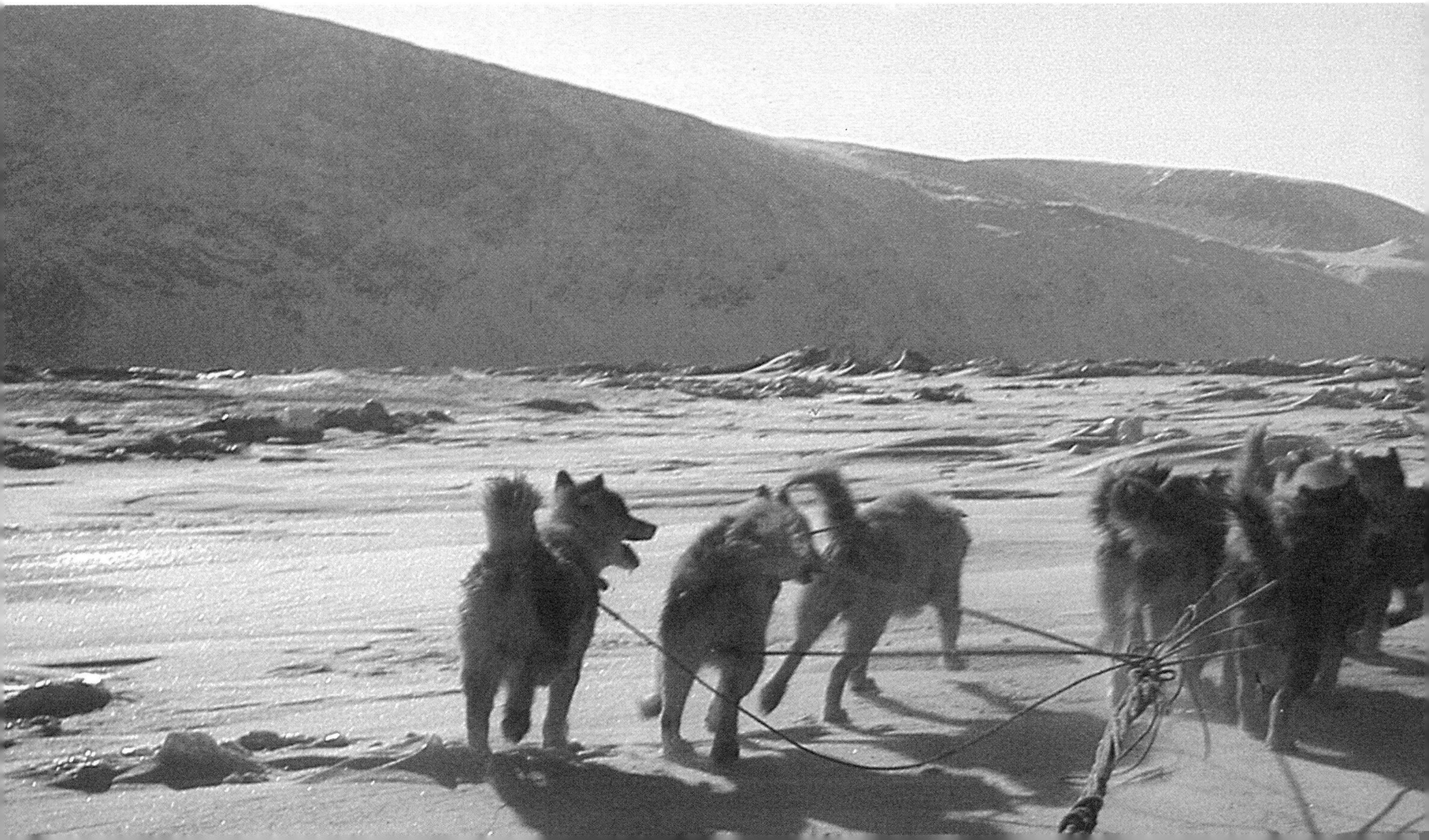

Da die Hunde nicht wie Pferde an Zügeln geführt werden, bedient sich Larry bei einer Richtungsänderung einer ganz einfachen Methode. Er bremst den Schlitten, läuft nach vorn und drängt die Hunde in die gewünschte Richtung, und wenn alles wieder läuft, rennt er zum Schlitten, um diesen in sausender Fahrt zu erreichen.

143

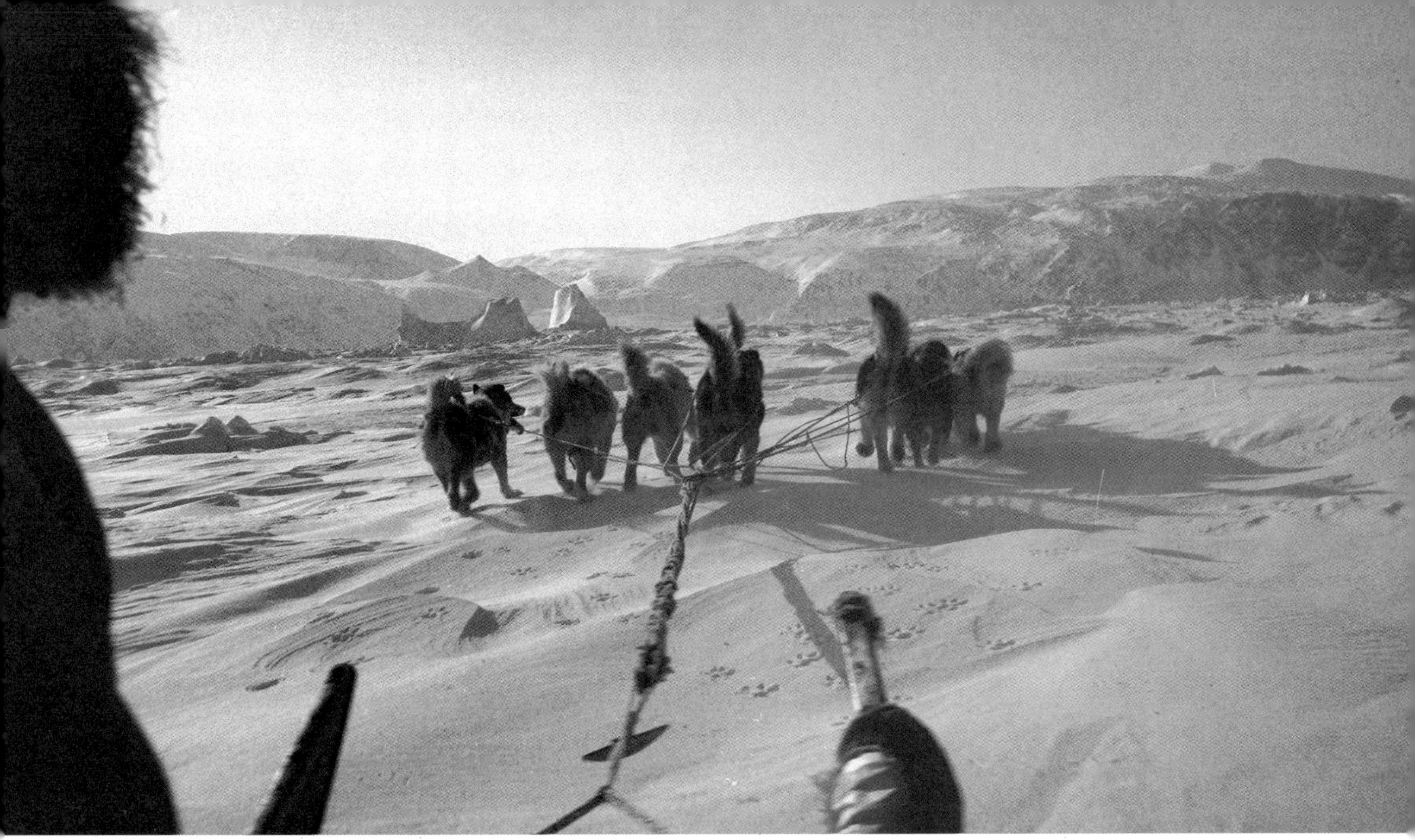

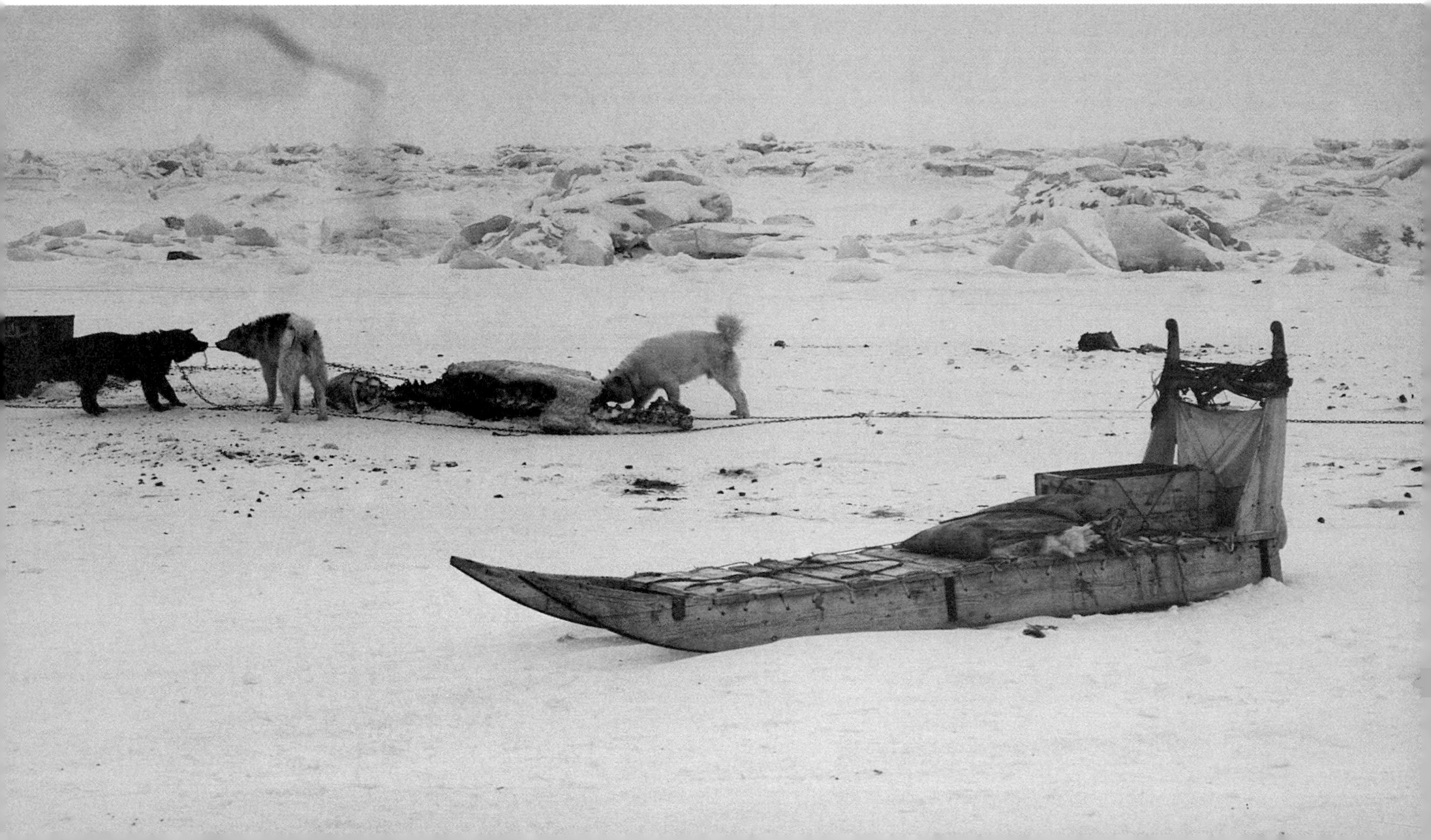

Mitternacht: Die Sonne scheint unverändert. Die Hunde sind nun erschöpft und werden angehalten. Jeder erhält einen Brocken gefrorenes Fleisch, das sie im Nu hinunterschlingen; sie legen sich schlafen. Wie lange werden sie noch gebraucht, wo auch im Norden die motorisierten Schlitten, die Ski doo, um sich greifen?

145

Larry

Der kleine Vorraum ist vollgestopft mit Jacken und Stiefeln aller Art und Größe, Hundegeschirre, einem Eimer mit gefrorenem Fleisch, einem schwarzen Plastiksack, der offenbar Müll enthält, sowie Kisten und Säcken, deren Inhalt man nur erraten kann. Ich ziehe meine Stiefel aus, ordne sie in die bunte Schuhreihe ein. Auf mein Klopfen antwortet mir eine Stimme mit »come in«. Beim Eintreten schlägt mir eine gewaltige Hitzewand entgegen. Der Kontrast zur Kälte, aus der ich gerade komme, erscheint mir unverhältnismäßig groß. Larry lacht, als ich meiner Empfindung Luft mache und sage: »Puh; it's pretty warm in here!« »We Innuit like it warm,«* ist die prompte Antwort. Für ein Volk, das seit Jahrtausenden in der Arktis lebt und dieses auch weiterhin zu tun gedenkt, ist das eine bemerkenswerte Feststellung, wie ich finde. Meine Jacke lege ich über einen Stuhl und setze mich dann zu den anderen an den Tisch. Ich vermeide es, mich in dem Raum umzusehen, sondern tue so, als ob ich mich hier bereits bestens auskennen würde. Jeder richtet seine Behausung so ein, wie er es für zweckmäßig und genehm hält, ein Urteil hierüber steht mir nicht zu. Auf einer Matratze, die auf dem Boden liegt, sitzen zwei Kinder, die mich verstört mit ihren großen, pechschwarzen Augen mustern. Larrys Frau reicht mir einen Becher heißen Tee sowie einen Teller mit selbstgebackenem Brot. Schon beim Eintreten war mein erster Eindruck, dieses Haus, dieses Zimmer könnte im Prinzip überall woanders auf der Welt stehen. Sieht man vielleicht von einigen bestimmten Ausrüstungsgegenständen ab, so gibt es eigentlich keinen Hinweis darauf, daß ich mich in dem nördlichsten kanadischen Dorf befinde. Ein Besucher, der erwartet, Eskimos nur in Iglus und Erdhöhlen anzutreffen, ist sicherlich enttäuscht über das, was sich hier seinen erwartungshungrigen Augen präsentiert. Statt einer Lampe, die mit Seehundfett genährt wird, findet er elektrisches Licht vor, von demselben Generator gespeist, der auch den notwendigen Strom für den verstaubten Plattenspieler abgibt. Die Wärme liefert ein glühender Ölofen, der die Hitze geradezu ausspeit und es nur widerwillig duldet, daß man sich ihm nähert. Die Sperrholzwände sind mit bunter Ölfarbe gestrichen und zusätzlich in unregelmäßigen Abständen mit Bildern, alten Zeitungen und von Kinderhand gefertigten Gemälden verziert. Auf dem Tisch liegt ein in seine Bestandteile zerlegter Spielzeugfrosch, der sich offensichtlich nicht mehr aufziehen ließ und dem Larry unverdrossen mit einem abgebrochenen Küchenmesser zu Leibe rückt.

Erst ein Blick durch das vereiste Fenster gibt mir

---

*»Es ist sehr warm hier!« – »Wir Eskimos lieben die Wärme!«

146

wieder die Gewißheit, daß ich mich tatsächlich in der Arktis befinde und nicht etwa irgendwo anders auf der Welt. Man braucht sich nichts vorzumachen. Die nostalgisch-wehmütige Erinnerung an Eskimos, die dem Weißen beim Eintreten sogleich ihre Frau als Gastgeschenk überlassen, entbehrt zwar nicht eines gewissen historischen Hintergrundes, gehört heute aber sicherlich der Vergangenheit an – zumindest gilt dies für Grönland, Kanada und Alaska, den Gebieten also, die nicht durch politische Reglements für den Reisenden versperrt sind.

Auch die Töpfe mit Urin, die man früher aufbewahrte, um sich die Haare zu waschen, fehlen. Das Ganze macht einen durchaus zivilisierten Eindruck.

Ich schätze Larry auf ungefähr dreißig Jahre, seine Frau ist etwas jünger, sie sind also Innuit der jüngeren Generation. Wrangler Jeans und Coca-Cola gehören ebenso zu ihrem Alltag wie Eis und Schnee. Der Wunsch nach ein wenig mehr Komfort und sogar Luxus sind gegenwärtig – verständlich, wo andere Leute ihn doch auch besitzen. Und eben diese anderen Leute geben sich schließlich alle Mühe, neue technische Errungenschaften der Zivilisation diesen Menschen schmackhaft zu machen. Wen wundert es dann noch, wenn sich aus diesem gesteuerten Wunschdenken bei vielen Leuten eine Frustration breitmacht, da man sich nicht alle diese Wünsche erfüllen kann. Doch nimmt dieses Erscheinungsbild mit der zunehmenden geographischen Breite immer mehr ab. Grise Fjord ist weit abgelegen, und es ist eben diese Abgeschiedenheit, die die Bewohner zumindest einen Teil ihrer Tradition bewahren läßt und vor dem Zugriff der sogenannten Zivilisation schützt. Trotz Ski doo und Coca-Cola, trotz Ölofen und Spielzeugfrosch hat sich hier nämlich ein Teil einer außergewöhnlichen Kultur erhalten können. Die Eskimos von Grise Fjord – nicht einmal hundert an der Zahl – leben im Prinzip ähnlich wie ihre Vorfahren. Die Jagd auf

Seehund, Walroß und Moschus-Ochse dient wie früher der Nahrungsbeschaffung. Die Eskimos erarbeiten sich ihre Mahlzeit selbständig durch die Jagd. Der kleine Co-op store, eine Ladenkette, die in eigener Regie von Eskimos in ganz Kanada betrieben wird, liefert die gewünschten Beilagen wie zum Beispiel Eier, Mehl oder Zucker. Diese Co-op-Läden sind eine erstaunlich gute Einrichtung, fließen doch alle erwirtschafteten Überschüsse in die den Eskimos gehörende Gemeinschaftskasse. Die Innuit-Nation ist im Prinzip nicht arm, im Gegensatz zu den meisten Indianern. Larry ist jung und steht technischen Neuerungen aufgeschlossen gegenüber. Er zählt zu den wenigen, die ein Hundegespann unterhalten, und ich merke, während ich mit ihm rede, daß er bewußt der alten Tradition anhängt. Wir reden über die grönländischen Eskimos, stellen Vergleiche an. Larry steckt voller Bewunderung über seine östlichen Nachbarn, die zumindest in der Thule-Region noch außerordentlich gute Hundeführer sind. Die Alten des Dorfes haben fast alle ihre Gespanne zu Gunsten eines Ski doos abgeschafft, es sind die Jüngeren, die sich auf die Tradition besinnen und Hunde unterhalten. Doch wird es nur eine Frage der Zeit sein, bis auch das letzte Traditionsdenken einem sogenannten Fortschrittsdenken Platz gemacht hat. Noch werden Kamiks und Caribou-Parka hergestellt – zum eigenen Bedarf, versteht sich, nicht als Touristenattraktion. Die Kunst des Iglubauens ist bei diesen nördlichen Bewohnern immer noch Selbstverständlichkeit – aber wie lange noch? Integrationsbemühungen in die moderne Gesellschaft werden unternommen, so gibt es in Grise Fjord eine Schule, zu der die Kinder angehalten werden, sie regelmäßig zu besuchen. Es klappt mehr recht als schlecht. Bei 24 Stunden Tageslicht kommt es schon mal vor, daß die Kinder nicht zum Unterricht erscheinen, da sie die ganze Nacht durchgespielt haben.

Wir haben inzwischen den Tee ausgetrunken und ziehen unsere warmen Sachen an, um nach draußen zu gehen. Larry hat noch etwas mit einem Freund zu besprechen und lädt mich ein, ihn zu begleiten. Wir verlassen den warmen, schützenden Raum und treten in die Kälte, die einem für Momente fast den Atem nimmt. »The people might change, but the arctic stays cold – die Leute können sich verändern, aber die Arktis bleibt kalt,« ruft Larry mir lachend zu und stapft durch den Schnee. Wir treten in einen Vorraum, der dem von Larry auf das Haar gleicht. Auf dem Fußboden sitzen zwei alte Eskimos, zwischen sich Pappe, auf der ein blutiges, rohes Stück Fleisch liegt. Nach alter Sitte schieben sie sich ein großes Stück in den Mund und schneiden den überschüssigen Teil unmittelbar vor den Lippen mit einem Messer ab. Er mit einem Taschenmesser, sie mit einem Ulu, dem gebogenen Frauenmesser. Die beiden Alten nicken mir zu, deuten mir an, mich zu ihnen zu setzen.

Larry ist im Gespräch mit Paul, dem Sohn des Hauses, vertieft. Ich hocke mich auf den Fußboden, und auf die Einladung hin schneide ich mir mit meinem Messer eine Portion von dem blutigen Fleisch ab und verzehre es auf die gleiche Art und Weise wie die beiden Alten. Sie beobachten mich genau und schmunzeln darüber, daß ich mich nicht voller Ekel abgewendet habe. Unterhalten können wir uns nicht, da meine Gastgeber nur Innuktitut sprechen, dessen ich ja leider nicht mächtig bin. Nachdem ich meine Portion vertilgt habe, wische ich mir die Hände an der Hose ab und stecke mir in aller Ruhe eine Pfeife an. Inzwischen haben sich Larry und Paul zu unserer Runde gesellt und Larry beginnt zu dolmetschen. Ich bedanke mich bei meinen Gastgebern und erhalte ein langgezogenes »Eeeh« zur Antwort, was soviel wie »Ja bitte« heißen soll. Danach stehen wir auf, verabschieden uns und gehen zur Tür. Ein letzter kurzer Gruß und Larry und ich sind wieder in der Kälte. Er fragt mich, ob ich denn schon vorher rohes Fleisch gegessen habe. Weiße würden so etwas normalerweise nicht essen. Offensichtlich hat ihn mein Verhalten irritiert. Meine Antwort, daß ich Fleisch in jeder Form mag, gleich ob es nun gekocht, gebraten oder roh ist, quittiert er mit einem unverständlichen Brummen. Gastfreundschaft gilt in der Arktis als eines der obersten Gebote, es ist also somit natürlich, daß ich nun meinerseits Larry zu einer Tasse Tee in meine Behausung einlade, die mir großzügigerweise von Bill Nye, dem Chef des Energieunternehmens NCPC, zur Verfügung gestellt wurde.

Ich weiß nicht mehr, die wievielte Tasse ich heute trinke, aber man hat Zeit und Muße in der Arktis, und Teetrinken wird gern zum Anlaß genommen, ein kleines Schwätzchen zu halten. Nach einer weiteren Stunde ist uns endgültig der Gesprächsstoff ausgegangen. Bevor Larry nach Hause geht, fragt er mich ganz beiläufig, ob ich wohl Lust hätte, ihn morgen wieder mit seinen Hunden zu begleiten. »Ich muß die Tiere bewegen und außerdem Fallen kontrollieren.« Mir ist zum Jubeln zu Mute, hatte ich doch nicht gewagt, diesen Wunsch auszusprechen, da ich Larry nicht in die Verlegenheit bringen wollte, mich gegen seinen Wunsche mitzunehmen.

Ich gehe früh zu Bett, doch liege ich noch lange wach. Der Gedanke, was wohl mit diesem Naturvolk in einigen Jahren geschehen wird, läßt mir keine Ruhe und bedrückt mich zutiefst.

Warum reise ich?

Gehe ich allem aus dem Weg,
noch eh der Kampf beginnt
haben andere schon,
was ich denken soll, bestimmt.

KLAUS HOFFMANN

Ich kenne das Gefühl: Beim Lesen von Reise- bzw. Expeditionsberichten der hier beschriebenen Art stellt man sich unweigerlich die Frage nach dem »Warum«.

Wissenschaftliche Expeditionen sind noch relativ leicht einzusehen, dienen sie doch in gewisser Weise der Menschheit oder haben zumindest einen klar umrissenen Auftrag, den es für die Wissenschaft zu erfüllen gilt. Bei Expeditionen, wie ich sie durchführe, fehlt dieser Gesichtspunkt, denn zu behaupten, daß meine Reisen im Dienst der Menschheit stünden, wäre doch wohl mehr als vermessen! Reine Neugierde an fremden Ländern und Völkern kann aber auch nicht der Grund sein, könnte ich dann doch auf eine bequemere Art reisen und bräuchte mich nicht Tag und Nacht der Gefahr auszusetzen, von einem hungrigen Eisbären verspeist zu werden oder mir Erfrierungen einzuhandeln. Wenn diese Gründe also fortfallen, was ist es dann, das mich jedes Jahr wieder in irgend-einen entfernten Winkel unseres Erdballs treibt? Ist es vielleicht die bloße Lust am Abenteuer oder einfach nur ein übersteigertes Geltungsbedürfnis? Es ist sehr schwierig, wenn nicht gar unmöglich, diese Frage kurz und bündig zu beantworten. Ich habe daher meist ein ungutes Gefühl, wenn ich beispielsweise auf Vorträgen von einem Zuhörer aufgefordert werde, eine Antwort darauf zu geben. Will ich dieser wichtigen Frage nämlich gerecht werden, muß ich weiter ausholen, und genau das läßt sich aus zeitlichen Gründen während eines Vortrages kaum realisieren.

Zu schnell entstehen Gerüchte und Vorstellungen über einen, in denen man sich als der Betroffene vor lauter Verzerrungen gar nicht wiedererkennen kann. Es ist mir darüber hinaus aber auch überhaupt nicht möglich, eine für alle Zeit gültige Antwort zu finden, da das eigene Bewußtsein einer ständigen Entwicklung unterworfen ist und somit eine unaufhörliche innere Diskussion abläuft. Jeden Tag kommen neue Überlegungen und Gedanken hinzu, die wiederum neue Reize auf diese »innere Diskussion« ausüben und sie wieder neu beleben. Ich sehe diese eigene Auseinandersetzung mit der Materie auch als unbedingt notwendig an, sie ist wahrscheinlich ein Teil des Motors, der mich immer wieder antreibt. Hört diese Auseinandersetzung auf, erlischt vielleicht auch mein Interesse an diesen Reisen und veranlaßt mich, etwas anderes zu tun. Sicher ist, daß ich Expeditionen auf dieser hohen Stufe nur solange durchführen kann, wie in mir der dafür nötige geistige Brennstoff vorhanden ist. Geht er mir aus, werde ich zu Hause bleiben und mich einem anderen Interessengebiet zuwenden. Täte ich dies nicht, würde ich wahrscheinlich die nächste extreme Situation nicht mehr überleben, da es nichts gäbe, aus dem ich die nötige innere Kraft schöpfen könnte. Die Motivation, der innere Drive, kann lebenserhaltend sein. Daher kann jemand, der sich aus purer Geltungssucht in ein solches Abenteuer stürzt, meiner Meinung nach auch gar nicht überleben, bzw. er würde diesen Schritt überhaupt nicht tun. Für ihn würde ein anderes, vielleicht spektakuläreres Betätigungsfeld in Betracht kommen, ich denke da z. B. an das Guinness Book of Records, das außergewöhnliche Leistungen, egal welcher Art, verzeichnet und sich einer steigenden Beliebtheit erfreut. Um aber in dieses Buch aufgenommen zu werden, versucht niemand, allein den Nordpol zu erreichen. Reisen dieser Art erfordern eine gewisse Lebensphilosophie, eine gewisse Bewußtseinsbasis, aus der heraus alle Unternehmungen erwachsen. Auch die Frage aller Fragen, nämlich die nach dem Sinn des Lebens, muß hier mit einbezogen werden. Da ich diese Frage weder durch naturwissenschaftlich fundierte Überlegungen, noch durch sonstige Gesetzmäßigkeiten klar abgrenzen kann, schließe ich für mich daraus, daß ein jeder den Sinn seines Lebens selbst definieren und festlegen muß! Selbstverständlich darf dies nur in dem Rahmen und Selbstverständnis geschehen, daß ich dabei keinen anderen in seiner Kreativität, d. h. in seinem eigenen Bemühen, seine Lebensphilosophie aufzubauen, behindere. Das Leben stellt für mich ein Potential dar, das man zur Verfügung hat und mit dem man arbeiten kann. Wie nun jeder einzelne dieses Potential einsetzt, bleibt ihm selbst überlassen.

Der Wunsch, die Welt zu sehen und Abenteuer zu erleben, war bei mir von Kindheit an vorhanden. Meine Eltern haben mich mit sehr viel Verständnis und Toleranz aufgezogen, ich hatte also immer genug Spielraum, meiner Phantasie freien Lauf zu lassen. Jeder meiner Reisepläne – und mögen sie anfangs auch noch so bescheiden gewesen sein – wurde im »Familienrat« genau durchgesprochen und dann von meinen Eltern diplomatisch in realistische Bahnen gelenkt. Ich habe diese elterlichen Direktiven niemals als Bevormundung empfunden, sondern als gutgemeinte Ratschläge meiner »besten Freunde«, als die ich meine Eltern ansehe.

Ob ich eine Fahrradtour in die Umgebung von Bad Bramstedt machen oder zum ersten Mal für drei Wochen in einer französischen Familie leben wollte – stets fand ich bei ihnen ein offenes Ohr, wie im übrigen bei allen anderen Fragen auch. Das Schicksal hat mich, sicherlich ohne mein Zutun, in dieser Hinsicht begünstigt.

Das Geld für meine Reisen habe ich mir übrigens in Ferienjobs zusammengearbeitet, der elterliche Beistand bezog sich keinesfalls auf die bloße Bewilligung von Reisespesen, sondern vielmehr auf konstruktive Lebenshilfe.

Jedes Mal, wenn ich gereist bin, und mag die Reise auch nur eine bessere Spazierfahrt gewesen sein, habe ich gefühlt, daß mich die unmittelbare Begegnung mit einer fremden Umgebung ausgefüllt und begeistert hat. Je stärker sich nun eine Reise von dem gewöhnlichen Trott, der von Schule und anderen Verpflichtungen geprägt wurde, abhob, desto größer war auch der Reiz, den sie auf mich abstrahlte. Diese Reisen bzw. die sich daraus ergebenden Situationen bewirken eine Intensivierung des Lebensgefühls. Wenn ich für eine Zeit aus dem hiesigen Alltag ausbreche und ihn mit all seinen Sicherheiten und vertrauten Risiken gegen eine andere Lebensform und Umwelt austausche, die nun wiederum fremde Risiken birgt und mir zunächst unbekannt erscheint, dann ist die Folge, daß das Empfinden geschärft wird. Kehre ich nach einer gewissen Zeit wieder zurück, in die Ausgangssituation, bin ich auch kleinen Freuden gegenüber empfänglicher, als wenn ich in einem stetigen Lebensfluß dahinziehen würde. Durch das Versetzen in eine fremde Situation werden Empfindungen sensibilisiert, die bei einer gleichbleibenden Umwelt abstumpfen, da es immer die gleichen Impulse sind, die man erhält.

Betrachtet man nun meine bisherigen Reisen, stellt man fest, daß sie eine gewisse Steigerung, man könnte vielleicht auch sogar Kontinuität sagen, beinhalten. Es drängt sich daher die Frage auf, wieweit ich die Risiken ausreizen will, oder bis zu welchem Punkt ich bereit bin, zu gehen. Ich kann darauf keine schlüssige Antwort geben, ich weiß nur genau, daß ich einen sehr starken Lebenswillen habe, der mich daran hindern wird, einen Schritt zuviel zu tun – eine normale Schutzfunktion des Körpers, wie ich meine. Grenzsituationen haben die Eigenart, einem das Dasein in reinster, unverfälschter Deutlichkeit vor Augen zu führen. Ich möchte das Leben als das Ursprünglichste aller Dinge erleben, sozusagen eine Beziehung zu dem Umstand erlangen, daß es Leben auf diesem Planeten gibt.

Und dennoch wäre es unrealistisch, wenn man nicht auch die Möglichkeit mit einbeziehen würde, daß einem etwas zustößt. Auch wenn man versucht, das kalkulierbare Risiko während der Planungsphase weitgehend auszuschalten, bleibt trotzdem ein Rest Risiko bestehen, das man vorher nicht klar abgrenzen kann. Dieses verbleibende Risiko kann ein abruptes Ende herbeiführen. Ist dieser Einsatz nicht zu hoch?

Es gibt keine allgemeingültige Antwort auf diese Frage, die muß sich jeder schon selbst beantworten. Ich sehe mein persönliches Risiko, welches ich auf meinen Reisen eingehe, nicht isoliert vom übrigen Leben, sondern als einen Teil davon. Jeder Mensch lebt mit Gefahren, wie z. B. dem Straßenverkehr, die inzwischen zum festen Bestandteil des Tagesablaufes geworden sind und meist erst dann wieder registriert werden, wenn man selbst mittel- oder unmittelbar betroffen ist.

Die Risiken auf Expeditionen sind bloß – entsprechend den Umständen – anders als im sogenannten Alltag und erhalten dadurch einen gewissen exotischen Anstrich.

Meine Reisen haben daher auch überhaupt nichts mit Heldentum oder einer überdurchschnittlichen Portion von Mut zu tun. Peter Bamm sagte einmal:

»Das Grundelement der Tapferkeit ist Angst« – und ich habe vor der Reise an sich und den sich daraus ergebenden Situationen eben keine Angst. Angst tritt bei mir in Momenten unmittelbarer Gefahr auf, und dann ist sie auch notwendig, um zu überleben.

Ich sehe Angstgefühle daher auch nicht als ein Zeichen von Schwäche, sondern als eine Sicherheitseinrichtung des Körpers an. Ich bin vielleicht nicht gerade ängstlich, aber Angst, zum Beispiel vor Schmerzen, habe ich wie jeder andere Mensch auch.

Die Möglichkeit, einmal ein Opfer meiner Unternehmungen zu werden, ist ebenso Bestandteil meines Lebens, wie die einzigartigen Empfindungen, die ich im Verlauf einer Reise durchlebe. Nicht das erreichte Alter zählt letztlich, nicht die Zahl der Geburtstage, sondern das tatsächlich erlebte bzw. gelebte Leben.

Das heißt nun nicht etwa, daß ich nicht alt werden möchte. Das Gegenteil ist vielmehr der Fall. So intensiv, wie ich die jetzige Lebensphase durchlaufe, so intensiv möchte ich auch das Alter erfahren. Es versteht sich von allein, daß dies auf einer anderen Belastungsebene geschehen muß. Nur setze ich mir nicht als Priorität, hundert Jahre alt zu werden, sondern ich möchte die Möglichkeiten des Lebens voll ausschöpfen. Ich wollte niemals im D-Zug durch das Leben fahren, sondern zu Fuß soweit gelangen, so weit ich eben komme, und dabei alle die Träume und Ideen verwirklichen, die mir in den Kopf kommen. Ich bin nicht bereit, diese Vorstellungen eines sogenannten Vernunftdenkens wegen aufzustecken und, dem Herdentrieb folgend, ein geregeltes Leben zu führen. Würde ich mich von meinen eigentlichen Bedürfnissen abwenden, hätte das mit Sicherheit zur Folge, daß ich unzufrieden wäre und nicht meine Vorstellungen von Lebensqualität verwirklichen könnte.

Auf meinen Reisen habe ich das Gefühl, eine für mich gültige Definition von Freiheit gefunden zu haben und das macht mich einfach glücklich.

Die Unternehmungen haben mich unendlich reich gemacht, nicht an materiellen Dingen, dafür aber an Eindrücken und Erlebnissen.

Dabei liegt es mir fern, meine Lebensphilosophie als die allein seligmachende hinzustellen. Würden alle so handeln wie ich, gäbe es mit Sicherheit ein ziemliches Chaos. Ich sagte es bereits, es geht mir nicht darum, neue Normen oder Wertmaßstäbe zu setzen, auch habe ich kein Rezept, wie man sein Leben formen sollte, sondern mir geht es ausschließlich darum, einmal darzulegen, was in mir vorgeht. Das Zerrbild eines unerschrockenen Draufgängers paßt mir ebensowenig, wie das des leichtlebigen Illusionisten. Extremen Situationen, wie sie auf Expeditionen auftreten, ist man nur dann gewachsen, wenn man selbst über eine innere Harmonie verfügt. Ist das seelische Gleichgewicht gestört, fehlt die Substanz, aus der man in Grenzsituationen den Überlebenswillen nähren kann.

Ich weiß, daß ich mich mit diesem Kapitel vielleicht ein wenig aufs Glatteis begeben habe, denn ich habe hiermit sicherlich Ansatzpunkte zur Kritik geliefert, und so mancher Psychoanalytiker wird beim Lesen dieser Zeilen eventuell den Wunsch hegen, doch ein bißchen tiefer zu bohren. Mag sein, daß er in meinem Unterbewußtsein Dinge oder Schlüsselerlebnisse finden würde, die weiteren Aufschluß über meine Reiselust eröffneten. Doch hoffe ich zuversichtlich, daß ich mich auch ohne wissenschaftlichen Beistand verständlich machen konnte. Wenn dem so ist, haben diese Zeilen ihren Zweck erfüllt!

Reisen nach Grönland. Dem Nordpol am nächsten gelegen, ist das Land ein ideales Ziel, die Arktis kennenzulernen. Für Expeditionen zum Nordpol eignet sich Grönland jedoch weniger, da der Weg über große Strecken vereisten Meeres geht und dieses eine ungünstige Drift zeigt.

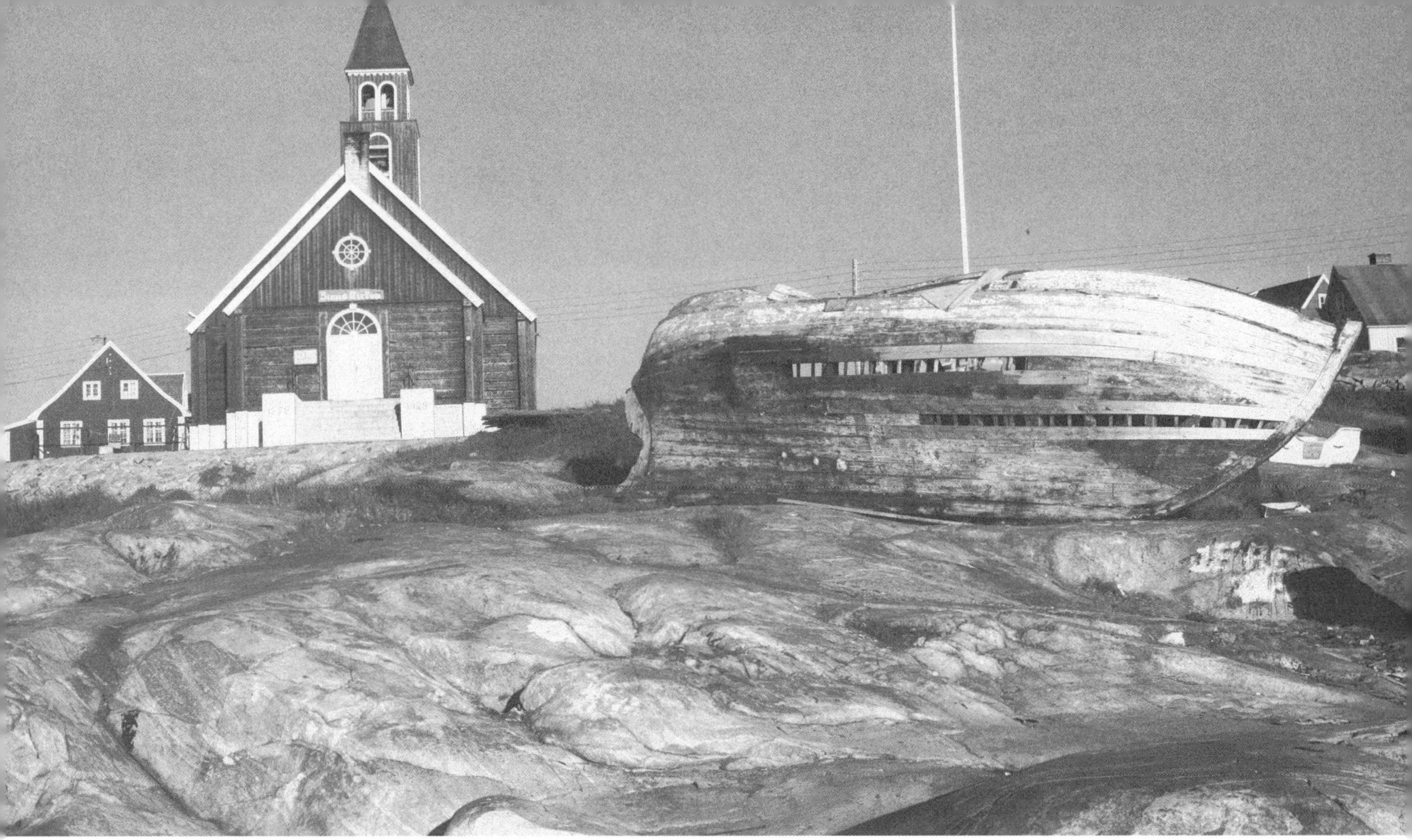

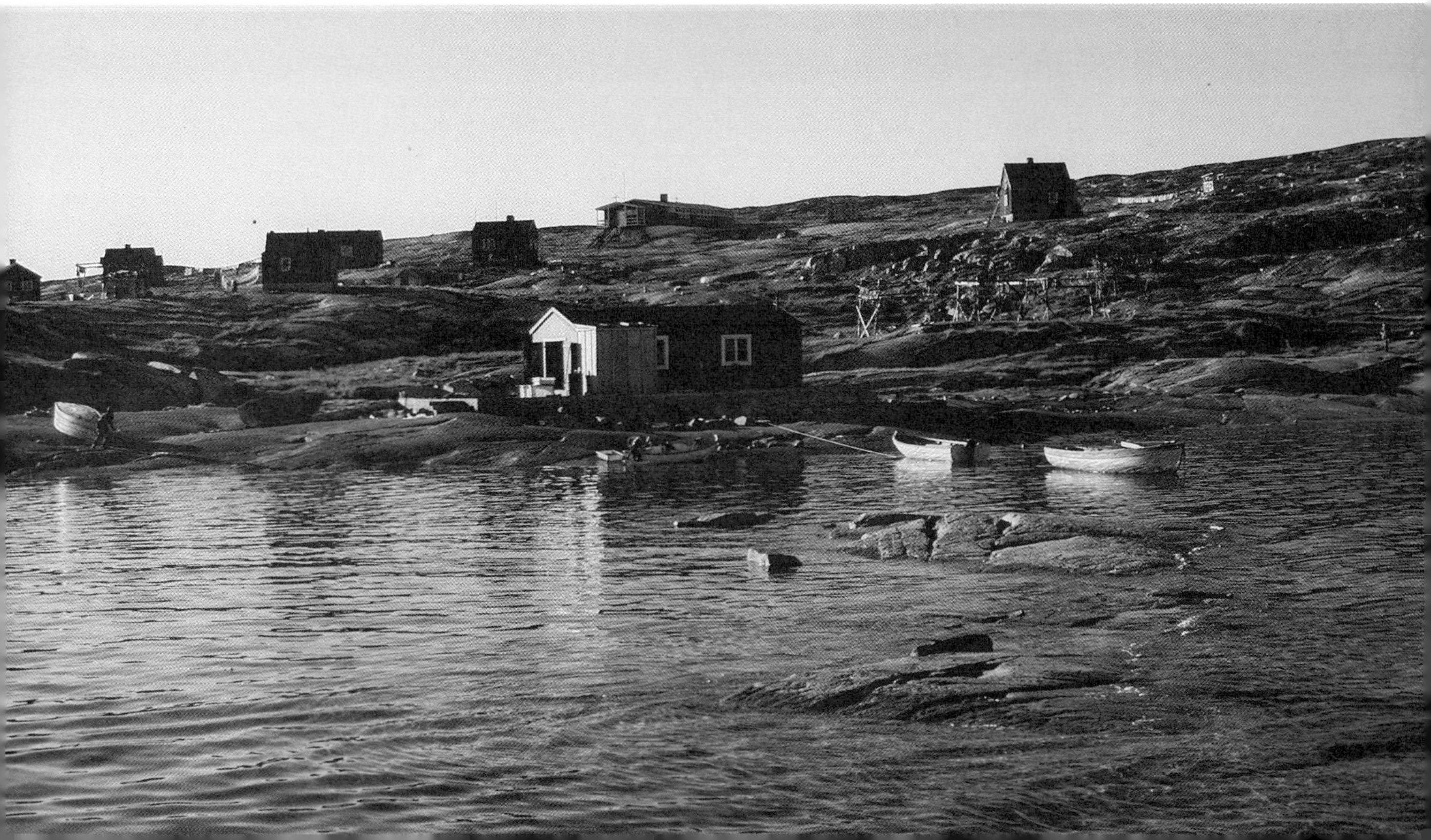

Ein faszinierendes Schauspiel bieten die Gletscherzungen. Die größten Gletscher Grönlands bewegen sich bis zu 30 m pro Tag vorwärts. Pausenlos brechen Eisbrokken aus der Wand und poltern donnernd in den Gletscherbach. Angesichts der Naturgewalt und den Dimensionen kommt sich der Mensch klein und bedeutungslos vor.

155

Die Fahrt aus sicherer Warte übers Meer, vorbei an den steilen Eisfelsen, läßt nur schwer die Gefahr erahnen, der die Schiffahrt ausgesetzt ist.

157

Sonne und Eisberge,
ein melancholisches
Bild von zwei aufeinan-
dertreffenden Naturge-
walten, die sich auszu-
löschen trachten und
die Landschaft ständig
wieder neu formieren.

159

Höhlen aus Eis und Schnee, grandiose Zufälle oder unerklärbare Vorgänge? Wir stehen fassungslos davor, was eine Bleibe für eine Nacht verspricht.

161

Skelettfund am Eisrand von Grönland. Die Sommersonne bringt es an den Tag, was die »Eiszeit« nicht überlebt hat. Die Tragödie, die sich dahinter verbirgt, wird niemand erfahren, kommt auch unwichtig vor neben den Veränderungen im Naturgeschehen.

162

II. Teil:
Vorbereitung, Training, Ausrüstung, Tips und Informatives

Die Vorbereitungsphase

Von dem Moment an, wo der Entschluß, eine Expedition zu unternehmen, gefaßt ist, bis hin zu dem Zeitpunkt, an dem man sie tatsächlich antritt, vergeht meistens eine beträchtliche Zeit.

Je nach bereits vorhandener Expeditionserfahrung des Reisewilligen läßt sich diese Zeitdauer kürzen, ansonsten tut man gut daran, reichlich Raum für die Planung zu lassen. Von der sorgfältigen und gewissenhaften Vorbereitung hängt nämlich nicht nur ein guter Teil des Erfolges ab, sondern immerhin auch das persönliche Risiko, das der Betreffende einzugehen bereit ist. Versäumnisse in der Vorbereitung sind sträflicher Leichtsinn und durch nichts zu entschuldigen – es soll schließlich nicht die letzte Reise sein! Das ganze ›Drum und Dran‹ einer Expedition wird vielfach auch mit dem leicht exotisch klingenden Namen ›Logistik‹ bedacht. Gleich wie man das Kind nennen mag – sie muß stimmen, die Logistik oder eben Vorbereitung!

Bevor ich das erste Mal eine Arktis-Expedition plante, konnte ich bereits auf einige, zum Teil extreme Reisen und Expeditionen zurückblicken. Ich war also kein absolutes Greenhorn mehr, und dennoch – die Arktis war für mich Neuland, und entsprechend umfangreich gestaltete ich meine Vorbereitungsphase.

Am Beispiel meiner ersten Arktis-Expeditionen, die ich auf den vorangegangenen Seiten beschrieben habe, will ich im zweiten Teil dieses Buches einmal aufzeigen, wie ich mich darauf vorbereitet habe.

Doch hüte man sich nun zu glauben, eine allgemeingültige und für alle Expeditionen gleichermaßen verwendbare Anleitung gefunden zu haben.

Jede Reise, jede Expedition ist anders, und erfordert somit eine spezifische Behandlung. Sowohl die Ausrüstung als auch die Ernährung und der Trainingsplan sind speziell auf meine Bedürfnisse zugeschnitten.

Ich möchte daher den Ablauf meiner Vorbereitungsphase nur als Tip oder Anregung verstanden wissen, nicht jedoch als die Lösung schlechthin!

18 Monate Vorbereitung

Der Plan war gefaßt, jetzt begann die Phase der Vorbereitung. Ich stellte mir zunächst einmal eine Liste von all den Dingen zusammen, die organisiert werden mußten, ließ mir von einem Freund einen Trainingsplan aufstellen, las haufenweise die einschlägige Literatur und knüpfte die ersten Verbindungen mit der Industrie, um die geeigneten Ausrüstungsgegenstände herausfinden zu können.

Die Tage und Wochen waren ausgefüllt, Langeweile kam nie auf. Plant man eine Reise dieser Größenordnung mit Freunden zusammen zu unternehmen, kann die Arbeit verteilt werden, d. h. der einzelne hat sein Spezialgebiet, für das er verantwortlich ist, und muß sich nicht um andere Angelegenheiten kümmern. Ich stand hingegen vor einem ganzen Berg von Arbeit und mußte jede Entscheidung selbst treffen.

Das leidigste Kapitel einer jeden Expedition ist sicherlich die Finanzierung. Ich studierte und verfügte somit kaum über Einkünfte, außer dem Wenigen, was ich mir in den Semesterferien bei der Seefahrt verdient hatte. So mußte ich mir etwas einfallen lassen. Auf diese Weise wurde die Grußkartenaktion geboren. Unter Bergsteigern ist dies eine durchaus übliche und erfolgreiche Methode, um zu dem benötigten Geld zu gelangen. Diese Grußkarten halfen entscheidend dabei, daß ich überhaupt einiges Kapital in die Hände bekam, um die Kosten bestreiten zu können. Darüber hinaus wurden mir von allen Seiten Spenden zugeschickt, die das Finanzvolumen auf ein recht passables Niveau ansteigen ließ. Trotzdem steckte ich mein gesamtes Eigenkapital in diese Unternehmung und machte darüber hinaus noch erhebliche Schulden. Manch einer mag jetzt den Kopf schütteln und sagen, »so etwas Verrücktes«! Stimmt, mit rationalen Überlegungen, mit kaufmännischer Logik betrachtet, sträuben sich einem vielleicht die Haare, aber dennoch – wer nicht wagt, der nicht gewinnt!

Die ·Hilfe und Unterstützung – sowohl in materieller als auch in organisatorischer und moralischer Hinsicht – wurde mir von allen Seiten entgegengebracht. Fremde Leute riefen an und fragten, ob sie mir irgendwie behilflich sein könnten. Kinder, die ein Interview im Radio gehört hatten, schickten mir auf Hochglanz polierte Glückspfennige, ältere Leute übersandten mir ihre besten Wünsche, und fast jeder, den ich um Hilfe bat, war sofort bereit, sie mir zu gewähren. Mein Freundes- und Bekanntenkreis wurde schlagartig größer. Das Entgegenkommen und die Hilfsbereitschaft der Menschen übertraf bei weitem meine Erwartungen. Ich kam gut voran!

Parallel zu den organisatorischen Vorbereitungen lief das körperliche Training an. Mein Freund Peter Hasenjäger, mit dem ich zusammen in Labrador und auf Borneo war und der inzwischen ein Sportstudium begonnen hatte, stellte mir einen Trainingsplan auf. Fast täglich quälte ich mich mit ausgedehnten Waldläufen und Liegestützen. Ich besorgte mir Hanteln und andere Kraftgeräte, ging regelmäßig zum Schwimmen, unternahm zwischendurch immer wieder lange Gepäckmärsche, die mich mitunter bis an den Rand des Zusammenbruchs führten. Ich wollte meine Leistungsgrenze erkennen und sie nach Möglichkeit verbessern. Zu keinem Zeitpunkt meines bisherigen Lebens hatte ich über eine nur annähernd so gute Kondition verfügt, doch konnte sie für die Arktis gar nicht gut genug sein. Die Startphase war die schwierigste Zeit. Nach einigen Wochen spürte ich jedoch eine deutliche Leistungs- und Konditionszunahme und hatte dadurch mein Erfolgserlebnis. Fortan fiel es mir leichter, mich über Straßen und Waldwege zu quälen.

Abends, wenn ich zu müde zum Briefschreiben oder Trainieren war, las ich alte Expeditionsberichte, versuchte mir die Situation immer wieder vor Augen zu führen. Zum Studium kam ich so gut wie nicht mehr. Wer glaubt, die Vorbereitung einer Expedition setzt sich in erster Linie aus Fitnesstraining zusammen, täuscht sich. Es ist der Schreibtisch, der einen festhält, und bei weitem nicht alles, was dort erledigt wird, ist spannend und abenteuerlich.

Eine wichtige Frage stand noch offen, die nach dem geeigneten Schlitten. Da ich meine Ausrüstung allein hinter mir herziehen wollte, mußte ich auf geringes Gewicht großen Wert legen. Aufwendige Konstruktionen mußten daher ausscheiden. Nach langen Überlegungen entschloß ich mich dazu, den Schlitten aus Aluminium zu bauen. Alu ist leicht, kältebeständig und relativ einfach zu beschaffen. Auch Polyester hatte ich erwogen, doch ist dieses Material bei großer Kälte empfindlich und außerdem schwerer als Alu. Holz erschien mir ebenfalls zu schwer, obwohl ich später eines besseren belehrt werden sollte.

So entstand im Laufe der Zeit ein Aluminiumschlitten, 2,50 Meter lang und 85 cm breit. Die Kufenbreite betrug 8,5 cm und entsprach damit den Maßen der historischen Schlittenkufen. Das Gewicht betrug nach Fertigstellung 17 Kilogramm und lag somit höher als ursprünglich geplant. Dafür verfügte ich jetzt aber über eine sehr stabile Konstruktion, die den Anforderungen wohl standhalten würde.

Eine Schwierigkeit ganz anderer Natur wurde schließlich aktuell für mich. Da ich mich überwiegend auf dem gefrorenen Meer aufhalten würde, das einer ständigen Drift unterworfen ist, die mehrere Kilometer pro Tag betragen kann, war die Frage nach der Navigation von allergrößter Wichtigkeit für mich. Landmarken, die ich auf einer Karte hätte wiederfinden können, wären schon nach kurzer Zeit außer Sichtweite gewesen und daher hinfällig. Der Kompaß stellt, wie schon gesagt, in der Arktis eine äußerst unzuverlässige und ungenaue Hilfe dar. In der Nähe des magnetischen Pols – der magnetische und der geographische Pol sind nicht ein und dasselbe – ist er sogar völlig unbrauchbar.

Kennt man die Deviation des Kompanten, kann man ihn in einigen Regionen der Arktis mit Vorsicht einsetzen, doch als einzige Navigationshilfe ist er absolut ungeeignet!

Moderne Konzeptionen, wie etwa Satellitennavigation, sind wiederum viel zu aufwendig, gewichtig und kaum transportabel. Ich mußte daher auf den guten alten Sextanten zurückgreifen, der schon Seefahrtsgenerationen behilflich war, den richtigen Kurs zu finden. Nun ist das aber nicht so ganz einfach, einen Sextanten zu bedienen, es erfordert nicht nur eine Portion Übung, sondern es bedarf gewisser Rechengänge, Nachschlagewerke, wie z. B. des Nautischen Jahrbuches.

Der Sextant lag vor mir auf dem Tisch, ebenso ein Lehrbuch, ich konnte beginnen. Die Navigation in der Arktis ist aber nicht nur aus den vorhin erwähnten Gründen problematisch, sondern auch noch aus einem anderen Grund: Je weiter man nämlich zum Pol gelangt, desto näher rücken die Längengrade aneinander. Der Seemann wird die Schwierigkeit schon ahnen. Es ist nämlich bei Annäherung an den Pol nicht mehr möglich, die Länge zu bestimmen, da ich praktisch mit dem einen Fuß auf dem 70. Längengrad laufe und mit dem anderen auf dem 71. oder 69. Es kann also nur noch die Breite bestimmt werden, aber das reicht im Grunde auch aus. Woran erkenne ich nun, daß ich am Pol angelangt bin? Dort gibt es keinen Längengrad mehr, da sie dort alle in einem Punkt zusammenlaufen. Der Pol kann nur durch ständige, sich über den gesamten Tag hinziehende Sonnenbeobachtungen bestimmt werden. Hat man nämlich festgestellt, daß die Sonne 24 Stunden lang immer den gleichen Winkel über dem Horizont einhält, es also keinen Sonnenaufgang oder untergang gibt, dann ist man am Pol angelangt. Es erübrigt sich zu sagen, daß von der Navigation sehr viel abhängt, obwohl das Hantieren mit einem Sextanten bei 40° C unter dem Gefrierpunkt nicht unbedingt zu den angenehmen Aufgaben zählt.

Das Kapitel Navigation in der Arktis ist sehr komplex, es würde zu weit führen, im einzelnen darauf einzugehen. Für mich bedeutete es in der Vorbereitungszeit einen Haufen Arbeit.

Ich suchte in Hamburg den kanadischen Konsul

auf, erzählte ihm von meinem Vorhaben und obwohl er anfangs ein wenig skeptisch war, kam er mir dennoch entgegen, half mir weiter. Die Lufthansa übernahm den kostenlosen Transport der Ausrüstung, zusätzlich sollte eine Funkbrücke während der Expedition aufgebaut werden. Während der Expedition führte ich ein UKW-Funkgerät mit, mit dessen Hilfe ich die polgehenden Lufthansamaschinen bei Überfliegen meiner Position anfunken konnte. Die entsprechenden Piloten wurden rechtzeitig über mein Vorhaben informiert, auf diese Weise war eine verläßliche Informationsbrücke entstanden. Würde ich im Verlauf der Reise erhebliche Schwierigkeiten bekommen, konnte ich der Lufthansa Bescheid geben, die über Kurzwelle für mich ein Flugzeug heranholen und damit mich auf dem Eis abholen würde. Auf diese Weise wollte ich dann auch die Ankunft auf dem Pol bekanntgeben – vorausgesetzt, es würde gelingen.

Der Plan war sehr genau ausgearbeitet, die Lufthansa ausgesprochen hilfsbereit und entgegenkommend. Zusätzlich erhielt ich sogar noch leihweise eine ELT – einen Emergency Location Transmitter. Dabei handelt es sich um ein Notfunkgerät, das, wenn es aktiviert wird, auf internationalen Notruffrequenzen einen Ton aussendet, der angepeilt werden kann. Sollten alle Stricke reißen, stellte dieses Gerät so etwas wie eine Lebensversicherung für mich dar.

Wie sollte ich nun aber mein UKW-Gerät mit Energie versorgen? Batterien kamen dafür nicht in Frage, da sie zu schwer sind und bei Kälte sehr schnell ihre Kapazität verlieren. Die Lösung kam aus Hamburg. Die Firma Suntronic war sofort bereit, einen speziellen Solarzellen-Generator für mich zu bauen, der mir ebenfalls kostenlos für die Dauer dieser Reise zur Verfügung gestellt wurde. Dieser Generator war, wie sich später zeigte, die optimale Lösung! Es gab zu keinem Zeitpunkt Probleme mit der Energieversorgung. Mich wundert es, daß diese technischen Neuerungen nicht viel häufiger Verwendung finden.

Last but not least stellte sich die Frage nach einer kältebeständigen, robusten und den Belangen entsprechenden Fotoausrüstung. Es war die Firma Leitz, die hier hilfreich in die Bresche sprang. Man war sofort bereit, mir zwei Leica R3 mit verschiedenen Objektiven für die Expeditionsdauer leihweise zur Verfügung zu stellen. Besser konnte es nun wirklich nicht kommen! Versuche mit unterschiedlichen Kameras bei Kälte hatten nämlich ergeben, daß die meisten schon bei wenigen Graden unter Null ihren Geist aufgaben. Die Leicas überstanden jeglichen Tiefkühlraumtest und später auch die rauheste Behandlung ohne den geringsten Schaden.

Zeitungs- und Radio-Interviews häuften sich, je näher der Tag der Abreise kam. Selbst im Ausland wurde über diese Expedition berichtet, ein gewaltiger Aufwand für eine Sache, die erst noch stattfinden sollte.

Autogenes Training

»Die konzentrative Selbstentspannung des autogenen Trainings hat den Sinn, sich mit genau vorgeschriebenen Übungen immer mehr innerlich zu lösen, zu versenken und so für den gesamten Organismus eine von innen kommende Umschaltung zu erreichen, die es erlaubt, Gesundes zu stärken, Ungesundes zu mindern oder abzustellen. Wie der Mensch, der lesen gelernt hat, nun lebenslänglich lesen muß, wenn er Schriftzeichen sieht, wird dem autogen Trainierten eine entspannt gelassene Haltung zur zweiten Natur.«

I. H. SCHULTZ

Zum ersten Mal hatte ich vom autogenen Training in Verbindung mit Dr. Hannes Lindemann gehört, der den Atlantik gleich zweimal im Alleingang überquert hatte. Das erste Mal unternahm er die Reise in einer Piroge von 7,70 Metern Länge. Ausgangspunkt war Las Palmas, und es sollten 65 lange Tage vergehen, bevor er in St. Croix auf der Antilleninsel St. Thomas einlief. Gerade zurückgekehrt von dieser überaus abenteuerlichen Expedition, strafte er all diejenigen Lügen, die behaupten, daß man so eine Unternehmung höchstens einmal in seinem Leben macht. Lindemann plante nämlich sofort eine erneute Atlantiküberquerung, dieses Mal sogar in einem noch gebrechlicheren Fahrzeug, einem serienmäßigen Faltboot. Bereits im Oktober 1956 startete er zum zweiten Mal und

gelangte abermals lebend und gesund nach 72 Tagen an sein Ziel. Diese Leistung ist bis zum heutigen Tage unerreicht, und wohl nur derjenige kann vielleicht annähernd ermessen, was es bedeutet, allein und in einer Nußschale über den Ozean zu schwimmen, der selbst einmal am eigenen Leib die grenzenlose Gewalt und brutale Härte der See kennengelernt hat.

Neben der sportlichen Herausforderung, die für Lindemann vielleicht sogar nur an zweiter Stelle stand, waren andere Gesichtspunkte für ihn entscheidend, diese Expedition auf sich zu nehmen. Der eine Punkt war die Behauptung des französischen Arztes Dr. Alain Bombard, daß Schiffbrüchige in geringen Mengen Seewasser zu sich nehmen können, um damit ihren Durst zu löschen. Bombard hatte im Herbst 1952 eine Treibfahrt in einem Schlauchboot über den Atlantik unternommen, in deren Verlauf er im wesentlichen Fischsaft und Meerwasser getrunken haben will. Obwohl seine Aussagen später von verschiedenen Seiten angezweifelt wurden, wollte Lindemann, der ein entschiedener Gegner dieser These war, den Beweis antreten, daß Meerwasser für Schiffbrüchige absolut untauglich, ja sogar lebensbedrohlich ist. Seine Selbstversuche auf seinen beiden Atlantiküberquerungen zeigten dann auch sehr deutlich, daß der Genuß von Seewasser katastrophale Folgen für den Betreffenden hat. Bombards These war somit widerlegt worden und die Christliche Seefahrt um eine Hoffnung ärmer.

Aber auch andere Überlegungen waren für Lindemann ausschlaggebend, diese Reise zu versuchen. Und zwar wollte er wissen, wie der einzelne mit dem Problem der Isolation, dem Schlafentzug, aus dem Halluzinationen entstehen können, fertig werden kann. Als Mediziner hatte er sich ausführlich mit dem autogenen Training beschäftigt und hier eine Möglichkeit gefunden, diesen Problemkreis zu bewältigen. Durch tägliches Trainieren gelang es ihm schließlich während der Reise, durch ständiges Sitzen, Seewasser und mangelnde Ernährung bedingte Ausfallerscheinungen erfolgreich zu bekämpfen.

Im autogenen Training hatte er auch ein Mittel gefunden, um Halluzinationen entgegenzuwirken. Durch die Eingabe von ganz bestimmten formelhaften Vorsätzen – ich werde noch genauer darauf eingehen – hatte er sein Unterbewußtsein derart programmiert, daß durch Illusion verursachte Fehlhandlungen abgeblockt wurden. In Momenten geistiger Unzurechnungsfähigkeit bewahrten ihn diese in das Unterbewußtsein eingehämmerten Vorsätze davor, verhängnisvolle Fehler zu begehen.

Davon hatte ich also gelesen, war aber skeptisch, ob das autogene Training für jedermann tauglich bzw. erlernbar sei, und hatte, um ehrlich zu sein, nie ernsthaft den Gedanken, diese Technik zu erlernen.

Es war ungefähr Anfang Dezember, als mich eines Abends Dr. Reinhold, ein Arzt aus Bad Bramstedt, anrief. Er hatte von meiner geplanten Expedition gelesen und wollte sich nun einmal näher mit mir darüber unterhalten; er habe da etwas sehr Interessantes für mich. Wir verabredeten uns und einige Tage später saß ich ihm abends in seinem Sprechzimmer gegenüber. Auf diese

Weise hörte ich seit langer Zeit wieder einmal vom autogenen Training. Dr. Reinhold fragte mich, was ich davon wüßte, und ich antwortete wahrheitsgemäß. »Also hören Sie zu,« fing er an, »autogenes Training hat weder etwas mit Hokus Pokus noch mit schwarzer Magie zu tun, es handelt sich hierbei vielmehr um eine wissenschaftlich fundierte Therapie, die eigentlich von jedermann zu erlernen ist.« Vor ihm lag das Buch von Lindemann – »schon einmal gelesen?« fragte er mich, indem er das Buch hochhielt. »Auszugsweise«, antwortete ich, und eh ich mich versah, lag das Buch vor meiner Nase mit dem Hinweis, daß dieses Werk zur Pflichtlektüre eines jeden Abenteurers zähle. Er hatte ja recht!

»Am besten erkläre ich Ihnen zunächst einmal die Wirkungsweise des autogenen Trainings an einem simplen Vorversuch, wie ihn Prof. Schultz, der Gründer des autogenen Trainings, entwickelt hat.« Aus einer Tasche fingerte er eine kleine Bleikugel, wie man sie zum Angeln als Gewicht verwendet. Daran hatte er einen dünnen, ca. 30 cm langen Faden befestigt. Alsdann stützte er seine beiden Ellenbogen auf den Schreibtisch und hielt den Faden mit der Kugel unten dran zwischen seinen Zeigefingern. »Passen Sie auf«, sagte er, »dieses Pendel wird jetzt gleich anfangen, sich genau im Uhrzeigersinn zu drehen, und zwar nicht etwa, weil ich meine Hände dabei bewege, sondern einfach nur deshalb, weil ich mich auf diese Bewegung konzentriere.« Staunend blickte ich auf die sich langsam drehende Kugel. »Und nun die andere Richtung.« Tatsächlich, die Kugel drehte sich genau entgegengesetzt. Dabei achtete ich genau darauf, daß er seine Hände nicht bewegte – sie schienen absolut bewegungslos. Er freute sich über mein Erstaunen und meinte, daß jeder normale Mensch diese kleine Übung beherrsche. Ich war an der Reihe. Die gleiche Position einnehmend wie Dr. Reinhold zuvor, fing das Pendel tatsächlich an zu schwingen. »Versuchen Sie jetzt einmal, diese

169

Pendelbewegung willentlich mit den Händen aus-
zuführen, Sie werden merken, daß dies ein völlig
anderes Gefühl ist.« Man weiß, daß man tätig ist,
im Gegensatz dazu war die Bewegung vorher wie
»von selbst«. »Lassen Sie mich Schultz zitieren«,
fuhr er fort, »dieser schreibt in seinem Übungsheft:
›Ein genügend festgehaltener Gedanke, eine
Sammlung oder Konzentration bewirkt demnach
eine erkennbare Bewegung, von der man nichts
merkt, d. h. eine unbemerkbare oder unwillkürli-
che Bewegung. Dieser einfache, kleine Versuch
zeigt auch den Weg für die Übungen. Wenn z. B.
die Muskeln eines Armes durch Konzentration entspannt werden sollen, muß nur der Zustand der
Entspannung mit Konzentration innerlich erlebt
werden. Die Lösung der Muskelspannung zeigt
sich deutlich als Schweregefühl. Im autogenen
Training konzentrieren wir nun: Der Arm ist
schwer. Wie die Bewegung im Pendel tritt nun
beim »Normalen« das Schweregefühl, die Muskelentspannung ein.‹«

Das ganze Geheimnis des autogenen Trainings
ist also eine Selbst-Suggestion. Durch das intensive
Vorstellen einer Situation wird Einfluß auf das
vegetative Nervensystem genommen. Das »Schweregefühl« ist hierbei nur eine Übungsform, des
weiteren kennt man »Wärmeübungen«, bei denen
die Blutgefäße erweitert werden und somit nicht
nur ein subjektives Wärmeempfinden erzeugt wird,
sondern eine Wärme, die meßbar und daher objek-
tiv ist. Je weiter der Übende fortgeschritten ist,
desto mehr vermag er Einfluß auf seinen Körper
auszuüben. Selbstverständlich darf man keine
Wunder erwarten, das autogene Training stellt
nichts weiter dar als eine nicht zu unterschätzende
Lebenshilfe. Gerade Streßgeschädigte sollten auf
das autogene Training zurückgreifen, da »Ruhe«
ein Hauptelement aller Übungen ist. Nun darf man
aber nicht glauben, autogenes Training könne
schnell mal eben am Nachmittag erlernt werden.

Voraussetzungen für das Erlernen der Techniken
ist unbedingt die Teilnahme an einem Kurs, der
von einem Arzt oder zumindest von einer Fach-
kraft geleitet wird. Die Volkshochschulen bieten
derartiges häufig an.

Schultz schreibt: Für den Normalablauf des
autogenen Trainings ist die Beherrschung der sogenannten »unwillkürlichen« Körperfunktionen nur
Mittel zum Zweck. Bei der Behandlung von
Krankheiten kann es unter spezieller ärztlicher
Aufsicht und Leitung wesentliche Aufgaben finden. Kleine Alltagsbeschwerden, wie z. B. Nei-
gung zu kalten Füßen, sind für das autogene Training gut und oft mit Dauererfolg zugänglich.

Die eigentliche Einstellung zum Leben und zu
sich selbst kann der autogen Trainierte dadurch
wirksam beeinflussen, daß er im autogenen Training bestimmte erwünschte Einstellungen als Tat-
sachen setzt. Diese werden dann wirksam. So ein
Übender konzentriert: »Arm ist warm«, so kann er
sich ebenso vorstellen: »Sparsamkeit ist Freude«
oder »Ordnung ist Freiheit«, oder: »Schreibtisch
wird aufgeräumt« usw. Diese »formelhaften Vorsatzbildungen« in der autogenen Versenkung wirken wie posthypnotische Suggestionen automa-
tisch, besonders wenn sie ruhig und unbeirrbar
eine Reihe von Tagen abends vor dem Einschlafen
eingestellt und in den Nachtschlaf übernommen
werden. Soweit also Schultz.

Ich war nachdenklich geworden. Dr. Reinhold
fuhr fort: »Sie haben also die Möglichkeit, sofern
Sie autogen trainiert sind, nicht nur gewisse
Wärme- und Entspannungsübungen durchzuführen, sondern Sie können sich auch ›formelhafte
Vorsatzbildungen‹ einverleiben, wie z. B. die Aussage: Ich laufe gern, ich laufe leicht und locker,
oder: Ich gebe nicht auf, ich schaffe es in jeder
Situation, oder: Jeder Schritt bringt mir Gewinn,
vorwärts bis zur Siedlung hin.« Jetzt hatte er endgültig gewonnen! Mir fiel es wie Schuppen von den

Augen, das war ja genau die gleiche Technik, die Lindemann erfolgreich angewandt hatte.

»Von Wärmeübungen«, dozierte Dr. Reinhold, »darf man sich besonders unter arktischen Verhältnissen sicherlich nicht zuviel versprechen. Das autogene Training kann Sie nicht vor Erfrierungen bewahren, dafür müssen Sie hochwertige, warme Kleidung tragen. Liegt man aber z. B. im Schlafsack und wird nicht so richtig warm, dann kann man diese Übung anwenden, um die Extremitäten wie Füße und Hände schneller und besser durchbluten zu können, das ist alles.« Erst einige Wochen später sollte ich den wahren Umfang seiner Worte voll erfassen.

Von dem Tag an trafen wir uns beinahe täglich. Auf den Ablauf unseres Trainings will ich absichtlich nicht weiter eingehen, da ich dieses Kapitel nicht als »Gebrauchsanleitung« verstanden wissen möchte. Wer sich dafür interessiert, muß das autogene Training unter fachkundlicher Anleitung erlernen und nicht etwa nach dem Kochrezept: man nehme soundso viel . . .

Dr. Reinhold half in allen Bereichen! So ermöglichte er mir, allabendlich im Solebad des Kurhauses zu schwimmen, und nahm sich des Komplexes Ernährung an, doch darauf komme ich noch. Die Übungen fielen mir nach einigen Tagen bereits leicht und waren – dies ist wohl sehr wichtig – ausgesprochen angenehm. Am Ende eines jeden Trainings gaben wir die »formelhaften Vorsätze« ein, so daß sie sich mehr und mehr in meinem Unterbewußtsein verankerten.

Wie hat sich das autogene Training nun aber letztlich in der rauhen Praxis bewährt?

Auf meinen Expeditionen habe ich fast jeden Abend unter äußerst schmerzhaften Muskelkrämpfen in den Beinen gelitten. Diese Krämpfe waren teilweise so schlimm, daß ich mitunter nicht mehr wußte, wie ich mich legen oder setzen sollte, um sie zu vermeiden. Die Ursachen führe ich auf eine schlagartige Abkühlung der Muskulatur zurück, bedingt durch das Stillsitzen im Zelt. Den ganzen lieben Tag schuftet man und schleppt sich durch das rauhe Eis, und dann plötzlich das Stillsitzen, das plötzliche Auskühlen.

Selbst am nächsten Morgen habe ich mitunter Muskelschmerzen gehabt – so schlimm waren die Krämpfe am Abend zuvor gewesen.

Um dieser Erscheinung entgegenzuwirken, habe ich die »Schwereübung«, d. h. Muskelentspannung angewandt, und zwar mit großem Erfolg! Wohl traten abends meistens die Krämpfe ein, ich konnte sie aber nunmehr lindern und hatte am nächsten Morgen keine Muskelschmerzen mehr. Für mich war dies eine große Hilfe und Erleichterung.

Erfrierungen – Dr. Reinhold hatte darauf hingewiesen – konnte ich natürlich nicht durch das autogene Training verhindern, doch war auch diese Wärme-Übung für mich von Nutzen, da die Wärme, sofern man entspannt im Schlafsack liegt, praktisch spürbar ist. Die Wärme strömt durch den Körper, diese Vorstellung – vorausgesetzt, man hat genügend trainiert – bewirkt in der Tat ein wohliges Gefühl, alles in dem Rahmen, wie es die arktischen Verhältnisse zulassen.

Am intensivsten sollte ich den Wert des autogenen Trainings allerdings bei meiner zweiten Expedition erkennen. Durch Bäreneinwirkung hatte ich einen Teil meiner Ausrüstung verloren, darunter war das so lebenswichtige Zelt. Den Bären ständig auf meiner Fährte wissend, war ich nun gezwungen, aus dem Gefahrenbereich herauszumarschieren, und dies, ohne tatsächlich Gelegenheit zum Schlafen finden zu können. Ich litt zu der Zeit sehr unter Schlafentzug, hatte Angst und wurde in vielen Dingen nachlässig. Doch jetzt kamen die »formelhaften Vorsätze« zum Tragen, die ich mir zuvor ständig eingehämmert hatte: »Du gibst nicht auf, du schaffst es in jeder Situation!« »Jeder Schritt bringt dir Gewinn, vorwärts bis zur Siedlung hin.«

Immer wieder hörte ich diese Sätze, ohne daß ich sie etwa willentlich oder bewußt gesprochen hatte, dafür war ich viel zu erschöpft. Nein, sie waren einfach da, unauslöschbar in mein Unterbewußtsein eingebrannt, immer wieder meinen Motor, meinen Überlebenswillen anstachelnd. Ein Energiepotential, das nicht meßbar ist, den Körper und den Geist aber in einen Zustand versetzt, auch extremsten Situationen trotzen zu können. So wie Lindemann trotz Halluzinationen, Kenterungen und Wetterunbilden stets seinen Kurs beibehielt – einer seiner Vorsätze lautete »Kurs West« – so gehorchte auch ich einer inneren Stimme, die mich letztlich leitete und mich veranlaßte, daß Richtige zu tun.

Jeder Mensch ist unterschiedlich geartet, und vielleicht gibt es jetzt den einen oder anderen, der sagt: das ist doch alles Unsinn, ich stehe solche Situation auch ohne diese Hilfe durch. Es mag schon sein! Vielleicht wäre Lindemann, vielleicht wäre auch ich ohne autogenes Training mit der Situation fertiggeworden – doch läßt sich nicht abstreiten, daß es eine ganz entscheidende Hilfe darstellt. Eine Hilfe sogar, die in allen Lebensbereichen zum Tragen kommt. Nicht etwa nur auf extremen Expeditionen, sondern auch im Alltag, der oftmals nervenaufreibender sein kann als die außergewöhnlichste Reise.

Ob gegen Streß, Prüfungsangst oder kalte Füße – autogenes Training stellt zwar kein Wunder-Allheilmittel dar, jedoch sind autogen Trainierte in der Lage, diesen Erscheinungen zumindest entgegenzuwirken und wenigstens eine Linderung zu erzielen – wenn nicht gar eine Heilung. Und bei so geringem Einsatz und Aufwand sollte der Versuch doch zumindest lohnenswert erscheinen.

Reisen nach Grönland und Chamonix

Planung allein reichte nicht aus. Mein Hunger nach der Arktis wuchs von Tag zu Tag. Ich wollte dieser Region endlich begegnen, sie kennenlernen. Im August 1979 war es dann endlich soweit. Von Kopenhagen flog ich mit der SAS nach Søndre Strømfjord auf Grönland, noch relativ warm und gemäßigt. Es ging mir weniger darum, gleich mit der arktischen Kälte Bekanntschaft zu machen, als vielmehr einmal die Arktis an sich kennenzulernen. Ich hatte mir für die 4 Wochen, die ich auf der größten Insel der Erde verbringen wollte, ein genaues Programm zusammengestellt. Darunter fielen u. a. das Testen von Ausrüstungsgegenständen, Probieren von Nahrungsmitteln unter körperlicher Belastung, Klettern in Gletscherabbrüchen, ausgedehnte Gepäckmärsche und Untersuchungen der Auswirkungen der Einsamkeit auf meine Psyche, denn auch diese Reise unternahm ich bereits allein.

Søndre Strømfjord liegt etwa 150 Kilometer von der Westküste entfernt und besteht nur aus einem amerikanischen Militärflughafen sowie einigen Baracken für Angestellte. Eine eigentliche Stadt gibt es nicht, es ist nur ein Transitflughafen, von wo aus die Hubschrauber zu den einzelnen Dörfern entlang der Westküste fliegen. Bei exzellentem Wetter verließ ich sofort bei meiner Ankunft den Flughafen und machte mich mit meinem 30 Kilo-gramm schweren Rucksack auf den Weg zum Inlandeis. Die Entfernung zur Eiskappe beträgt nur ca. 30 Kilometer und ist bei gutem Marschtempo in einem, ansonsten in zwei Tagen zu erreichen. Der Anblick, der mich an den Eisabbrüchen der Eiskappe erwartete, übertraf noch bei weitem meine Erwartungen! Die gesamte Front der Gletscher war in ständiger Bewegung, pausenlos brachen Eisbrocken von der Größe ganzer Häuser ab, fielen in die Gletscherbäche, rissen andere tonnenschwere Brocken mit und blieben dann unten in der schäumenden Gischt liegen. Ich hatte in meinem ganzen Leben kaum ein anderes, vergleichbar beeindruckenderes Naturschauspiel gesehen wie diese Gletscher. Wie ein mächtiges Tier schob sich der Gletscherarm mit ohrenbetäubendem Donnern voran. Das sich im Eis brechende Licht gab dem Ganzen ein fast gespenstisches Aussehen. Ich saß stundenlang vor diesem Panorama und konnte mich gar nicht daran sattsehen. Die größten Gletscher Grönlands bewegen sich bis zu 30 Meter pro Tag vorwärts, vergleichbare Größenordnungen gibt es nur noch in der Antarktis. Ich war allein und kam mir als Mensch unendlich klein und bedeutungslos im Angesicht dieser Dimensionen vor. Meine Wanderungen führten mich immer entlang des Eises in nördliche Richtung. Dort, wo es möglich war, ging ich auf die Gletscherzungen, kletterte und probierte Ausrüstungsgegenstände aus. Tagsüber schien die Sonne, nachts herrschte strenger Frost.

Meine Erfahrungen schrieb ich in einem Tagebuch nieder, um sie später auswerten zu können. Eines hatte ich aber schon damals erkannt, die Arktis faszinierte und hatte mich bereits in ihren Bann gezogen. Die Tage und Wochen vergingen, die einzelnen Programmpunkte auf meiner Liste waren fast alle abgehakt. Wieder zurück in Søndre Strømfjord, bestieg ich einen Hubschrauber, der mich nach Jacobshavn brachte, einen Ort direkt an der Westküste. Die Hubschrauber sind, mit Ausnahme einiger Küstenschiffe, das einzige Verkehrsmittel auf Grönland. »Imacha-Airline« nennen die Grönländer die Fluggesellschaft, zu deutsch: »Vielleicht-Airline«. Pünktlich sind die Hubschrauber nämlich nur sehr selten, daher auch der Name. Vielleicht kommen sie, vielleicht auch nicht. So genau weiß das hier niemand, die Verwunderung ist meistens größer, wenn der Flug pünktlich abgeht als mit Verspätung.

Gespräche mit einem Amateurfunker sowie anderen Bekannten in Jacobshavn bildeten den Abschluß meiner ersten Reise in die Arktis. Zu schnell war die Zeit vergangen, und eh ich mich versah, saß ich schon wieder im Jet nach Kopenhagen. Im Gepäck führte ich einen Haufen neuer Erfahrungen und Erkenntnisse mit. Der Aufenthalt

hatte mich einiges gelehrt.

Zu Hause gab es nur eine kurze Verschnaufpause. Schon im Dezember ging es wieder los, dieses Mal zusammen mit Rüdiger Nehberg und Peter Lechhart. Beide Namen sind untrennbar mit den Begriffen Expeditionen und Abenteuerreisen verbunden. Rüdiger hatte sich einen Namen mit extremen Flußbefahrungen in Äthiopien gemacht, die Liste seiner Unternehmungen kennzeichnet ihn als Abenteurer vom Scheitel bis zur Sohle. Peter ist von Beruf Bergführer und Skilehrer, hatte bereits das grönländische Inlandeis von der Westküste bis zur Ostküste durchquert und war somit für mich Lehrmeister, einer, wie ich ihn mir besser gar nicht wünschen konnte.

Kurz entschlossen fuhren wir in das alte Bergsteigerrevier von Peter Lechhart, nach Chamonix. Eine Woche lang scheuchte uns Peter über Gletscher, seilte uns abwechselnd in Spalten ab und brachte uns Techniken aller Art bei.

Wieder war eine Voraussetzung mehr erfüllt. Ich war guter Dinge und widmete mich nach meiner Rückkehr voll und ganz der weiteren Vorbereitung meiner Expedition. Ich war mit dieser Reise fest verwachsen, war quasi ein Teil von ihr geworden. Es gab kaum eine Minute am Tag, wo ich mich nicht auf irgendeine Weise mit dem Vorhaben beschäftigt hätte. Und das war auch gut so, denn noch gab es viel zu tun.

Kältetraining

Mein Zimmer sah mittlerweile aus wie ein Warenlager. Überall standen Kisten mit den unterschiedlichsten Ausrüstungsgegenständen herum. Daunenjacken und Hosen, Schlafsäcke, Eispickel, Steigeisen, Kisten mit Proviant, Zelte, technisches Gerät, Thermometer, Kocher, Unterwäsche, Strümpfe usw., usw. Es war alles andere als einfach, dort noch den Überblick zu bewahren. Ich hatte zwar alles aufgelistet, doch jedesmal, wenn ich etwas suchte, fand ich es natürlich nicht auf Anhieb. So manches Mal stand ich nachdenklich vor der Fülle der Dinge und fragte mich im stillen, wie um Himmels Willen ich den Schlitten wohl bewegen könnte, wenn er voll bepackt sein würde.

Beim ersten Schneefall nahm ich den Schlitten, lud einige Gegenstände darauf und zog damit durch den Garten, die Leute mußten denken, daß ich nun endgültig den Verstand verloren hatte.

Eine bange Frage beschäftigte mich die ganze Zeit über:

Waren die Schlafsäcke und Daunenjacken auch wirklich warm genug? Herumrätseln ergab keine schlüssige Antwort. Kurz entschlossen fragte ich bei einer Hamburger Firma nach, die, wie ich wußte, über Tiefkühlräume verfügte, ob ich eine Nacht in einem dieser Räume verbringen dürfte. Auch hier zweifelte man anfangs offenbar an meinem Geisteszustand, fand aber dann doch Interesse an der Sache und gestattete mir die Übernachtung.

Gegen 21 Uhr trat ich, ausgerüstet mit Schlafsack und Daunenkleidung, den Versuch an. Mir ging es nicht nur darum, zu erfahren, wie sich die Ausrüstung bewähren würde, sondern wollte auch Erkenntnisse über mein spezifisches Kälteverhalten erlangen. Zwar kannte ich vom Wintersport her Minusgrade, die auch schon mal bei −25° Celsius lagen, doch gibt es dort immer die Möglichkeit, sich wieder aufzuwärmen. So ein Frosterraum ist ein denkbar ungemütlicher Ort! Der unterkühlte Betonboden ist mit Lachen gefrorenen Wassers bedeckt, überall türmen sich Kisten bis an die Decke und ein Kühlgebläse weht einem feuchtkalte Luft ins Gesicht.

Anfangs merkt man die Kälte nicht sofort, erst nach einer Weile kriecht sie an einem hoch. Die Finger sind zuerst betroffen, sie werden steif und schmerzen. Ich war froh, daß ich nicht allein die Nacht hier zubringen sollte. Mein Freund Peter Lechhart, der in Hamburg ein Geschäft mit Ausrüstungsgegenständen für Reisen und Expeditionen aller Art betreibt, wollte die Chance nutzen und einmal am eigenen Leib ausprobieren, wie sich seine Verkaufsartikel eigentlich bewähren. Die schwere Schiebetür wurde nochmals geöffnet, der Chef des Unternehmens, Herr Wetzstein, wünschte uns, nicht ohne ein ironisches Lächeln, eine angenehme Nachtruhe und schloß dann endgültig die Tür. Wir waren allein. Zur Sicherheit hatten wir zwar die Möglichkeit, dieser Tiefkühltruhe zu entfliehen, aber das war schließlich nicht der Zweck der Übung.

Peter holte aus einer versteckten Tasche eine vor allen Augen wohl behütete Flasche Schnaps, von der wir jeder einen Schluck nahmen. Die Atmosphäre war ungemütlich, wir rollten die Isoliermatten aus, legten die Schlafsäcke darauf und verkrochen uns schon bald in die schützenden Federn.

In der Ecke brannte eine kleine Lampe; im Schlafsack liegend warf ich noch einen Blick auf das Thermometer, es zeigte −30° Celsius an. Wir lagen einige Stunden im Dämmerschlaf, wechselten dann die inzwischen mollig warm gewordenen Schlafsäcke gegen andere, eiskalte aus, um auch deren Qualität auf die Probe zu stellen. Es kostete jedesmal Überwindung, die warme Hülle gegen eine kalte zu vertauschen, doch die Erkenntnisse über die unterschiedliche Qualität war von großer Bedeutung. Die Nacht verging, geweckt wurden wir von einem Reporter des Hamburger Abendblattes, der uns mit seinem Blitzlicht aus dem Schlaf riß. Im Hintergrund wartete bereits Herr Wetzstein, der uns mit dem verlockenden Angebot, er habe in seinem Zimmer ein Frühstück vorbereiten lassen, nun endgültig aus den Schlafsäcken lockte. Das Experiment hatte sich gelohnt! Ich hatte eine Kamera japanischer Bauart die Nacht über mit in den Kühlraum genommen, sie hatte den Dienst entschieden quittiert. Der Schlitten hatte trotz der kalten Stunden nichts von seiner ursprünglichen Festigkeit verloren und somit den Test erfolgreich bestanden. Mit einem Mal verfügte ich über eine Fülle von Erkenntnissen über die Isoliermatten, Daunenjacken und Schlafsäcke. Das Frühstück war gut und kaum zu schaffen, Herr Wetzstein meinte es gut mit uns.

Später wiederholte ich diese Tests noch einige Male, unter anderem auch bei der Nordfleisch AG in Bad Bramstedt. Die Kühlräume dort sind bis auf −40° herunter zu fahren, sie verfügen also über 10 Minusgrade mehr. Diese 10 Grad mehr an Kälte bewirken einen kolossalen Unterschied. Kaum hatte ich mich im Schlafsack verkrochen, als sich dort, wo ich ein Atemloch gelassen hatte, ein Ring von Schnee und Eis bildete, der bei jeder Bewegung auf mein Gesicht rieselte. Unter hartgefrorenen halben Rindern und Schweinen verbrachte ich eine weitere Nacht, die, abgesehen von den halbstündlich besorgten Nachfragen des Wächters, ohne Störungen oder Probleme verlief. Dieses Mal hatte ich mir sogar ein Buch mitgenommen und etwa eine Stunde im Froster gelesen. Ich wollte eben noch weitere Erkenntnisse über mein Kälteverhalten erfahren. Das ungläubige Gesicht des breitschultrigen Schlachters, als ich am nächsten Morgen wie selbstverständlich mit Sack und Pack aus dem Kühlraum trat, werde ich sicher nicht vergessen. Sofort war ich umringt von einer Gruppe von Angestellten, die mich wiederum zunächst einmal in die Kantine brachten und mich dort mit gutem heißen Kaffee vollpumpten.

Herr Kurse, der mir den Aufenthalt ermöglicht hatte, versprach mir, daß ich jederzeit wiederkommen dürfe, doch, um ehrlich zu sein, fand ich dieses Angebot nicht gerade verlockend.

Zu Hause wartete eine heiße Badewanne auf mich, die kalte Nacht gehörte der Vergangenheit an, doch war ich auch ein wenig nachdenklich. Die Kälte ist brutal und hart, ich hatte mich nur wenige Stunden darin aufgehalten. Wie würde es sein, wenn ich tage- und wochenlang bei noch tieferen Temperaturen zubringen würde? Ich ließ noch schnell ein wenig heißes Wasser bei dem Gedanken nachlaufen. Die Antwort auf diese Frage sollte ich bald bekommen.

Ein Wort zur Ernährung

Die Frage nach der geeigneten Ernährung muß insbesondere bei Reisen in Klimazonen wie der Arktis mit äußerster Sorgfalt und Gewissenhaftigkeit beantwortet werden. Es gilt hierbei nicht nur, eine sehr kalorienreiche Nahrung zu wählen, sondern eine solche, die insgesamt ausgewogen ist und dem Körper unter der zu erwartenden extremen Belastung alle lebenswichtigen Nährstoffe zuführt. Auf der anderen Seite ist der Umfang und das Gewicht des Proviants natürlich durch die Umstände, wie die Expedition ausgeführt werden soll, bestimmt. Das hieß also für mich, der ich doch meine gesamte Ausrüstung auf einem Schlitten hinter mir herziehen wollte, Nahrungskonzentrate zu finden, die sowohl vom Volumen als auch vom Gewicht her akzeptabel waren und auch ernährungstechnisch allen Erfordernissen Genüge tun sollten.

Bei Reisen in tropische Länder hat die Frage nach der Ernährung nicht annähernd den gleichen Stellenwert wie bei arktischen Reisen. Da ich im Verlauf der Expedition keine Möglichkeit haben würde, mich in einem geheizten Raum aufzuwärmen, mußte mein Körper ständig in der Lage sein, die nun einmal erforderlichen 37° Celsius Körpertemperatur zu erzeugen. Keine Wärme ohne ausreichenden und geeigneten Brennstoff! Kälte und damit verbundene Unterkühlung kann der Mensch viel weniger ertragen als eine gewisse Überhitzung in tropischen Regionen, vorausgesetzt, man verfügt über einen gesunden und stabilen Kreislauf. Erfahrungen früherer Expeditionen sowie neuerliche ernährungswissenschaftliche Erkenntnisse stimmten zumindest in einem Punkt überein: Bei derartigen Kältegraden, verbunden mit der zu erwartenden körperlichen Anstrengung, muß ein täglicher Kalorienbedarf von 5000 bis 6000 kcal, das sind in etwa 21 000 kJ, zugrunde gelegt werden. Wenn man berücksichtigt, daß ein Arbeiter, der sehr schwere körperliche Arbeit zu verrichten hat, bei uns eine durchschnittliche Kalorienzahl von etwa 3500 benötigt, so erscheinen diese von mir benötigten 6000 Kalorien gewaltig hoch. Ich hatte später einmal versucht, mit weniger, ungefähr 4000 kcal, auszukommen. Ich habe dabei innerhalb kürzester Zeit einige Kilogramm an Gewicht verloren.

Das Problem der Vitamine und der damit unmittelbar verbundenen Mangelerscheinungen, wie Skorbut, ist heute zum Glück Dank der pharmazeutischen Firmen leicht zu lösen gewesen. Ich habe ausreichend Multivitaminpräparate mitgeführt und habe zu keinem Zeitpunkt unter diesem Schreckgespenst früherer Expeditionen leiden müssen. Das gleiche gilt für den Eiweißbedarf, der entscheidend für den Muskelaufbau ist und heute ebenfalls in konzentrierter Form zu haben ist.

Wieder einmal sprang Dr. Reinhold in die Lücke und stand mir nicht nur mit fachmännischer Beratung zur Seite, sondern übernahm auch kurz entschlossen die gesamte organisatorische Lösung der elementaren Frage. Seine Aktivitäten übertrafen bei weitem das Maß, welches ich in meinen kühnsten Träumen erwartet hatte. Ich armer Laie war mit einem Mal die Last der Ernährungsfragen los geworden, und meine einzige Aufgabe bestand darin, alle möglichen wohlschmeckenden Suppen, Pulver, Fleischsorten, Früchte usw. auszuprobieren. Fast täglich gab er mir neuen Proviant mit, den ich sogleich ausprobieren mußte. Auf diese Art löste Dr. Reinhold nicht nur mein Nahrungsproblem für die Expedition, sondern stellte zugleich auch meine Ernährung während der Vorbereitungszeit sicher. Er ging sogar noch einen Schritt weiter und lud sich eines Tages einen Rucksack auf und begann, beladen mit einer Auswahl des Proviantes, einen mehrtägigen Marsch, bei dem er alle Produkte unter eigener körperlicher Belastung einem harten Test unterzog. Sein anschließendes Urteil war streng, ein Teil der Nahrungsmittel flog wieder aus dem Programm, ein anderer Teil hingegen wurde nun fester Bestandteil meiner Ausrüstung.

Bis zum heutigen Tag weiß ich nicht, wie er es geschafft hat, all diesen Proviant zusammenzu bekommen. Ein ständig wachsender Ordner zeugte jedoch von einem umfangreichen Schriftverkehr, durch den er Firmen aufrief; wie sich herausstellte, mit Erfolg! So manche Mahlzeit wurde sicherlich auch aus seiner Tasche bezahlt. Alles nur zur Gewißheit gewordene Vermutungen, denn von Dr. Reinhold selbst habe ich wie selbstverständlich keinen Hinweis hierfür erhalten.

Als einzige Nahrung, die von mir in die Planung eingebracht wurde und die zudem von Dr. Reinhold als »gut« bezeichnet wurde, wäre hier das Pemmikan zu nennen. Das Rezept des Pemmikan stammt von den nordamerikanischen Indianern, die als erste erkannten, daß getrocknetes Fleisch in Verbindung mit tierischen Fetten nicht nur sehr nahrhaft, sondern zusätzlich auch noch außerordentlich haltbar ist. Die Urform des Pemmikan sah in etwa folgendermaßen aus:

Es wurde entweder über dem Feuer oder einfach an der Luft Fleisch, das zuvor in Streifen geschnitten worden war, getrocknet und anschließend zu kleinen Stücken in Mörsern zerrieben. Dieses Fleisch, das auf diese Art sein Eigenwasser verloren hatte und somit erheblich leichter geworden war, vermengte man mit Beeren und Pflanzenkeimlingen und übergoß diese Masse schließlich mit Fett. Nach dem Erkalten des Fettes erhielt man eine feste, schmackhafte Speise, die sofort gebrauchsfertig war, aber auch auf längeren Reisen mitgeführt werden konnte, auf denen man kein Wild gefunden hätte. Schon früh wurde dieses Pemmikan von Arktisreisenden als die optimale Nahrung erkannt und fand daher bei fast allen Expeditionen sowohl in die Arktis als auch in die Antarktis Verwendung.

Josef Metzmacher, seines Zeichens Metzgermeister, ein guter Freund von mir und gleichzeitig Kenner der Arktis, hatte dieses Urrezept aufgegriffen, nach allen Regeln der Kunst verbessert und somit eine sehr nahrhafte und geschmacklich ausgezeichnete Nahrung geschaffen, die er unter dem Namen »CATHAY« auf den Markt gebracht hat. Es handelt sich hierbei um ein Fertiggericht, das alle lebensnotwendigen Nährstoffe enthält. Es ist direkt aus der Packung zu konsumieren, es kann allerdings auch vorzüglich zum Kochen oder Braten verwendet werden. 100 Gramm dieser Nahrung enthalten ca. 700 kcal. Wer mehr darüber wissen möchte, sollte sich direkt an Josef wenden. Seine Anschrift: J. Metzmacher, Apfelstraße 53, 5138 Heinsberg, Tel: 02452/2621.

Dr. Reinhold studierte, telefonierte, korrespondierte und organisierte. Sein Sprechzimmer sah aus wie ein mittleres Warenlager, und in mir wuchsen langsam Befürchtungen, wie ich das wohl alles aufessen, geschweige denn auf dem Schlitten hinter mir herziehen sollte.

Es wurden Speisepläne erstellt, um alsbald wieder verworfen und durch bessere ersetzt zu werden. Schließlich stand das Menü. Es gab sogar Variationsmöglichkeiten, so daß ich nicht ständig die gleiche Nahrung zu mir nehmen mußte.

Wie ich später während der Expedition feststellte, war diese Ernährung optimal auf meine Bedürfnisse bzw. auf die Arktis zugeschnitten. Es war daher nur logisch, daß ich auch bei meiner letzten Expedition dorthin fast den gleichen Speiseplan eingehalten habe. Eine Veränderung wurde mit dem Einverständnis von Dr. Reinhold getroffen: Das für den Morgen zusammengestellte Müsli entfiel in der ursprünglichen Form, da ich es während der Expedition als lästig empfunden hatte, ständig mit einen mit Müsliresten verklebten Becher aufzudecken. Das Reinigen des Bechers war nur schwer möglich, bedeutete mehr Arbeit und Zeitverlust. Außerdem ging mir nach einiger Zeit der Geschmack auf die Nerven, so daß ich mich bei der letzten Reise morgens immer »trocken« ernährt habe; d.h. keine Müslisuppe, sondern eine Art Studentenfutter, das ich zu meinem morgendlichen Kaffee essen konnte. Der Nährwert blieb dabei jedoch weitgehend gleich. Die Pfeffersalami, welche mir freundlicherweise von der Schlachterei Hinze in Kellinghusen zusammen mit dem Schinken gestellt wurde, ließ ich zugunsten des Schinkens ebenfalls fort, da ich immer einen wahren Heißhunger auf Schinken hatte. Um der Gefahr vorzubeugen, mehr zu essen als im Speiseplan vorgesehen war, hatte ich den Proviant in Portionsbeutel bzw. Tagesrationen verpackt, so daß immer die Übersicht gewährleistet war. Für besonders anstrengende Tage hatte ich sogar noch zusätzliche Portionen. Obwohl ich ein Gewehr auf beiden

Expeditionen mitführte, war die Jagd als Mittel zur Nahrungsbeschaffung nicht mit in die Planung einbezogen. Ich hätte mir zwar leicht eine Jagdlizenz besorgen können, habe aber darauf verzichtet, da ich Schneehasen oder Schneehühner mit meiner großkalibrigen Büchse ohnehin nicht hätte schießen können, weil sonst vermutlich von dem Tier kaum etwas übrig geblieben wäre. Einen Seehund oder gar ein Caribou zu schießen, wäre Verschwendung im höchsten Maße gewesen, da ich nur einen kleinen Teil hätte essen können, der Rest wäre liegengeblieben, da er zum Transport für mich zu schwer gewesen wäre. Mein Bärentöter stellte somit also nur ein zusätzliches, unerwünschtes, aber notwendiges Requisit dar.

Als Getränk habe ich Kaffee und Tee mitgeführt. Obwohl ich hier zu Hause ein Kaffeeliebhaber bin, habe ich in der Arktis lieber Tee mit Zucker getrunken. Kaffee gab es nur morgens. Tee reicht also meiner Meinung nach völlig aus, den Kaffee kann man sich sparen. Tee ist zudem weitaus ergiebiger

Und noch etwas habe ich im Gepäck gehabt, von dem ich Dr. Reinhold anfangs gar nicht zu erzählen wagte. Es war dies eine Flasche 80% Stroh-Rum aus Österreich! Alkohol und tiefe Minusgrade vertragen sich aus medizinischer Sicht nicht gut. Alkohol erweitert die Blutgefäße und der Körper verliert auf diese Weise zusätzlich Wärme, derer er doch so dringend bedarf. Dies gilt aber für größere Mengen Alkohol, ein kleiner Schnaps am Abend im Zelt, nach vollbrachtem Tagewerk, hat mir zumindest noch keinen Schaden zugefügt. Er kann vielmehr zur Entspannung beitragen und die Stimmung ein wenig heben. Man möge mich bitte nicht falsch verstehen! Es liegt mir fern, ein Plädoyer für den Alkohol zu halten. Jeder möge hier selbst entscheiden, auf jeden Fall ist Selbstdizplin hierbei unbedingt erforderlich. Zur Beruhigung sei gesagt: Es geht durchaus auch ohne Schnaps, doch wie sagte schon der Erstbesteiger der Eiger-Nordwand, Heckmair, auf einem Vortrag, den er vor einem erstaunten Publikum hielt:« Alkohol, in Maßen genossen, schadet auch in größeren Mengen nicht!« Doch Spaß beiseite! Alkohol in geringen Mengen ja, ansonsten gehört er nicht in die Arktis!

VON DR. E. REINHOLD

Früh	kcal	Kj	E	F	KH
100 gr. Haferflocken	385	1612	13,0	7,5	66,0
50 gr. Nüsse (Haselnüsse)	330	1382	6,5	30,5	6,8
100 gr. Rosinen	300	1256	2,3	0,5	64,04
100 gr. Milchpulver	360	1507	35,0	1,0	52,0
2 Eßl. Sportler Eiweiß	100	418	20,0		10,0
	1475	6175	66,0	39,5	198,8
Unterwegs					
2 Haselmark	966	4044	9,3	45,8	72,0
20 Eiweiß Kautabl.	100	418	20,0	0,4	6,8
Abends					
200 gr. Pemmikan (in 1 L. Brühe)	1320	5526	17,6	140,0	
100 gr. Schinkenspeck (i. Wechsel Salami)	620	2595	9,1	65,0	
100 gr. Knäcke (i. Wechsel Zwieback)	380	1590	11,5	1,8	79,0
	2320	9713	38,2	206,8	79,0
Gesamt:	4861	20352	134,3	292,5	356,6
Salami 100 gr.	520	2177	17,8	49,7	
Zwieback 100 gr.	380	1590	11,0	7,0	8,5
Dextro Energen 50	200	837			
Sügren	200	837			

Trainingsplan

»Ganz ohne Theorie geht es nicht!« Mit dieser nüchternen und keinen Widerspruch duldenden Bemerkung dirigierte mich mein Freund Peter Hasenjäger zu seinem Schreibtisch, um mich mit dem Trainingsplan vertraut zu machen, den er extra für mich zusammengestellt hatte.

»Was du brauchst, mein lieber Sam – so nennt er mich immer – ist Kraftausdauer. Diese erzielst du am besten durch ein ausgesuchtes Circuit-Training, ich habe da mal etwas für dich vorbereitet.« Und was sage ich, er hatte wirklich!

»Die Theorie, ob du sie nun behältst oder gleich wieder vergißt, einmal mußt du sie dir zumindest anhören. Da wäre also zunächst das »Prinzip der Superkompensation«!

Prinzip der Superkompensation

Wenn du deinem Körper eine sportliche Leistung abverlangst, wirst du irgendwann müde. Du hörst auf, und dein Körper erholt sich wieder. Wenn du ihn aber kräftig genug belastet hast, macht er etwas ganz »cleveres«. Er erholt sich nicht nur bis zu deinem Ausgangsniveau, sondern will beim nächsten Mal besser vorbereitet sein. Aus diesem Grunde wird ein bißchen mehr Energie zur Verfügung gestellt. Das Dumme ist nur, »dieses bißchen mehr« hält dein Körper nur für kurze Zeit bereit. Kommt also in dieser Superkompensationsphase keine neue Belastung, dann sinkt das Niveau wieder auf den alten Ausgangswert ab. Wenn du aber regelmäßig trainierst und den richten Zeitpunkt erwischst (Superkompensationsphase), dann steigert sich dein Leistungsniveau jedes Mal. Klar sollte sein, daß du den Trainingsreiz deiner gesteigerten Leistungsfähigkeit anpaßt. Du mußt dich also immer kaputt fühlen nach deinem Training. Wichtig ist nur, daß du regelmäßig trainierst. Pausierst du zwischendurch unverhältnismäßig lang, wird dein Leistungsniveau wieder langsam absakken und schließlich am Ausgangspunkt anlangen. Der Körper würde in diesem Fall nicht mehr belastet und die Notwendigkeit einer Kraftreserve wäre hinfällig geworden. So einfach ist das! Du mußt eben nur am Ball bleiben.

Nun kommen wir zum erwähnten Circuit-Training. Wichtig ist hierbei, daß du das Prinzip der unvollständigen Pause berücksichtigst. Dies bedeutet folgendes: Je weiter du deine Reserven ausgeschöpft hast, umso größer ist auch der Superkompensationseffekt während der Erholung. Um dies zu erreichen, mußt du dich kurz, aber intensiv belasten, und dein Körper darf keine Zeit zur völligen Erholung haben; vorher kommt wieder die nächste Belastung. Damit hast du nur eine »unvollständige Pause« gemacht.

Nun genug der ganzen Verwirrung. Schau dir die Skizze an!

SKIZZE :

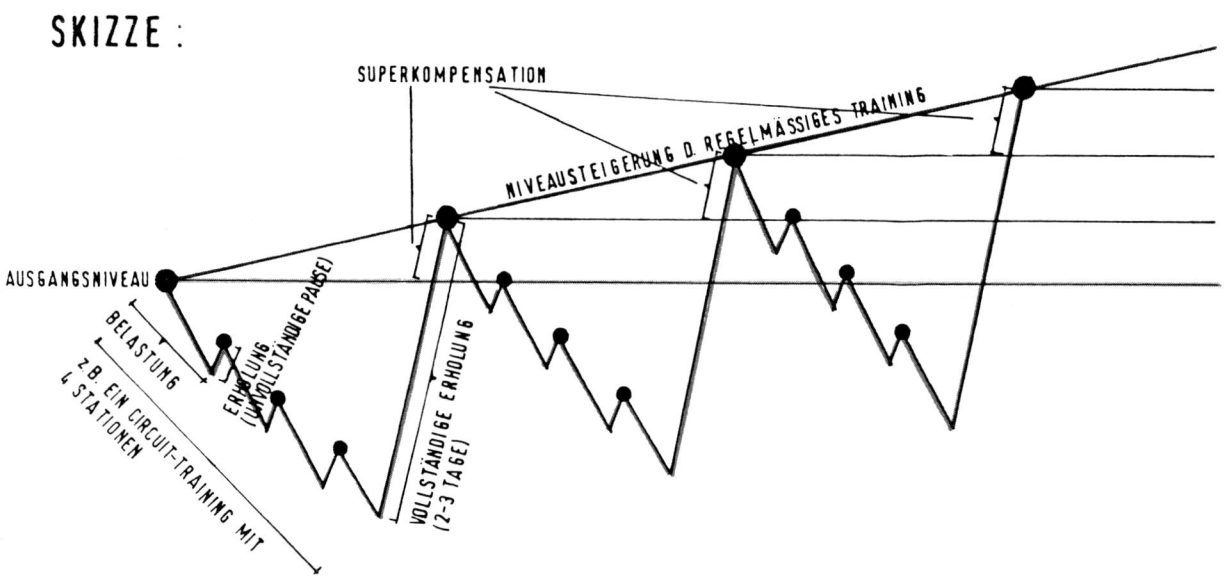

Wie sieht nun nach all dieser Theorie ein Circuit-Training in der Praxis aus?

I. EINHEIT (CIRCUIT)

Jede einzelne Übung soll 30 Sekunden lang so schnell wie möglich wiederholt werden (Belastung), danach 30 Sekunden Pause (unvollständige Pause).

Station	hauptsächlich angesprochene Muskeln	Übung
1.	Bein	Anhocksprung oder einbeinige Kniebeuge
2.	Arm und Schulter	Liegestützen
3.	Bauch	Klappmesser oder Beine im Liegen anheben
4.	Rücken	auf dem Bauch liegend Beine und Rumpf anheben
5.	Arme	Klimmzüge oder Liegestützen mit Beinen erhöht
6.	Bauch	Beine fixieren, Oberkörper aufrichten
7.	Bein	Kosakentanz oder Froschsprünge

Damit sind nur einige Beispiele aufgezeigt, jedem steht es natürlich frei, neue Übungen zu erfinden.

Die Übungen sind alle ohne Hilfsmittel durchzuführen!

Vor Beginn der Übungen sorgfältig aufwärmen, da sonst leicht Zerrungen entstehen.

Es gibt natürlich eine Vielzahl anderer Methoden, hier seien noch zwei weitere erwähnt, damit du dich beim Trainieren nicht langweilst. Auch bei ihnen wird ein Superkompensationseffekt ausgenutzt.

II. EINHEIT (DAUERMETHODE)

Durch einen Dauerlauf über eine Zeitspanne von ungefähr 30 Minuten wird die tiefe Ausschöpfung der Reserven erreicht. Um einen anständigen Trainingseffekt zu erzielen, sollte die Pulsfrequenz dabei ca. bei 150 Schlägen pro Minute liegen. (Achtung – bei Älteren liegt der Wert entsprechend niedriger!) Der Trainingseffekt liegt bei dieser Methode bei der verbesserten Ausdauer.

III. EINHEIT (EXTENSIVE INTERVALLMETHODE)

Intervallmäßiges Laufen, d. h. ungefähr 300–500 m scharf laufen. Der Puls erreicht dabei 180–190 Schläge pro Minute. (Achtung! Bei Älteren liegt der Wert entsprechend niedriger!). Danach lockeres Traben, bis sich der Puls auf ca. 120 Schläge beruhigt hat (unvollständige Pause!), danach wieder scharf laufen. Diese Intervalle sollen mehrfach wiederholt werden.

Vielleicht verstehst du nun nach all den trockenen Erläuterungen besser, warum du dich fortan abrackerst.

Und in der Tat, ich habe es stets als angenehm empfunden, zu wissen, warum ich dieses oder jenes tun muß. Insbesondere dann, wenn dem Körper wirklich höchste Anforderungen abverlangt werden und der innere Schweinehund sagt, »Laß doch, es wird schon so gehen«, dann war das nüchterne Wissen um die Hintergründe eine Hilfe für mich, weiterzumachen im Training.

Beispiel für einen Trainingswochenplan

Dem Trainingsplan liegen drei unterschiedliche »Einheiten« zu Grunde, die untereinander kombiniert das tägliche Pensum ergeben. Wie oft nun jeder trainiert, mag er selbst entscheiden. Wichtig ist hierbei nur, daß der Abstand zwischen den einzelnen Trainingstagen nicht zu groß wird, sonst bleibt der erhoffte Erfolg aus.

Montag	II. Einheit (Dauermethode)
Mittwoch	Aufwärmen
	I. Einheit (Circuit)
Freitag	III. Einheit (extensives Intervalltraining)

Zwei Einheiten wöchentlich sind das Minimum!!

Wer längere Zeit keinen Sport betrieben hat, sollte sich langsam hocharbeiten. Es hat keinen Zweck, sich gleich am Anfang hoffnungslos zu überfordern. Wer sich gleich zu viel zumutet, kann sich nicht nur selbst gesundheitlich schaden, sondern nimmt sich auch die Lust und den Spaß am Training! Besonders ältere Menschen sollten sehr vorsichtig sein!

Checkliste

Gegenstand: BEKLEIDUNG	Firma	Material
Jacke Typ 100	Caravan	Daunen
Jacke Typ Northface	Northface	Daunen
Hose (Überhose)	Salewa	Polarguard
Hose	Caravan	Daunen
Weste	Salewa	Daunen
Weste	Caravan	Daunen
Biwakschuhe	Salewa	Daunen
Unterwäsche Typ Lifa	Helly Hansen	Polypropylen
Faserpelz	Helly Hansen	Polyamid
Strümpfe: Makalu		
Fell		
Wolle		
Seide		
Faserpelz	Helly Hansen	Polyamid
Plüsch- strumpf	Salewa	Schurwolle/Polyamid
Handschuhe: Antarktis	Salewa	Daunen
Neopren	Salewa	Neopren
Fäustel	Helly Hansen	Faserpelz
Fingerhand- schuhe	Salewa	Wolle
Fäustel	–	Leder
Gesichtshaube	Salewa	Seide
Gesichtshaube	Helly Hansen	Polyamid
Mütze + Mundschutz	Salewa	Daunen
Pullover	–	Wolle
Hemd	–	Flanell
Stiefel Ultra	Koflach	Pu-Schale
Stiefel Expedition 8000	Hanwag	Leder

Gegenstand: AUSRÜSTUNG	Firma	Material
Zelt Sierra	Salewa	Kunstfaser
Zelt Nomad	Caravan	Kunstfaser
Zelt VE 24	Northface	Kunstfaser
Schlafsack Typ Northface	Northface	Daunen
Schlafsack Typ Arctic	Caravan	Daunen
Biwaksack	Caravan	Daunen
Isoliermatten (3 Stück)	Salewa	
Rucksack	Helly Hansen	Kunstfaser
Ski Bushwhacker	Trak	
Stöcke		Alu
Schneeschaufel	Salewa	Alu
Steigeisen	Salewa	Nickel-Chrom-Moly
Pickel Jorasses GFK	Salewa	Stahl/Glasfaser
Kocher MSR	Salewa	Petroleum
Primus	Optimus	Petroleum
Taschenmesser 970	Puma	
Ski-Bindung Typ 300	Silvretta	
Seesäcke		Leinen
Pokhara Tragegestell	Salewa	Alu
Karabinerhaken	Salewa	
Seil 50 m		Kunstfaser
Kochgeschirr		Alu

Sonnencreme, Schwamm, Bürste, Toilettenpapier, Näh-zeug, Klebezeug, Tagebücher, Mundharmonika, Unter-haltungsbücher, Gasfeuerzeuge, Streichhölzer, Eßbe-steck

184

Gegenstand: NAVIGATION	Bemerkung
Sextant	
Navistar Professional	Stangengepreßtes Aluminium
künstlicher Horizont	
Taschenrechner	
Batterien	
Chronometer	
Jahrbuch 1980	
HO-Tafeln	
Kompaß	
Fernrohr	
Karten	Maßstab 1:250 000
Zirkel	
Geo-Dreieck	
Bleistifte	

SURVIVAL-KIT
ELT Notsender
Seenotraketen
Siriusdecken
Notproviant
Esbitt-Kocher + Tabletten
Angelhaken
Dextro Energen

FOTOAUSRÜSTUNG
(Die gesamte Ausrüstung stammt von der Firma Leitz, Wetzlar
Leica R 3 (2 Kameragehäuse)
Elmarit 1:2,8/35 mm
Elmarit 1:2,8/90 mm
Elmarit 1:2,8/28 mm
Elmarit 1:2,8/60 mm (Macro)
Elmarit 1:2,8/180 mm
Zirkular-Polarisationsfilter
Stativ
Als Filmmaterial habe ich ausschließlich Kodakchrome 25 und 64 verwendet, sowie Ektachrome 200

SCHLITTEN
1. Eigenkonstruktion aus Aluminium mit Persenning bespannt.
2. Eigenkonstruktion aus Eschenholz. Die Konzeption wurde dem Nansen-Schlitten nachempfunden.
Der Holzschlitten eignete sich erheblich besser im rauhen Eis, da er flexibler als der Alu-Schlitten war.
Reparaturkit, bestehend aus:
Draht, Bohrer, Bindfaden, Schrauben und Nägel, Säge u.a.m.

SCHLAUCHBOOT Jolly (Metzeler)
Bei Ausrüstungsfragen aller Art empfehle ich die Firma:
Globetrotter Ausrüstungen
Denart & Lechhart
Wandsbeker CH. 41
2000 Hamburg 76
Tel. 040/2504403
Die Liste umfaßt die auf zwei Expeditionen verwendeten Ausrüstungsgegenstände, daher tauchen einige Positionen doppelt auf.

Chronik der Polarexpeditionen

(gerafft, daher nicht vollständig)

Jahr	Teilnehmer	Ergebnisse
920	Normannen, Gunbjörn	Grönland wird entdeckt
985	Normannen	Besiedelung von West-Grönland
1194	Normannen	Svalbard wird entdeckt
1576/87	Martin Frobisher, England	Baffin Island wird erreicht, Hudson Straße entdeckt
1585/87	John Davis, England	1. Begegnung mit Eskimos Überschreitung d. 72. Breitengrad
1607/11	Henry Hudson, England	Entdeckt Ostküste Grönlands und erreicht Spitzbergen. Wird von meuternden Matrosen ausgesetzt
1773	John Phipps, England	Der spätere Admiral Nelson besucht Spitzbergen
1827	Edward Parry, England	Erreicht 82°45' nördl. Breite auf Spitzbergen
1827	Deutschland	Wissenschaftl. Forschungen auf Spitzbergen u. Bären Insel
1829/33	John Ross, England	Entdeckung d. magnetischen Pols auf 70°5' N 96°46' W
1845/48	John Franklin, England	Fahrt mit den Schiffen »Erebus« und »Terror«. Die gesamte Expedition kommt um (129 Mann)
1848/70	England	Über 40 Suchexpeditionen suchen nach Franklin und seinen Leuten, jedoch ohne Erfolg. Es wird jedoch der südl. Teil der kanad. Arktis entschleiert.
1869/70	Carl Koldewey, Deutschland	2. Deutsche Polarexpedition nach Nordost-Grönland, mit den Schiffen »Germania und »Hansa«. Die Hansa sinkt und die Besatzung treibt auf einer Eisscholle bis nach Süd-Grönland
1875/76	Nares Markham, England	mit den Schiffen »Alert« und »Discovery«. Mit Schlitten bis auf 83°05' N
1879/82	De Long, USA	Das Expeditionsschiff die »Jeanette« gerät in das Packeis und driftet 21 Monate bis zu seinem Untergang. Nur 13 Mann können sich zur Lena-Mündung in Sicherheit bringen.

Jahr	Teilnehmer	Ergebnisse
1882	A. W. Greely	Lockwood erreicht 83°30' N. Später kommt ein Teil der Expedition unter dramatischen Bedingungen ums Leben.
1888	Fridtjof Nansen, Norwegen	1. Durchquerung d. Inlandeis Grönlands auf Skiern.
1891/92	Robert Peary, USA	Durchquerung Grönlands im äußersten Norden.
1893/96	Fridtjof Nansen, Norwegen	1. Durchquerung des Polarmeeres auf der driftenden »Fram«. Mit Schlitten werden 86°14' N erreicht.
1898/1902	Otto Sverdrup, Norwegen	Erforschung der kanad. Arktis mit der Fram
1898/1902	Robert Peary, USA	Mit dem Schlitten bis auf 84°05' N
1899/1900	Leutnant Cagni, Italien	Erreicht 86°34' N und kommt dem Pol bisher am nächsten.
1905/06	Robert Peary, USA	Kommt bis auf 87° N an den Pol heran.
1906/08	M. Erichsen, Lauge Koch, Alfred Wegener, Dän. Expedition	Geophysikal. Erforschung der Nordostküste Grönlands bis auf 83° N.
1908	Dr. Frederick Cook, USA	Behauptet am 21.4.1908 den Nordpol erreicht zu haben. Insgesamt legt er 2200 km zurück und muß auf der Devon Insel am Kap Sparbo zusammen mit zwei Eskimos überwintern.
1908/09	Robert Peary, USA	Behauptet am 7. 4. 1909 den Pol erreicht zu haben. Marschleistung angeblich auf dem Hinweg 35 km pro Tag, auf dem Rückweg 48 km pro Tag. (1532 km in 36 Tagen). Unter den gegebenen Verhältnissen eine unglaubwürdige Marschleistung. Zwischen Peary und Cook entstand ein jahrelanger Prozeß, in dem Peary als Sieger hervorging. Viele Fachleute, darunter auch Amundsen, hielten jedoch Cooks Angaben für glaubwürdiger.
1912/13	I. P. Koch, A. Wegener, Dänemark	1. Überwinterung auf einem Gletscher Grönlands. Durchquerung Grönlands mit Ponys von Ost nach West an seiner breitesten Stelle. (ca. 1300 km).
1912	A. de Quervain, Schweiz	1. Durchquerung Grönlands von West nach Ost
1913/18	V. Stefansson, Kanada	Vorstoß in die Beaufort See. Schlittenreise von Kap Barrow bis Banks Land.
1916/18	Knud Rasmussen, Dänemark	Schlittenreise längs der Nordküste Grönlands.
1918/25	Roald Amundsen, Norwegen	Wiederholung der Fram-Drift auf der »Maud«.
1921/24	K. Rasmussen, Dänemark	Durchquerung der ganzen amerik. Arktis von Grönland bis Alaska.
1925	R. Amundsen, L. Ellsworth, Norwegen	Versuch eines Polfluges mit Dornier-Wal. Notlandung bei 88° N.
1926	R. E. Byrd, USA	Flug von Spitzbergen zum Pol und zurück.
1926	R. Amundsen, Norwegen	Mit dem Luftschiff »Norge« von Spitzbergen über den Pol bis nach Alaska.

Jahr	Teilnehmer	Ergebnisse
1928	Umberto Nobile, Italien	Flug mit dem Luftschiff »Italia« von Spitzbergen aus zum Pol. Auf dem Rückflug wird das Schiff zerstört. Auf einer der zahlreichen Hilfsexpeditionen kommt Roald Amundsen ums Leben.
1930/31	Alfred Wegener, Deutschland	Grönlandexpedition, Errichtung von 3 Überwinterungsstationen. Eine am Westrand, eine Eismitte und eine an der Ostküste. Bei einer Entsorgungsfahrt im November 1930 findet Wegener auf der Rückfahrt von Station Eismitte zusammen mit einem Eskimo den Tod.
1949/51	P. E. Victor, Frankreich	Große Grönlandexpedition. Überwinterung in Station Centrale, nahe Wegeners Station Eismitte.
1958/62	Atom-U-Boote, USA	Untertauchen, bzw. Auftauchen der Nautilus und Skate des Nordpols
1968	Ralph Plaisted, USA	Erste Übereiswanderung zum Pol seit Peary. Ankunft mit Snowmobilen am Pol am 19. April.
1969	Wally Herbert, England	Hundeschlittenexpedition mit drei Begleitern, von Point Barrow Alaska über den Pol bis nach Spitzbergen. Für die ca. 2000 km benötigten sie 14 Monate.
1971	Guide Monzino, Italien	Hundeschlittenfahrt auf den Spuren Pearys. Ankunft am Pol am 19. Mai.
1977	Arktika, UdSSR	An Bord des mit Nuklearantrieb versehenen Eisbrechers Arktika erreichen die Russen als erstes Unterwasserschiff den Nordpol. Dies bedeutet eine Pionierleistung auf dem Gebiet des Eisbrecherbaus. Ankunft am Pol am 17. August.
1978	Naomi Uemura, Japan	Soloexpedition des Japaners mit Hundeschlitten zum Pol. Unterwegs wird er über Satelliten überwacht und erhält mehrere Versorgungsflüge. Ankunft am Pol am 29. April, nach 55 Tagen.
1978	Nihon Universität, Japan	Japanisches Team mit Hundeschlitten erreicht den Pol einige Tage vor Uemura.
1979	Russische Expedition	Sieben Russen auf Skiern erreichen den Pol von der Henrietta Insel ausgehend. Zeitdauer 10 Wochen.

Danksagung

Für ihre Unterstützung und Hilfe möchte ich folgenden Personen meinen herzlichen Dank aussprechen:
Herrn. Dr. Reinhold, für das mentale Rüstzeug sowie die Lösung der ernährungstechnischen Belange.
Baptista von Salis für die Grußkarte sowie seine Hilfe in allen Belangen.
Terry und Basel Jesudason für ihre Gastfreundschaft.
Josef Metzmacher für das prächtige Pemmikan.
Hartmut Böttcher, ebenfalls für die Grußkarte.
Besonderen Dank schulde ich auch Rüdiger Nehberg und Peter Lechhard für ihre Tips, Hilfen und Trainingsinhalte.
Rudolf Schröder für den Aluminium-Schlitten.
Fam. Wrage für die Werkstattbenutzung und Beratung.
Herrn Otto Kruse für einige kalte Nächte bei der Nordfleisch.
Herrn Gorny für den Schinken und die Salami.
Kirsten Schlüter für ihre Vermittlung.
Bill Nye für den Wohncontainer.
Larry Audlaluk und Ekaksak dafür, daß sie mich mitnahmen und mir Lehrer waren.
Erik Wischnewski für den Navigationsunterricht.
Hermann Horn für die Funkberatung.
Abschließend möchte ich all denjenigen herzlichen Dank sagen, die durch den Kauf von Grußkarten und durch Spenden geholfen haben, die Expeditionen durchzuführen.

Folgenden Firmen und Institutionen danke ich für ihre Unterstützung, ohne die ich diese Reisen nicht hätte durchführen können:
(In alphabetischer Reihenfolge)
der Stadt Bad Bramstedt
Becker Flugfunk
Reformhaus Berger
Caravan
dem Deutschen Hydrgraphischen Institut
Fa. Ernst Harm/sen.
Fa. Geewe
Globetrotter Ausrüstungen Denart u. Lechhart
Fa. Ham egg, insbesondere Herrn Wetzstein
Hanwag
Helly Hansen
Fa. Leitz Wetzlar für die hervorragende Fototausrüstung
dem Instrumentenamt Hamburg
der deutschen Lufthansa, insbesondere Herrn Müller
Fa. Metzeler
North Face
Polar Continental Shelf Project
Fa. Salewa
Fa. Seller für die Expeditonsuhr
Fa. Silva
Fa. Sonnberg Rum
Fa. Suntronic für die Solartechnik

Bibliographie

Weiss, Walter: *Arktis*
Byrd, Richard: *Alone*, New York 1938
Malaurie, Jean: *Die letzten Könige* von Thule, Paris 1976
Schultz, Prof. Dr. Dr. hc: *Übungsheft für das autogene Training, Stuttgart 1977*
Houben: *Der Ruf des Nordens,* 1928
Time-Life: *Die Pole,* 1962
Lindemann, Hannes: *Allein über den Ozean,* 1979

ABENTEUER –
ERLEBEN UND ÜBERLEBEN

ANNAPURNA

**Die erste Frauenexpedition
auf einen
der höchsten Gipfel der Welt**

Von Arlene Blum

Im August 1978 brachen dreizehn Frauen von Berkeley (Kalifornien) aus nach Kathmandu in Nepal auf. Ihr endgültiges Ziel war der 8.090 m hoch aufragende Gipfel des Annapurna I. (übersetzt: »Erntegöttin«). Nach zwei zermürbenden und unglaublich anstrengenden Monaten mit Märschen im Monsunregen, Stürmen, Nachschubproblemen, gefährlicher Kletterei auf Eis, in ständiger Furcht vor Lawinen, die die Lager und Bergsteiger hinwegzufegen drohten, standen schließlich zwei Gruppenmitglieder, Vera Komarkova und Irene Miller, auf dem Gipfel. Aber das freudige Gefühl des Sieges dauerte nur kurz, denn die zweite Gipfelgruppe mit Alison Chadwick-Onyskiewicz und Vera Watson stürzte ab, als sie den Aufstieg zwei Tage später versuchte. Die Nähe von Triumpf und Tod ist in der Chronik des Bergsteigens nichts Ungewöhnliches. Aber nie zuvor wurde eine solche Geschichte aus dem Blickwinkel einer Frau erzählt.

**Ca. 250 Seiten, ca. 132 Abb.,
gebunden, ca. DM 29,–**

ORAC

SHRIMPY

**Rekordweltumseglung
im 5½-m-Boot**

Von Shane Acton

Shane Acton hat sein Schicksal dem Wind anvertraut und trotz aller Gefahren überlebt. In diesem Buch erzählt er seine aufsehenerregende Geschichte. Als er in seinem 5½ m langen Segelboot »Super Shrimp« – es hatte kaum 1700 DM gekostet – von Cambridge aus startete, dachte er nicht im geringsten daran, die Welt zu umsegeln. Aber genau das kam nach acht Jahren und vielen haarsträubenden Abenteuern heraus. Dazwischen liegen Schiffbrüche und Haifisch-Attacken, zahllose Stürme, ein Gefängnisaufenthalt in Marokko und eine erfolgreiche Schatzsuche. In Panama lernte Acton die Schweizerin Iris Derungs kennen: sie wurde seine Mitseglerin. Gemeinsam mit ihr erlebte er viele Höhe- und Tiefpunkte der gewagten, 30.000 Seemeilen langen Reise. Selbst die erfahrensten Segler hätten es glatt abgelehnt, sich auf ein solches Unterfangen in einem schlecht ausgerüsteten 5½ Meter-Boot einzulassen. Von seinen Freunden wurde Shane für verrückt erklärt, denn nach menschlichem Ermessen hatte er keinerlei Chancen, dieses Abenteuer lebend zu überstehen. Er war kein Segler-Profi. Vom Segeln wußte er nur das, was er aus einem Segelbuch gelernt hatte. Und das reichte Shane.

**Ca. 224 Seiten, ca. 70 Abb.,
gebunden, DM 28,–**

ÜBERLEBENS-
TRAINING

**EIN SURVIVAL-
HANDBUCH**

**Orientierung
Ernährung
Kleidung
Unterkunft**

Von W.R. von Rhamm

Man kann freiwillig oder unfreiwillig in eine Survival-Situation geraten; freiwillig, indem man aus sportlichem Spaß eine Survival-Situation simuliert, und unfreiwillig aus vielerlei Gründen, von denen das Verirren anläßlich eines eigentlich einem ganz anderen Hobby dienenden Wildnis-Aufenthalts an erster Stelle stehen dürfte. Dieses Buch hat die Aufgabe, das theoretische und praktische Wissen zu vermitteln, das erforderlich ist, um in der freien Natur ohne die gewohnten Hilfsmittel und Waffen der Zivilisation zu überleben. Die dafür notwenigen Voraussetzungen, wie Orientierung, Kommunikation, Beschaffung und Zubereitung von Nahrung oder der Bau einer Unterkunft, werden ausführlich und gut verständlich beschrieben.

**160 Seiten, 60 Abb.
gebunden, DM 32,–**

US ARMY
SURVIVAL-
HANDBUCH

**Die Hohe Schule
des Überlebens**

Von John Boswell

Zum Thema Überleben gibt es auf der Welt keine größere Autorität als die Streitkräfte der Vereinigten Staaten. Das meiste in diesem Buch enthaltene Material stammt aus einer Sammlung von Broschüren, Druckschriften und Artikeln, die vom Government Printing Office für amerikanisches Militärpersonal in der ganzen Welt herausgegeben wurden. Es handelt sich um das gleiche Material, das die amerikanischen Bodentruppen und Special Forces im Zweiten Weltkrieg, die Marines in Korea und die Green Berets und Navy-Seal-Einheiten in Vietnam erhielten. Mit Hilfe von Soldaten und Seeleuten, die es verwenden mußten, wurde es regelmäßig auf den neuesten Stand gebracht und revidiert. Es ist praxisnahes und spezifisches Material.

**256 Seiten, zahlreiche Abb.,
gebunden, DM 26,–**

PIETSCH

DEM ABENTEUER AUF DER SPUR

ABENTEUER SAHARA

**Mit dem Auto
durch die Wüste
Von Rainer Falk**

Die Durchquerung der Sahara ist eines der letzten großen Abenteuer unserer Zeit, und Rainer Falk ist einer von denen, die dieses Abenteuer immer wieder suchen. Fernab aller Straßen, mit dem Pkw und Lkw, durchquerten er und seine Begleitmannschaft schon unzählige Male die größte Wüste der Erde und waren immer wieder aufs neue fasziniert. In diesem Buch berichtet Rainer Falk detailliert und sehr spannend von seinen Erfahrungen und Erlebnissen bei mehreren Reisen auf den wichtigsten Sahara-Routen (Tanezrouft-Piste, Hoggar-Piste sowie durch Lybien und Tenere). Eine Fülle von einzigartigem Bildmaterial sowie die exakte Angabe der Reiserouten auf Landkarten geben dem Leser die Möglichkeit, jedes der beschriebenen Abenteuer hautnah mitzuerleben. Darüber hinaus werden aber auch die für Sahara-Durchquerungen grundlegenden Fragen, wie Ausrüstung des Fahrzeugs und Fahrtechniken ausführlich behandelt. Ebenso wird auf die geographischen und klimatischen Bedingungen dieser unwirtlichen Region eingegangen.

**220 Seiten, 150 z. T. farb. Abb.,
gebunden, DM 39,–**

ORAC

WASSERWEGE IN DIE FREIHEIT

**Überleben auf den wildesten
Flüssen dieser Welt
Anhang: Survival in der Praxis
Von Horst Maas**

Horst Maas begann schon in früher Jugend mit dem Wildwasser-Fahrtensport. Nach einer Vorbereitung von drei Jahren unter schwersten finanziellen Entbehrungen erfüllte sich der Autor 1976 seinen Traum: Zusammen mit Partner Heinz Alkim befuhr er den blauen Nil in Äthiopien. Einen Fluß, der heute wie damals nur von den allerbesten Expeditionsteams bezwungen werden kann. Seit dieser Reise ist Horst Maas nicht mehr von Wildwasserexpeditionen in extremen Ländern losgekommen. Er hat Flüsse im Dschungel Französisch Guyana genauso befahren wie im Hochland des Himalaya. Er hat sich durch die freucht-heißen Schluchten Papua-Neuguineas gekämpft und war in Alaska zwischen Eisbergen unterwegs. Maas schildert Wildwasserfahrten auf fünf Kontinenten.
In einem übersichtlichen Anhang faßt er die Erkenntnisse von fast 4000 Kilometern extremster Unternehmungen zusammen. Unterehmungen, die zeigen, daß es auch in unserer Zeit noch möglich ist, außergewöhnliche Abenteuer zu erleben.

Ca. 232 Seiten, 24 Farbbildseiten, gebunden, DM 49,80

GIPFEL UND GEHEIMNISSE

**Nur die Geister der Luft
wissen, was mir begegnet
Von Kurt Diemberger**

Heinrich Harrer nannte Kurt Diemberger den bedeutendsten Bergsteiger der Gegenwart. Diemberger stand bisher auf fünf Achttausendern und ist der einzige Lebende, dem die Erstbesteigung dreier dieser Riesen gelang. Schon 1957 führt er mit Hermann Buhl am Broad-Peak den »Westalpenstil« im Himalaya ein, 1960 gelingt ihm die Bezwingung des Dhaulagiri, des höchsten Gipfels, der ohne die Verwendung von künstlichem Sauerstoff erstbestiegen wurde – trotzdem ist er kein bedingungsloser Verfechter sauerstoffloser Besteigungen. Auf dem Gipfel des Mt. Everest dreht er – mit Sauerstoff – den höchsten Tonfilm der Erde. Immer wieder bricht er auf in den Urwald, ins ewige Eis, ins Unbekannte, pendelt hin und her zwischen seiner Familie in Italien, seiner Heimatstadt Salzburg und einem fernen Kontinent.

360 Seiten, 32 Farbbildseiten, 80 schwarz-weiß-Bildseiten, gebunden, DM 39,–

WAYAPI

**Ein Jahr
im Dschungel Guyanas
Als Frau allein
bei Indianern
Von Elfie Stejskal**

Das ist die Geschichte einer Frau, die ein Jahr lang allein bei den Wayapi lebte. Elfie Stejskal, eine junge Abenteuerin aus Wien, lebte fast ein Jahr lang als Mitglied eines Indianerstammes. 1000 Kilometer Wildnis liegen zwischen der westlichen Küstenzivilstaion und der indianischen Kultur am Fuße der Tumec-Humac-Berge:

»An die ersten Monate meines Aufenthaltes bei den Wayapi erinnere ich mich nicht gerne. Malaria, Dengue, Gelbsucht, Parasiten. Und die Hitze, die Feuchtigkeit dazu. Moskitos, Spinnen und nichts, nichts zu essen«.

Elfie Stejskal erzählt. Wayapi, das heißt »Menschenesser«. Kannibalen sind diese Indianer schon lange nicht mehr. Doch das Weltbild der Wayapi hat sich seit Jahrhunderten nicht verändert. Ihre alten Riten leben noch heute.

**304 Seiten,
davon 24 Farbseiten,
gebunden, DM 32,–**

PIETSCH

NORDPOLAR-MEER

BERING-STR.

ALASKA

VICTORIA

KANADA

PAZIFISCHER
OZEAN